RICCARDO I

LASCIA CHE SIA

AUTOBIOGRAFIA IN CAMMINO

Titolo: *Lascia che sia. Autobiografia in cammino*
Autore: Riccardo Bianco

Illustrazione copertina: quadro con titolo *Lascia che sia,* autore Thomas
Berra, 2019, Collezione privata Riccardo Bianco.
Courtesy by Casa d'Arte San Lorenzo, Roberto Milani.

Impaginazione interni e copertina, revisione testi:
Barbara Sonzogni – Studio editoriale
Grafica copertina: Nicoletta Orsenigo

Codice ISBN: 9781099592157

*Dedico queste pagine alla mia compagna, Giulia,
e alle mie figlie, Francesca e Asia
perché mi pensino sempre in Cammino.*

«La vita non è una faccenda privata.
È un'esperienza e le lezioni che insegna sono utili
solo se vengono condivise».

La via del guerriero di pace
Dan Millman

Abbiamo una storia e la nostra storia
esiste solo se la raccontiamo.

Riccardo Bianco

Prologo

Il cammino nella vita è un percorso nel mistero e per compierlo serve una guida.

Nel mezzo del cammin di nostra vita
mi ritrovai per una selva oscura
ché la diritta via era smarrita.

Ahi quanto a dir qual era è cosa dura
esta selva selvaggia e aspra e forte
che nel pensier rinova la paura!

Tant'è amara che poco è più morte;
ma per trattar del ben ch'i' vi trovai,
dirò de l'altre cose ch'i' v'ho scorte.

Io non so ben ridir com'i' v'intrai,
tant'era pien di sonno a quel punto
che la verace via abbandonai.

***

Ed ecco, quasi al cominciar de l'erta,
una lonza leggera e presta molto,
che di pel macolato era coverta;

e non mi si partia dinanzi al volto,
anzi 'mpediva tanto il mio cammino,
ch'i' fui per ritornar più volte vòlto.

***

l'ora del tempo e la dolce stagione;
ma non sì che paura non mi desse
la vista che m'apparve d'un leone.

Questi parea che contra me venisse
con la test'alta e con rabbiosa fame,
sì che parea che l'aere ne tremesse.

Ed una lupa, che di tutte brame
sembiava carca ne la sua magrezza,
e molte genti fé già viver grame,

questa mi porse tanto di gravezza
con la paura ch'uscia di sua vista,
ch'io perdei la speranza de l'altezza.

***

Quando vidi costui nel gran diserto,
«Miserere di me», gridai a lui,
«qual che tu sii, od ombra od omo certo!».

Rispuosemi: «Non omo, omo già fui,
...

***

«A te convien tenere altro viaggio»,
rispuose poi che lagrimar mi vide,
«se vuo' campar d'esto loco selvaggio:

ché questa bestia, per la qual tu gride,
non lascia altrui passar per la sua via,
ma tanto lo 'mpedisce che l'uccide;

e ha natura sì malvagia e ria,
che mai non empie la bramosa voglia,
e dopo 'l pasto ha più fame che pria.

Molti son li animali a cui s'ammoglia,
e più saranno ancora, infin che 'l veltro
verrà, che la farà morir con doglia.

Questi non ciberà terra né peltro,
ma sapienza, amore e virtute,
Allor si mosse, e io li tenni dietro.

Dal Canto I della *Divina Commedia* di Dante Alighieri (1265-1321).

Le circostanze non fanno noi;
noi stessi creiamo le circostanze.

È questa la carta che ho chiamato dal mazzo del *Cammino di Santiago* di Paulo Coelho prima di iniziare a scrivere il mio racconto. L'ho comprato durante il mio *Camino di Santiago*, compiuto qualche mese fa e di cui parlerò nelle prossime pagine. Ma andiamo con ordine e partiamo dall'inizio della storia, che risale a tre anni prima.

Ogni inizio è la parte più difficile di una nuova attività: fare il primo passo, rompere lo schema del momento e lanciarsi in una nuova avventura.

Dopo quindici anni di matrimonio, mi sono separato per la seconda volta. Ho due figlie: Francesca, diciottenne, nata dal primo matrimonio, e Asia, di nove anni.

Sono quel che viene definito "un uomo di successo": amministratore delegato di una azienda posseduta da un fondo di *private equity*, abito in una bellissima casa nel pieno centro di Milano; ho una casa in montagna e una in campagna; viaggio con auto di lusso e ho anche due moto; vado in vacanza nei più bei posti al mondo. Ma non sono felice.

Anche la seconda relazione, coronata da matrimonio e figli, non ha funzionato. Anni di incomprensioni, insoddisfazioni e accuse reciproche per mancanze dell'uno verso l'altro, aspettative frustrate, bisogni diversi hanno portato anche questa volta alla fine della relazione, nonostante i tentativi di ricucire il rapporto fatti anche con il supporto della psicologa di turno, scelta ovviamente da colei che si stava apprestando a diventare la mia ex moglie.

Mi sentivo spesso come in una bolla o a guardare gli altri con il filtro di uno schermo. Mi chiedevo perché dovessi svegliarmi, farmi la barba, mettermi il classico abito grigio o blu, andare nell'aziendina a districarmi tra lamentele sindacali, problematiche di ogni tipo sollevate dai dipendenti, richieste di aumento della redditività da parte degli azionisti, richieste di riduzione dei prezzi e di fare oggi per ieri da parte dei clienti. La tremenda pressione sul brevissimo termine, tutto subito, la crisi generale, l'ansia per i risultati mensili, la paura di perdere tutto. Per il mio super stipendio e per i miei *benefit*, direte voi. Già, ma tutto questo non bastava più per compensare la crescente frattura con un modello di vita e un sistema economico non più rispettosi dell'uomo, dei suoi bisogni e delle sue caratteristiche ancestrali.

Mi chiedevo perché, al ritorno a casa, mi aspettassero solo altre richieste e altre lamentele, perché avessi scelto quella donna che, a mio dire, mi aveva reso la vita un inferno. In estrema sintesi mi interrogai sul perché stessi facendo quella vita.

Sono partito da qui. Il primo passo fatto verso la consapevolezza e la miglior conoscenza di me stesso e dei miei valori è stato smettere di addebitare agli altri e al destino crudele la responsabilità di trovarmi in queste circostanze e chiedermi quali fossero il mio ruolo e la mia responsabilità e, soprattutto, perché avessi fatto certe scelte.

Dal quel giorno sono passati tre anni e la mia vita è profondamente cambiata; anch'io sento di essere cambiato e di vivere un processo in continuo divenire, che non voglio ostacolare, affidandomi così a quanto la vita mi presenta di volta in volta.

All'alba dei sessant'anni mi sento più giovane e pieno di energia. Vivo inevitabili momenti di insicurezza e paura per il futuro, ma sono finalmente libero, padrone del mio destino e concentrato sul *qui, ora e adesso*. Vero è che tutti noi sappiamo quanto guardare al passato sia autodistruttivo e al futuro generi solo ansia, ma siamo talmente condizionati dal contesto famigliare e sociale in cui siamo nati e viviamo, che è un riflesso incondizionato che può essere governato solo con un cambio profondo delle nostre convinzioni, dei nostri paradigmi e con tantissima pratica.

Il bisogno profondo di capire e conoscere me stesso per superare le mie ansie e le mie paure, risolvere i miei conflitti, trovare risposta ai motivi della mia inquietudine e insoddisfazione, trovare pace e armonia capendo finalmente cosa voglio dalla mia vita, quali sono i miei veri bisogni – non quelli che ho fatto miei attraverso le esperienze della mia famiglia e vivendo in questo modello di società, ma quelli che sono connaturati nel mio essere – mi ha portato a uscire dal mio confortevole giardinetto di convinzioni e conoscenze e a confrontarmi con nuovi mondi, con le discipline più diverse, leggendo e studiando libri di generi differenti.

Ho iniziato a praticare reiki, la tecnica delle Costellazioni famigliari, danze e viaggi sciamanici, yoga, tuinà, a studiare le rune, a leggere Jung, Osho, Castaneda, Lama Ganchen, Thích Nhất Hạnh, Joe Vitale,

Rüdiger Dahlke e tanti altri che ho scoperto nel corso nella mia ricerca "fai da te", trovandone grande beneficio, sia a livello di consapevolezza che a livello fisico. Spie di un maggiore livello benessere che ho iniziato ad acquisire venivano dal fatto che tutta una serie di piccoli disturbi, quali il blocco del ginocchio sinistro, da operare d'urgenza secondo gli ortopedici anni fa, il mal di schiena ricorrente, la stanchezza cronica e il mal di testa saltuario stavano via via scomparendo.

Ho vissuto diverse relazioni che chiamavo "sperimentazioni". Non è forse vero che negli altri ci rispecchiamo ed è attraverso il confronto con l'altro sesso che possiamo riconciliare le nostre parti maschili e femminili, risolvendo così il nostro conflitto originale con i genitori e trovare, finalmente, l'armonia?

Questo processo non poteva essere però indolore, non avere conseguenze nelle relazioni personali e professionali mettendo in discussione scelte e abitudini, eredità del passato. Molte conoscenze personali del vecchio mondo sono quindi evaporate una volta constatato che non avevamo più niente in comune e niente da dirci, mentre allo stesso tempo ho conosciuto e stretto rapporti di profonda amicizia con persone incontrate praticando le nuove attività. Ma l'impatto più forte c'è stato sul piano lavorativo, perché a inizio anno, in occasione della scadenza annuale del contratto, dopo sei anni alla guida dell'azienda, vengo informato che, con l'approvazione del bilancio 2015 prevista a metà anno, non verrò riconfermato nell'incarico e mi troverò quindi senza lavoro. Il vuoto, la paura, il senso del dovere, il sentirmi il padre di tutti, il peso della responsabilità, il rapporto con il denaro, tutti i miei sabotatori interiori iniziano a festeggiare e si fanno sotto per trattenermi nei vecchi schemi, che, sebbene senta che non mi appartengono, sono ancora ben vivi in me, alimentati dalle richieste dei famigliari e dalla responsabilità di avere due figlie. Non sono altro che parte di *Matrix*, dell'insieme di condizionamenti, bisogni farlocchi, sensi di responsabilità e di colpa, il brodo in cui tutti noi nuotiamo e boccheggiamo per stare a galla, prigionieri dei nostri bisogni materiali e schiavi del giudizio della società.

È un attimo. Sento l'energia che fluisce, annuso il sapore della libertà che ho inseguito vanamente da sempre, per poi trovarmi in gabbie dorate che mi costruivo da solo. Sono solo di fronte alla responsabilità verso me stesso, verso il mio benessere, perché non si può stare bene con gli altri se non si sta bene con se stessi. Sento che quel ruolo, quella situazione professionale, quell'ambiente non mi appartengono più e sono tossici per il mio benessere mentale, fisico e spirituale. Diversi valori, diversi obiettivi.

È la fine di marzo e decido di lasciare anticipatamente l'incarico e di prendermi, per la prima volta nella mia vita, un tempo esclusivo per me, senza calcoli di opportunità e convenienza. Sono finalmente libero. In quel momento sento la chiamata del *Camino* e decido di partire.

Comunico la mia decisione a parenti e amici. Memorabili alcune espressioni e indimenticabili alcuni commenti. *Matrix* prova in tutti i modi a farmi desistere: "Ma come, tu, un top manager, con responsabilità non solo verso una ma ben due famiglie, invece di metterti subito a cercare un altro lavoro per garantire il mantenimento alle ex mogli, prendi e te ne vai per più di un mese, per giunta senza preparazione? Sei un pazzo, un irresponsabile. Ti sarai bevuto il cervello, influenzato da qualche guru di dubbia fama?".

Matrix non può accettare che un campione del suo gioco voglia uscire dallo schema del possesso, dell'accumulo, dell'attaccamento, dell'egoismo, del consumismo sfrenato e cerchi qualcos'altro, che lo aiuti nel suo percorso di consapevolezza e guarigione per diventare un adulto libero dai condizionamenti familiari e sociali e capace di intraprendere la strada verso la piena realizzazione del suo Io. Ma quello non è più un mio problema.

Respiro, mi sento leggero e fiducioso che questo sia un passaggio funzionale del mio percorso di crescita e che, quindi, lo farò e ce la farò. Scrivo l'intenzione nel mio diario e inizio a prepararmi per il Camino.

Ho deciso che partirò il 20 aprile, appena terminato un corso di formazione sulla gestione delle referenze e del networking. "Non si sa mai", ho pensato quando mi sono iscritto due mesi prima. Ho quindi solo pochi giorni per organizzarmi e prepararmi per il viaggio.

Vado a ripescare nella mia libreria il libro di Paolo Rumiz *A piedi*, che avevo letto lo scorso anno e che racconta del suo cammino da Trieste a Promontore, punta meridionale dell'Istria. Rumiz scrive che, come sperimenterò in seguito anche io, camminare rischiara la mente, conforta il cuore e cura il corpo e condivide suggerimenti pratici su abbigliamento e attrezzatura. Saggi consigli che seguo finché posso, perché quanto portarsi addosso e nello zaino per un mese di cammino in situazioni climatiche diverse, dalla pianura alla montagna, è sicuramente diverso rispetto al percorso fatto in Istria a settembre. Così, il risultato finale che otterrò è uno zaino intorno ai dodici chili invece dei sei di riferimento. *Sig!*

Dalla montagna porto a Milano lo zaino da trekking, le mie vecchie e più che testate pedule e gli indumenti intimi tecnici da sci, mentre da Decathlon in piazza Cordusio scelgo, dopo un accurato studio comparativo, le tre paia di calzettoni che sosterranno i miei preziosi piedoni nel Camino.

È martedì 19 aprile, la notte prima della partenza per il viaggio che mi condurrà a Santiago. Sono tranquillo e concentrato. Ho salutato le persone più care: Giulia, il mio attuale amore, che è molto più agitata di me; Francesca, mia figlia primogenita ventunenne, avuta con la prima moglie, che è un po' preoccupata per il suo "vecchio". Domani mattina saluterò Asia, dodicenne, accompagnandola per l'ultima volta, prima della partenza, alla fermata dello scuolabus.

Ho preparato con cura il bagaglio, che meno pesa e meglio è, come avrò modo di provare sulle mie spalle, prima prova del Camino come metafora della vita. Solo perché obbligato dalla contingenza, valuto l'effettiva utilità di ogni singolo oggetto e indumento e comprendo quante cose accumuliamo e ci portiamo dietro nella nostra vita con enorme dispendio di energia. Eh sì, perché, ogni oggetto richiede energia: il denaro per comprarlo, il tempo per mantenerlo e custodirlo adeguatamente, eccetera.

Libertà è leggerezza?

Prendo il mio diario per scrivere questo appunto per trovare risposta nel Camino e mi cade tra le mani un foglio con la poesia di Wisława Szymborska *Amore a prima vista,* che mi ha regalato Giulia tempo fa. La rileggo con la massima attenzione per comprendere il perché questa poesia mi sia apparsa proprio adesso…

> Sono entrambi convinti
> che un sentimento improvviso li unì.
> È bella una tale certezza
> ma l'incertezza è più bella.
>
> Non conoscendosi prima, credono
> che non sia mai successo nulla fra loro.
> Ma che ne pensano le strade, le scale, i corridoi
> dove da tempo potevano incrociarsi?
>
> Vorrei chiedere loro
> se non ricordano –
> una volta un faccia a faccia

forse in una porta girevole?
uno "scusi" nella ressa?
un "ha sbagliato numero" nella cornetta?
– ma conosco la risposta.
No, non ricordano.

Li stupirebbe molto sapere
che già da parecchio
il caso stava giocando con loro.

Non ancora del tutto pronto
a mutarsi per loro in destino,
li avvicinava, li allontanava,
gli tagliava la strada
e soffocando un risolino
si scansava con un salto.

Vi furono segni, segnali,
che importa se indecifrabili.
Forse tre anni fa
o il martedì scorso
una fogliolina volò via
da una spalla all'altra?
Qualcosa fu perduto e qualcosa raccolto.
Chissà, era forse la palla
tra i cespugli dell'infanzia?

Vi furono maniglie e campanelli
in cui anzitempo
un tocco si posava sopra un tocco.
Valigie accostate nel deposito bagagli.
Una notte, forse, lo stesso sogno,
subito confuso al risveglio.

Ogni inizio infatti
è solo un seguito
e il libro degli eventi
è sempre aperto a metà.

Immerso nella ricerca del messaggio, cado in un sonno profondo, con luce accesa e foglio tra le mani.

20 APRILE 2016: "INIZIO DEL VIAGGIO"

Mi sento leggero come un uccello pronto a spiccare il volo.

Sono le ore nove. Metto in moto il macchinazzo, così ho soprannominato la mia Audi, e parto con direzione Chateau de Queribus, nella regione di Perpignan, il primo dei tre castelli catari che visiterò nel pellegrinaggio di preparazione al Camino, che inizierò da Saint Jean-Pied-de-Port.

È stata Giovanna, la mia maestra di yoga, a suggerirmi il percorso di preparazione al Camino in terra catara. In ogni castello il pellegrino nei tempi antichi compiva un rito e una meditazione finalizzati a ottenere il permesso al pellegrinaggio stesso e a porre la propria domanda al Camino stesso.

La storia dei catari mi ha affascinato e agganciato; ho istantaneamente provato grande empatia per il popolo degli uomini perfetti, anche se non so spiegarmene razionalmente la ragione. Sarà perché hanno rifiutato di abiurare alla loro fede cristiana originale e sono stati perseguitati dalla Chiesa romana sino al loro definitivo sterminio, avvenuto a seguito della Seconda crociata contro i catari, promossa da papa Honorius III nell'anno del Signore 1226.

Sì, avete capito bene. Oggi giustamente inorridiamo di fronte alle efferatezze compiute in nome di Allah, ma ci siamo dimenticati di quali orrori è stata capace la nostra santa madre Chiesa. Sono le fedi assolute che portano l'uomo alla sua rovina. Di questo ne sono convinto da sempre e non ho certo bisogno di camminare per centinaia di chilometri per scoprirlo.

Viaggio con colonna sonora di classic rock – Led Zeppelin, Pink Floyd, The Who e Bruce Springsteen – per tenermi carico nelle monotone ore di guida nelle *autoroutes* e passo poi al blues, Miles Davis, quando esco finalmente dall'autostrada e imbocco la strada dei vini della regione catara che mi regalerà, curva dopo curva, nell'assenza totale di traffico e nell'approssimarsi della sera con la luce rosata del tramonto, un percorso quasi magico in colline verdeggianti, dove spicca il viola di glicini lussureggianti, mai visti così belli. Verso le 20, dopo poco più di 800 chilometri, arrivo finalmente alla mia meta: il minuscolo paesino di Cucugnan, a dieci minuti di auto dal castello di Queribus. Trovo una camera a fatica e solo nell'albergo più caro, perché in Francia c'è un ponte e il posto, con mia grande sorpresa, è turisticamente molto gettonato.

Domanda retorica non da Camino: ma quanto siamo incapaci in Italia di valorizzare l'enorme patrimonio che abbiamo ricevuto immeritatamente dall'Universo?

Mi consolo gustandomi una squisita cena a base di specialità enogastronomiche locali, ovviamente catare!

> *Bien manger, c'est atteindre le ciel.*
> *Proverbe chinois*

è riportato sulle tovagliette del ristorante. Lo prendo come un buon auspicio. Ed è allora che, dopo vari tentennamenti, decido di creare un gruppo su Whatsapp, *In cammino con Biancone*, il mio soprannome dai tempi del liceo, inserendo Giulia, la mia compagna, Francesca, mia figlia primogenita, Vittorio, mio fratello, e molti altri cui condividere questa esperienza in tempo reale. Invio il seguente messaggio di invito:

> 20/04/16, 20:42
>
> Cari amici, come sapete sono partito per il Cammino. Poiché molti di voi mi hanno chiesto di condividere le emozioni del percorso, ho pensato di creare questo gruppo. Invierò ciò che più mi colpisce. Chi preferisce non avere la posta di Whatsapp intasata, si sganci senza problemi. Invito però tutti a inviarmi direttamente eventuali condivisioni perché siamo tanti… Vi voglio bene e vi abbraccio.

Torno in camera e mi preparo per la prima visita dell'indomani mattina, quando all'alba salirò al castello per officiare il rito, e mi addormento, eccitato all'idea di quello che mi aspetta, salutando una luna piena enorme e sperando che il bel tempo che mi ha accompagnato sin qui continui, in modo da poter ammirare il sole sorgente. Prima di spegnere la luce leggo i messaggi ricevuti di risposta, alcuni dei quali sono veramente molto belli ed evocativi.

> Luisa: Riccardo che bello!
>
> Enrica e Vittorio: Un abbraccio forte forte dai tuoi agricoli preferiti.
>
> Luca: Vai adagio che andrai lontano!
>
> Francesca: Vai papà; sei il migliore, attento a non bucare le calze!
>
> Stefano (juventino ahimè): Ci divide solo la squadra!

Monica: Buon cammino!

Max: Bravo, bella idea! Buon cammino! Un abbraccio da tutti noi.

Maria: Forza e coraggio pellegrino, la strada è lunga ma ce la farai!

Pier: Grande Riccardo... l'avventura comincia...

Vittorio: *The walking brother.*

Eliseo: Grande!

Maurizio: Prendo appuntamento dal pedicure? Forza e coraggio!

Poi, in risposta all'invio della foto del succulento piatto cataro e della bottiglia di vino a fianco:

Pier: Urca, ho visto ora il pasto del Pellegrino! Il cammino fa sicuramente bene alla linea! Magari non torni Santo ma magro di sicuro!

Maurizio: Non male la cena... agnello con polenta? Alla faccia dell'ascetismo.

Diego: Sei un grande!

Giulia: Bravo Mr White!

Daniela: Sei un grande meraviglioso amico. Mi manchi. Scopri tutto.

Silvia: Bella idea! Grazie Riccardo per avermi inclusa, seguirò con interesse e affetto il tuo percorso! Ti abbraccio e ti aspetto.

Lorenza: Coraggio e consapevolezza

Loris: Mi raccomando… non troppo competitivo eh? Conoscendoti ti dico: non è una gara e non devi arrivare per forza primo… in bocca al lupo!

Giovanni e Alessandra: Caro Riccardo, non abbiamo ben capito dove sei! Di sicuro sei ancora alla ricerca... Ti auguriamo di trovare la strada e la sorgente che possa placare la tua sete! Al tuo fianco...

Pippo: Riccardo cammina, perché la strada è lunga.

Alberto: La luce c'è, seguila e indicala a più persone possibili! Buon e proficuo cammino!

Cristiana: Vai Biancone! *A thousand steps journey starts with the first.*

Fabio: Mi raccomando… non sbagliare i nomi dei posti come tuo solito, potresti trovarti da un'altra parte. *Caminante no hay camino, se hace camino al andar.*

Paolo: Ultreia sustreia.

Simonetta: Cammina come se stessi baciando la terra con i piedi (Tich Nhat Hanh).

Vittorio (soprannominato l'agricolo): Il guerriero aggancia eventi è un tramite e incalza la vita, ma anche la vita, bella e a volte terribile, risponde: noi ce la mettiamo tutta per contare qualcosa per questa amante appassionata, ma è lei che conduce noi, e quasi mai viceversa; ognuno condotto in un modo diverso che lei sceglie. Infatti, solo a un occhio distratto la vita di un altro può apparire "normale".

In questo gioco che non ci vede attori pienamente consapevoli perché non tutta la vita si consuma: la parte non consumata di lei si conserva da qualche parte o ci viene incontro nel nostro cammino, come un viandante che incrociamo sul sentiero con il passo e con lo sguardo...

Elisabetta: "la vita è un tema che si scrive direttamente in bella"... che sia una pagina indimenticabile... *good luck!*

Sono commosso e grato per queste autentiche testimonianze di amicizia e partecipazione che mi danno conforto e supporto. Siamo tutti connessi e mi addormento felice.

La preparazione al Camino: "la domanda ai Maestri"

Alle sei suona puntuale la sveglia che mi chiama al compito di oggi, che è richiedere ai Maestri l'autorizzazione a percorrere il Camino. Mi alzo prontamente, pensando a come sia differente questo risveglio rispetto alla mia resistenza atavica alle sveglie mattutine avuta sin dai tempi della scuola dell'obbligo, *nomen omen*, e poi del lavoro. Forse perché quello che facciamo per nostra esclusiva scelta e passione non ci pesa, mentre quello che ci viene imposto sì? Sarà banale, però risuona molto esplicativo e illuminante!

Guardo subito fuori dalla finestra e ahimè pioviggina; il cielo è ancora molto scuro e le cime intorno, che sono le propaggini dei Pirenei, sono coperte dalla nebbia. Ho un attimo di scoramento perché mi chiedo come potrò adempiere al rito del saluto al sole, per richiamare le energie maschili e richiedere l'autorizzazione al Camino, se il sole è nascosto dalle nuvole. Poi arriva il *messaggio*, quello che chiamiamo l'intuizione, e comprendo che non occorre vedere il sole sorgere per onorarlo perché il sole comunque sorgerà e ci sarà.

Noi uomini moderni, figli dell'occidente e di Cartesio, fatichiamo a comprendere che la conoscenza razionale può vedere e spiegare solo la punta dell'iceberg, che ne rappresenta il dieci per cento circa, mentre, il restante novanta per cento può essere compreso solo in altro modo, recuperando quella parte irrazionale, o meglio istintiva, propria dell'uomo da sempre. Percorro ancora al buio i pochi chilometri che separano Cucugnan dal castello e, quando arrivo al parcheggio, vedo finalmente in alto la sagoma inconfondibile del Chateau de Queribus, costruito dai catari per simboleggiare l'energia maschile.

A proposito, il termine *cataro* discende dal greco (*katharios*) e significa *puro*.

In dieci minuti di salita ripida raggiungo l'entrata e, con timore reverenziale, entro all'interno delle mura. Anche se il buio inizia a diradarsi, devo usare la luce del telefonino per salire in cima alla torre principale, da dove ammiro un panorama mozzafiato.

Mancano pochi minuti all'alba e mi preparo al rito.

Il panorama è di una bellezza selvaggia sconvolgente; le cime dei Pirenei si inseguono valle dopo valle in un cielo plumbeo dalle mille tonalità grigie e blu. Sono completamente solo. Gli unici rumori sono il suono del vento e il fischio dell'energia, che sento pulsare nell'orecchio. In alto volteggia un rapace: è un buon segno.

Ha smesso di piovere; mi tolgo la giacca impermeabile e, come da raccomandazioni di Giovanna, tutto vestito di bianco, colore che rappresenta la purezza e la voglia di cambiamento, mi oriento a est per salutare il sole sorgente con una meditazione profonda, incentrata sull'integrazione dell'energia maschile, che concludo con la richiesta di autorizzazione a percorrere il Camino.

Mi voglio godere ancora per un po' di tempo questa atmosfera e mi viene da condividerla nella chat.

21/04/16

08:05 – Biancone: Saluto al sole dal castello di Queribus. Il sole non si vede ma c'è. Metafora di quante cose neghiamo se non le vediamo o non le tocchiamo con mano... Sono nel castello di Queribus, dove nel 1255 i catari sono stati definitivamente sterminati da Luigi IX perché considerati eretici. È considerato centro dell'energia maschile. Buona giornata.

08:12 – Paolo: Biancone mi piace tutto questo ascetismo... Ora spegni sto cell e lascia fluire la magnifica energia del cammino e lascia tutto...

08:37 – Maurizio: Quando incominci a vedere le madonne fai un fischio.

(Una risata fa bene allo spirito!)

08:39 – Loredana: Carissimo amico del cuore, che bella idea la chat! Fai una buona strada e che ti porti gioia e serenità! Seguirò il tuo percorso!

08:41 – Pierre: *Ricardo I wish you the best, take care!*

09:06 – Paolo (detto il Nano): Ola Biancone, è ora di incamminarsi, ispirarsi, purificarsi... *take care.*

09:09 – Cristopher (detto il Perfido Albione): Vai, zaino in spalla e fai i primi passi... *One Small step for you, One giant leap for Biancone...*

09:24 – Giovanna: Ti sto seguendo passo passo e sono emozionata come lo sono sempre in quei luoghi magici. Lascia un segno per me. I Maestri lo riconosceranno...

09:28 – Maurizio: La cosa importante non è tanto dove si va... ma arrivarci!

09:32 – Vittorio: Buon cammino, Riccardo!

09:33 – Giuseppe: Riccardo ti auguro che il cammino ti dia le risposte che stai cercando.

09:35 – Loredana: Invidio la tua libertà...

09:37 – Paola: Ma come sei diventato saggio... buona vita...

Mi sento leggero e centrato come non mai; in armonia con il tutto. Sento di amare la vita e di essere grato all'Universo che mi sta regalando questi momenti, questi scenari, queste luci, queste nuvole, queste gocce di pioggia. Sento scorrere l'energia, saluto e ringrazio per l'ultima volta gli spiriti del luogo, non senza avere prima cercato e trovato una pietra simbolo come ricordo. Riprendo infine il macchinazzo per tornare in hotel e fare un'abbondante colazione, perché tutta questa fantastica pratica mi ha messo una gran fame.

La tappa successiva del percorso di iniziazione al Camino è il castello di Peyrepertuse dove, a mezzogiorno preciso, praticherò il mio rito per integrare le energie maschili e femminili alla ricerca dell'armonia e centratura delle mie due parti, come lo Yin e Yang.

La strada è sinuosa, in una valle dove i colori rosso e viola dei fiori e delle rocce contrastano con le diverse tonalità dei verdi. Viola e rosso come il sangue che è corso tra queste rocce per secoli. L'occupazione del sito di Peyrepertuse risale addirittura all'epoca romana, al primo secolo avanti Cristo. Dal 1070, primo anno di cui si ha citazione documentata, sino al tempo della rivoluzione francese, il castello è stato conteso, è passato di mano, ha visto violenza, fame, sofferenza e tutto quanto gli uomini fanno in nome del potere, del possesso e del dominio.

Parcheggio e mi avvio all'entrata, dove mi tocca pagare per la visita. Ci sono anche altri turisti e mi concentro per superare il fastidio di non poter praticare il mio rito in beata solitudine come nell'altro castello. Flessibilità e affidamento: me ne ricordo, sorrido tra me e me e procedo per la ripida salita, che in poche centinaia di metri conduce all'entrata vera e propria del castello. Certo che i catari, il popolo perfetto, avevano una dote particolare a scegliersi i posti dove costruire i loro insediamenti. Anche da qui si gode di un panorama incredibile; il castello di Peyrepertuse si dipana lungo il crinale della montagna e, a 360 gradi, domina tutto intorno.

È quasi mezzogiorno. Cammino con rispetto all'interno di queste mura diroccate che hanno assistito silenti a molteplici vicende umane; dal torrione centrale, dove c'è la cappella di San Jordi, il nostro san Giorgio, vedo in lontananza il castello di Queribus che svetta sul picco della montagna di fronte. Sento fluire un'energia potente che mi indica che ho trovato il posto dove raccogliermi in meditazione. Mi tolgo le scarpe, intorno non c'è più nessun turista vociante, c'è un silenzio vibrante, respiro profondamente; nonostante i piedi sulla nuda roccia non ho minimamente freddo ma, anzi, sento potente il contatto con la Madre Terra e mi godo questo momento intensissimo. Mi nutro di questa vibrazione, mi sento centrato e in armonia con l'Universo.

Termino la meditazione ringraziando gli spiriti del luogo e inviando un pensiero al popolo dei catari, sterminato dai miei antenati della Chiesa di Roma, consapevole del carico di dolore persistente nel campo, e condivido l'attimo che sto vivendo e il pensiero che ne consegue in chat.

> 12:38 – Biancone: Alle 12, per l'integrazione delle energie femminili e maschili nel castello di Peyrepertuse. A proposito, il detto tenere i piedi per terra non ci rimanda proprio al principio che l'energia ci arriva dalla terra, dalle nostre radici?

Riprendo la visita di quanto rimane di questo grande fabbricato abbarbicato sulle rocce e noto quella che era la toilette dell'epoca, un vano con un buco nella pietra in modo da scaricare direttamente a valle. Sarà nato qui il motto "cacare in testa a qualcuno"? A parte le battute grevi, è veramente geniale ed ecologico e penso che questo castello ben rappresenta la duplice natura dell'uomo: da un lato genio con grandi capacità di creare, dall'altro la stupidità, l'insensatezza e la capacità di distruggere.

Quante energie profuse a costruire con mezzi rudimentali opere titaniche in luoghi estremi per difendersi e difendere il possesso, aumentare il prestigio e il potere di pochi privilegiati. Altro che Alce Nero, che predicava che l'aria non si può possedere così come la terra.

Mi arriva acuminato come una freccia il pensiero che noi, figli dell'occidente ricco, con la guida morale e politica della Chiesa cattolica, abbiamo occupato terre altrui, con l'alibi di diffondere il verbo buono; convertito a forza e bruciato chi si opponeva, come ciò che subirono i catari, che avevano la presunzione di volere difendere il diritto di ogni individuo di avere un rapporto diretto, libero e consapevole con il sacro e il divino, senza filtri e intermediari in veste nera che, solo loro, possedevano la verità e il potere di relazionarsi con Dio.

Attaccamento, possesso, accumulo, sopraffazione, avidità, prepotenza, abuso, violenza, slealtà, tradimento: lascio andare tutti questi aspetti dell'essere umano. In questo momento mi è chiaro come non mai che nella mia vita non c'è più spazio per tutto questo. Nella mia vita *qui, ora e adesso*, voglio amore, gioia, collaborazione, lealtà, onestà, autenticità e consapevolezza.

Scrivo questo elenco sul mio taccuino di viaggio per confermare e rafforzare l'intenzione.

Peace & Love!

Respiro, mangio e bevo questo panorama, i monti scuri che ci circondano come a volerci proteggere da ogni affanno, le valli verdissime punteggiate dalle viti, i villaggi con le case in pietra e le nuvole scure cariche di pioggia che, a sprazzi, lasciano cadere gocce fini e trasparenti. Continuo nella visita e, mentre cerco la pietra che rappresenterà questo castello nel mio scrigno di simboli, mi imbatto in un'altra cappella, che scopro essere la chiesa di Saint Marc. Penso: chiesa e fortezza: ma non è un bell'esempio di ossimoro?

L'arrivo di un nutrito e rumoroso gruppo di turisti francesi dice che è ora di andare. Saluto il castello e scendo velocemente lungo il sentiero, felice e grato per questa fantastica esperienza che sto vivendo e che mi sono concesso.

Mi fermo nel paesino di Peyrepertuse a mangiare una saporita zuppa di legumi, innaffiata da un bel bicchierino di vinello rosso locale, e mi godo questo momento di assoluta libertà.

Rinfrancato nel corpo dopo le gioie dello spirito, risalgo nel macchinazzo che mi aspetta docile all'ombra di un platano centenario e riprendo la strada del vino catara, puntando il muso verso Montségur, terza e ultima tappa del mio percorso di preparazione al Camino.

Ci vorranno due ore per percorrere 120 chilometri circa, in un paesaggio bellissimo, mutevole, verde, ricco di acque, cascate, grotte, fiori, tutto il campionario delle bellezze della natura concentrato in pochi chilometri, che riesco ad assaporare pienamente, guidando in strade pochissimo trafficate.

Il percorso si fa dritto e, lungo i bordi, filari di alberi alti come campanili regalano la loro ombra; poco prima del cartello che indica la direzione per il castello di Puivert – in questa zona ci sono più castelli che benzinai – con l'occhio sinistro vedo arrivare un'ombra e, senza neanche avere il tempo di reagire in alcun modo, un daino enorme sfreccia davanti al cofano, saltando e sparendo nel bosco a lato.

Rimango stordito, un'apparizione come in un sogno. Ho appena finito di ascoltare *I still haven't found what I am looking for* degli U2 e mi domando cosa possa rappresentare e cosa voglia comunicarmi questa apparizione. Mentre mi scervello inutilmente per ricercare un significato a questo fatto, facendo molta più attenzione alla strada, arrivo finalmente a Montségur.

Fa freddo e ha incominciato a piovere fitto. Il paesino è così piccolo che in cinque minuti l'ho già girato tutto, trovando subito l'*oustal* di Serge, l'amico della mia maestra yoga, che me lo ha indicato. Mi presento infradiciato e infreddolito e Serge, un simpatico omone cataro circondato da gatti poco socievoli, mi accompagna subito nella mia stanzetta, dove posso finalmente riprendere fiato e, soprattutto, calore prima di partire per l'ultima cerimonia, al tramonto, su al castello di Montségur.

Questo castello, come tutti quelli catari, è stato costruito in posizione strategica, dominante i luoghi circostanti e facilmente difendibile, ma, ancora più stupefacente, è posizionato in uno dei punti nevralgici della Terra, all'incrocio di un meridiano con un parallelo, così come le cattedrali gotiche. Questo è particolarmente importante sotto l'aspetto delle energie. È anche celebre e molto frequentato dai cultori di pratiche mistiche, perché al solstizio d'estate, il 21 giugno, i raggi del sole entrano dritti da est nelle due finestre della sala dei Maestri, per uscire perfettamente dalle due finestre contrapposte sul lato ovest della grande sala. Il fenomeno dura i due o tre giorni prima e dopo il giorno del solstizio. Sono meravigliato dal livello di conoscenza astronomica sviluppato dai nostri antenati centinaia di anni fa con i mezzi dell'epoca.

All'ora del tramonto c'è tempo. Decido quindi di uscire dal calduccio della camera e di fare un giro per il paesino, dove trovo un piccolo museo che promuove la conoscenza della cultura e della storia del paese dei catari. La sua visita mi permette di comprendere meglio le ragioni della loro persecuzione, fino all'epilogo tragico culminato nel rogo degli ultimi duecentoventi – circa – sopravvissuti all'assedio, durato quasi dieci mesi, bruciati vivi il 16 marzo del 1244 nel prato sottostante il castello dai crociati di Luigi IX, inviati da papa Innocenzo IV.

L'importanza storica del castello di Montségur deriva dal fatto che, dopo il 1209, anno in cui si interruppe definitivamente il dialogo tra le autorità catare e quelle della Chiesa romana di papa Innocente III, fu scelto da Ramon de Pereille per costruire una città castello. In quello stesso anno il Papa lanciò la crociata contro gli eretici catari, nota come *Guerra contro gli albigesi*, che costò migliaia di vittime, in un arco di trent'anni, di cui 20.000 solo nel purtroppo famoso massacro di inizio guerra di Beziers. Con l'accentuarsi del conflitto e della persecuzione da parte delle forze inviate dal Papa, il vescovo cataro Guillbert de Castres decise, nel 1229, di fare di Montségur il centro politico e religioso cataro, nonché l'ultimo baluardo militare a difesa della libertà del popolo cataro: nacque il *Pog* di Montségur.

L'assedio finale durò anni; i catari resistettero eroicamente conducendo una vita quasi normale, abitando nel castello stesso e nel *castrum*, difeso dalle mura e costituito da costruzioni multipiano attaccate alla roccia e poggiate su enormi pali conficcati in essa. In pratica vivevano in palafitte sospese nel vuoto, come rifugi alpini. Geniale. La grandezza e la comodità delle abitazioni e dello spazio disponibile per attività commerciali variavano a seconda, ovviamente, del censo delle famiglie, ma la comunità era ben organizzata e governata in modo da coinvolgere tutti i componenti nella gestione della *res* pubblica e delle decisioni più importanti.

I catari erano praticanti, fedeli alle sacre scritture del Nuovo Testamento, con una predilezione per il Vangelo di San Giovanni; credevano nel rapporto libero e diretto di ognuno con Dio ed erano assolutamente consapevoli e responsabili di seguire e applicare nella loro vita i precetti evangelici e i comandamenti – non giudicare, mentire, rubare, bestemmiare o uccidere. L'uomo perfetto e la donna perfetta catari, in ossequio ai precetti della loro fede di rigore e di salute, seguivano un regime alimentare senza carne, uova, latte, grassi animali, che prevedeva invece frutta, legumi, olio, pane e pesce. Non ci ricorda qualcosa? Inoltre i pasti venivano sempre consumati in comune, essendo per i catari un momento privilegiato, durante il quale praticavano il rito del pane e dell'orazione sacra in memoria dell'ultima cena.

Mi affascina e mi coinvolge la storia del popolo cataro; ritrovo quei principi universali propri della storia dell'uomo in continua lotta con i condizionamenti religiosi e sociali, che tendono a volerlo sottomettere ad autorità superiori, sempre per il suo bene! Penso a quale forza d'animo e dignità avessero i catari per resistere anni all'assedio, pur di difendere i loro valori e la loro libertà. Che differenza con gli uomini di oggi!

Poco prima della caduta di Montségur, la storia, o forse meglio, la leggenda racconta che l'ultimo regnante del Pog, B. Marty, conscio dell'imminente caduta delle difese, consegnò il Sacro Graal a un cavaliere e alla sua dama, affinché lo salvassero dalle mire dei crociati e lo nascondessero in un luogo sicuro per salvaguardare per sempre la Conoscenza.

Mamma mia, mi vengono i brividi. Ripenso al seminario intensivo, tappa significativa del mio percorso di guarigione, il *Viaggio dell'Eroe*, fatto alla Città della Luce tre anni fa, quando il maestro propose la visione del film *Excalibur*, interrompendone spesso la proiezione per spiegare e commentare i significati più profondi e nascosti dietro ai personaggi e ai simboli. Alla fine, la ricerca del Sacro Graal da parte di Re Artù, attraverso i suoi cavalieri che via via moriranno, non è altro – credo di aver capito – che la ricerca e la comprensione di chi siamo e la riconciliazione con il proprio Sé.

Nel piccolo ma commovente museo c'è una sezione dove sono riportate le parole di scrittori occitani, di eretici o semplici credenti, parole di un popolo perseguitato e spogliato della sua identità. Ci sono diverse tavole e ognuna riporta una frase di un nostro antenato cataro. Sento il dolore collettivo, la sofferenza nel subire la violenza e prepotenza di un potere che vuole l'uomo succube di dogmi trasmessi e usati da un'autorità assoluta per dominare e possedere. Di nuovo sento la dignità di chi, sino alla fine dei suoi giorni, lotta per la libertà di pensiero e di fede, contro le forze che vogliono l'uomo omologato e privato del suo libero arbitrio. Sento profonda empatia per questo popolo di cui, sino a l'altro ieri, ignoravo persino l'esistenza, così come ignoravo che nella civilissima Europa ci fossero state le prime crociate e mi domando, retoricamente, come mai a scuola non ci insegnano queste vicende storiche che ci toccano da molto vicino.

Nell'impossibilità di condividere con voi tutte le testimonianze raccolte nel museo, ho scelto di riportare così come è quella che più mi ha colpito e che reputo la più rappresentativa: l'estratto da una predicazione di padre Autier, che conclude la sua argomentazione con una formula che ha una grande forza difficilmente confutabile:

> *C'est qu'il y a deux églises:*
> *l'une fui et pardonne, l'autre possède et écorche;*
> *c'est celle qui fuit et pardonne qui tient la droite vie des apôtres;*
> *elle ne ment ni ne trompe;*
> *et cette église qui possède et écorche, c'est l'église romaine[1].*

---

1. Ci sono due Chiese: l'una fugge e perdona, l'altra possiede ed estorce; è quella che fugge e perdona che segue la dritta via degli apostoli; essa non mente e non tradisce (*non ment ni ne trompe*); e la chiesa che possiede ed estorce è la Chiesa romana.

È ora di andare. Termino la visita al museo della storia catara salutando la signora che cura il suo luogo di lavoro come fosse suo figlio ed esco turbato da quanto visto e letto. Sono ancora più emozionato all'idea che tra poco entrerò in quel luogo sacro, così rappresentativo di un momento topico nella storia dell'umanità.

Esco e respiro a fondo una boccata d'aria per scaricare la tensione e sento il bisogno di condividere la mia indignazione con gli amici:

> 17:30 – Biancone: Una crociata in Europa! Tutti i catari catturati che rifiutarono di abiurare sono stati bruciati vivi nella piana di Montségur sotto il castello. Vi ricorda qualche vicenda attuale?

Ha smesso di diluviare e si intravedono le cime dei monti, che sbucano dalle nuvole in ritirata. Un buon segno! Salire con la pioggia, lungo quella che mi hanno descritto come una ripidissima salita al castello, non sarebbe stato il massimo.

Incrocio gatti e cani che provo ad accarezzare ma, nonostante gli amici mi soprannomino san Francesco per il mio rapporto con gli animali, non si fanno avvicinare. Sono molto sospettosi. Sarà la memoria collettiva che ricorda quanto avvenuto nel prato vicino, centinaia di anni fa?

Parcheggio l'auto nella radura sottostante l'incombente e inconfondibile profilo del castello di Montségur. Non c'è nessun altro. Il tramonto è previsto tra una mezz'oretta, alle 19 e 58 per la precisione, e ho quindi il tempo per inviare messaggio in chat:

> 19:28 - Biancone: Terza e ultima tappa di preparazione al Cammino. Arrivato al castello di Montségur, dove andrò a meditare al tramonto ponendo la domanda a cui confido di trovare risposta durante il cammino. Penserò anche a tutti voi, augurandovi ogni bene possibile. A domani. Ps. Sarà un caso che poco prima di Montségur è suonata *I still haven't found what I am looking for* degli U2?

Fatti pochi passi dal parcheggio, giungo alla stele posta in memoria della strage e in onore dei circa 225 Perfetti e Perfette bruciati vivi il 16 marzo 1244. Segna anche il confine con il Campo dei Cremati, opportunamente cintato affinché nessuno lo possa calpestare e profanare. Sento le gambe appesantirsi; un silenzio surreale pesa come un macigno.

Mi raccolgo in meditazione bruciando un rametto di palosanto per condividere la mia compassione con i defunti e con gli spiriti del luogo e pongo i fiori per conto di Giovanna. Sulla stele sono scolpiti i

principali simboli catari – tra cui la colomba –, che sono due e mi colpiscono in modo particolare, ma non chiedetemi il perché, non saprei spiegarlo.

Adesso sto meglio, sono in pace e pronto alla salita che mi porterà, in venti minuti di buon cammino, ai 1207 metri dell'entrata del castello. Emozionato come uno scolaretto al primo giorno di scuola, entro dalla porta secondaria a nord, come da precise istruzioni ricevute da Giovanna. Mi ritrovo nella grande sala dei Maestri, dove accendo l'incenso e il palo santo per pulirmi prima di iniziare il saluto al sole, che so esserci anche se nascosto dalle nuvole, e la meditazione di supporto all'integrazione delle energie femminili. Nella meditazione incontro il mio maestro guida, vedo cavalieri, un gruppo di persone abbracciate tra loro e, infine, una figura femminile eterea, vestita di bianco che, quasi sospesa nell'aria, mi viene incontro sorridendomi dolcemente e mi invita a un abbraccio intenso.

Sento l'energia pulsare in ogni cellula del mio corpo, sono in armonia con i sassi, con l'erba, con il cielo. Sono felice. No, non preoccupatevi, non ho bevuto molto o assunto droghe o allucinogeni di alcun tipo. Sono semplicemente consapevole di essere parte di un tutto talmente bello e armonioso da esserne contagiato in ogni mia parte e mi sento quindi pronto per rivolgere le domande ai Maestri, per le quali chiedo risposta al Camino: *Cosa farò da grande? Quale è lo scopo della mia vita?*

"Domande da poco", sorrido tra me e me mentre raccolgo il mio zainetto. Saluto questo luogo fantastico con un po' di rimpianto e mi accingo a tornare alla base. Sono proprio un privilegiato a poter concedermi di vivere una tale incredibile esperienza, che è solo all'inizio.

Grazie Universo!

È tarda sera ed è quasi buio; tra visite, camminate, riflessioni e riti, anche il corpo richiama la mia attenzione perché mi è venuta una gran fame.

Dopo avere girovagato per una trentina di chilometri in luoghi poco abitati e senza un'anima in giro, arrivo nella cittadina di Lavelanet. Tutto chiuso anche qui, salvo un terribile ristorante pseudo giapponese, che farebbe passare la fame anche a un reduce da un digiuno di giorni. Ormai disperato, mentre telefono al mio amore lontano, lamentando l'impossibilità di trovare un posticino dove cenare, mi appare finalmente, come una palma nel deserto, la luce di un'insegna accattivante, *Le Théâtre*, proprio mentre Giulia mi sta dicendo che, su una rete Rai, stanno trasmettendo il film sul Cammino di Santiago tratto dal libro di Coelho. Sincronicità, l'Universo ha accolto il mio bisogno. Grazie.

Vengo accolto calorosamente da una sorridente coppia di giovani che, nonostante l'ora molto tarda, mi rassicura, *«pas des probleme»*, e velocemente mi servono un memorabile cosciotto d'agnello con patate catare a chilometro zero, innaffiato da un vivace cabernet locale. Termino la cena con un'ottima *tarte aus pommes* e, sazio nel corpo e nello spirito, e con Miles Davis in sottofondo, guido nella scura e magica notte catara. Una luna piena splende nel cielo ripulito dalle nuvole e ripenso a quanto vissuto oggi, da quando sono salito all'alba vestito di bianco al castello di Queribus per poi andare a Peyrepertuse, dove ho sentito la forza dell'energia attraversare il mio corpo per fondermi con l'insieme, e terminare il tour dei castelli catari, a Montségur. I Perfetti, l'eccidio, il Sacro Graal, il Camino, la domanda!

Che giornata memorabile. Sono stordito, meravigliato, grato alla vita per quanto mi sta offrendo e compiaciuto con me stesso per stare concedendo questo tempo solo a me, dopo anni di corsa sfrenata nel sistema.

La strada sale nel bosco buio e mi conduce al colle sottostante la sagoma scura e dominante la valle del castello di Montségur che, illuminato dalla luna, sembra ancora più magico e possente. Mi viene allora l'idea di tornarci l'indomani, nel caso il tempo fosse ancora sereno come ora, per vedere sorgere il sole in queste valli in tutta la sua bellezza.

Sdraiato confortevolmente sul letto in questa camera, di stile tipicamente francese retrò originale, accendo lo smartphone, unico oggetto che richiama la contemporaneità, e leggo i messaggi arrivati in giornata in chat. Sono contento di costatare che l'idea è piaciuta e tutti coloro che sono rimasti stanno partecipando attivamente al Cammino, mostrandosi interessati e contribuendo con pensieri originali e spesso anche molto divertenti:

> 15:58 – Maurizio: Lunga è la strada, stretta la via, dite la vostra che ho detto la mia.

20:28 – Loredana: Ciao Biancone, dove sei?

20:32 – Max: Ciao, come è andato il primo giorno?

21:14 – Giovanna: In ginocchio davanti alla stele! Grazie.

21:21 – Vittorio: Nulla è per caso. C'è film sul Cammino di Santiago.

21:43 - Giovanni: Bello il momento in cui il padre inizia il Cammino con le ceneri del figlio. Tu chi hai portato con te? Di sicuro noi ti accompagneremo!

22:17 - Giovanna: Buonanotte guerriero templare!

È bello avere affetti e amici; danno senso e valore alla vita.

Prima di spegnere la luce rileggo la frase di A.J. Cronin che ho riportato sulla prima pagina del mio primo taccuino di appunti di viaggio:

"La vita non è un cammino semplice e lineare
lungo il quale procedere liberamente e senza intoppi,
piuttosto un intricato labirinto,
attraverso il quale dobbiamo trovare la nostra strada,
spesso smarriti e confusi, talvolta imprigionati in un vicolo cieco.
Ma sempre se abbiamo fede, si aprirà una porta:
forse non è quella che ci saremmo aspettati,
ma certamente quella che alla fine si rivelerà meglio per noi."

Mi sveglio un attimo prima della sveglia, incredibile per uno che, da quando ha iniziato a lavorare, ha sempre speculato sui minuti come Fantozzi nel primo memorabile film, dove compie più operazioni alla volta cronometrate. "Sveglia alle 7.47", ordinavo alla mamma che, stoltamente come la povera Pina moglie di Fantozzi, assecondava, anziché cacciarmi da casa definitivamente come avviene saggiamente nei Paesi nordici.

Parentesi: penso che la mancanza di un periodo dove il *masculo* italico si responsabilizzi, andando a vivere da solo prima di convolare a rapporti di coppia con convivenza, sia una delle cause dell'immaturità maschile e del fallimento crescente delle relazioni di coppia. Ma torniamo alle vicende più *mistiche*.

Apro la finestra e una brezza molto fresca mi accarezza, dandomi il buongiorno. Il tempo è bellissimo; il cielo è di un blu ancora molto scuro, ma si intuisce l'imminente arrivo della prima luce che anticipa il sorgere del sole. Mi vesto e mi precipito fuori per non perdere un secondo dello spettacolo che mi attende. Ripercorro quasi a memoria il sentiero, fermandomi solo un attimo davanti alla stele per rispetto del luogo. Arrivato in cima rimango abbagliato dallo spettacolo della luna piena, ancora molto ben visibile a sinistra del mio sguardo, e cioè a nord-ovest, mentre a est sta per esplodere l'alba in tutta la sua pienezza. Giro intorno alle mura e, una volta arrivato proprio su una balconata sovrastante la zona dove si sviluppava il *castrum*, mi fermo abbagliato dallo straordinario spettacolo naturale che si ripete instancabile dalla notte dei tempi: il sorgere del sole.

La vista spazia su tutta la lunga linea di cime dei Pirenei e sulle valli sottostanti con i loro paesini. Sono la sola presenza umana, ma mi fanno compagnia i sassi, gli alberi e gli uccelli, il cui cinguettio si sovrappone al sibilo delle energie che sento fluire nel corpo e che è il suono che mi sta accompagnando dall'inizio della meditazione di saluto al sole e di ringraziamento per tutto quello che mi sta offrendo, *qui, ora e adesso*, l'Universo.

È un momento che ricorderò per sempre. Rappresenta l'inizio del mio Camino e, quindi, della mia rinascita. Sono commosso, mi viene da piangere dalla felicità. Sì, il maschio alfa che *non deve chiedere mai*, il grande manager, l'uomo che si prende tutto e tutti quanti sulle sue spalle, è finalmente libero di esprimere le sue emozioni, bloccate da tantissimo tempo. Grazie, grazie, grazie.

Condivido su Whatsapp queste foto per dare il buongiorno a tutto il gruppo e Mara è la prima a rispondere:

> Che magnifico spettacolo! Forse è solo questa la risposta a tutte le domande, i dubbi, le rabbie che rimangono impigliate tra i rami degli alberi che costeggiano il sentiero... tutte voci silenziose che salgono in alto, verso altre...

Rivolgo un ultimo sguardo all'interno del castello dall'alto delle mura, il cui accesso sarebbe vietato ma, come diceva il Buddha, *le regole sono fatte per essere bruciate*. La sua forma ricorda inequivocabilmente la vagina, a rappresentare l'energia femminile, nella sua bellezza e potenza. Grandi catari!

Sono le nove e, dopo un'abbondante colazione con miele e torta di mele fatti in casa da Annick, la moglie di Serge, mi accomiato salutandoli con un intenso abbraccio, come si usa ancora da queste parti. Do un'ultima carezza ai tre gatti persiani, i veri padroni della *maison* e, dato uno sguardo di ringraziamento al paesino di Montségur, metto in moto il *macchinazzo*, inserisco il cd con la *best compilation* di Bruce Springsteen e parto, direzione Saint Jean-Pied-de-Port, a circa 340 chilometri, che scoprirò dispiegarsi in gran parte per strade provinciali lungo valli verdeggianti, torrenti e piccoli paesi sino a St. Gaudens, dove entro nell'*autoroute A64*. Noto l'uscita per Lourdes a pochi chilometri da qui e mi riprometto di fermarmi al ritorno dal Camino, per vedere l'effetto che mi farà dopo ben trent'anni da quando la visitai con Monica, la prima ex moglie, in uno dei miei più lunghi giri in sella alla mia magnifica BMW R100, grigia metallizzata: Spagna, Portogallo e Marocco. All'epoca fui nauseato dalla mercificazione della fede a cui assistetti al santuario della Madonna di Lourdes e da quella che, a mio sentire, era la speculazione sulla speranza degli ammalati. Mi mancava addirittura l'aria e scappammo da quel luogo di gran carriera.

Sono quattro ore che guido senza sentire alcuna stanchezza, nonostante la sveglia all'alba, immerso in mille pensieri. Flashback si intrecciano: rimpianti, volti, delusioni, prove, successi, relazioni, gli ultimi anni vissuti intensamente, che solo ora sto incominciando a elaborare. Sento la vocina che viene da lontano, uno dei miei *sabotatori* più attivi in passato che, come nel *Signore degli Anelli* stridula *"il mio tessssoro!"*. La vocina insistente prova a mettere in discussione la mia intenzione, ricordandomi che tra pochi mesi sarò disoccupato, senza reddito, con due famiglie da mantenere e che, anziché partire per una semplice camminata pensando solo a me stesso, avrei dovuto iniziare ad attivarmi freneticamente per ricercare un nuovo posto di lavoro. Il sabotatore viene neutralizzato dall'indicazione dell'uscita per Saint Jean-Pied-de-Port. Solo sessanta chilometri mi separano dall'inizio del Camino!

Sono le 14, fa molto caldo e ho fame. Parcheggio il macchinazzo che mi ha accompagnato fedelmente sino a qui, scarico lo zaino e, attirato dal dehor, entro in un bar dove la cameriera, una bella ragazza mora con tratti spagnoleggianti, mi chiede: «Pellegrino?». Sorpreso, tardo a rispondere e poi, sorridendole, le dico: «*Oui, prêt a partir*». È la prima volta che mi rendo conto di essere già nella parte, come un attore quando si alza il sipario e inizia la recita.

Finito lo spuntino mi avvio verso l'ufficio di accoglienza del pellegrino per accreditarmi e ritirare la *Credencial*, che non è altro che la carta di identità dei pellegrini, nata per dare loro protezione in tempi ben più perigliosi dei nostri, e che mi accompagnerà per tutto il Camino, perché in ogni luogo di ristoro e di pernottamento, il gerente, dietro richiesta del pellegrino, apporrà il proprio *sello*, e cioè il timbro caratterizzante la propria attività sul Camino, a riprova del suo passaggio. L'ufficio è proprio nel centro medioevale, molto carino e affollato di turisti e pellegrini. Sto per entrarvi quando un omone con il faccione rubicondo, seduto dietro a un tavolo enorme, mi dice allegro: «*Comida!*» e così capisco che stanno per chiudere per un'ora! Mi sta per scoppiare un embolo, quando una vocina mi dice "Tranquillo: asseconda gli eventi, affidati, goditi il tempo". Sorrido e saluto.

Mentre sto pensando a come impiegare il tempo proficuamente, tipico pensiero da manager, entro in un negozio e non so perché, dato che, dopo svariate visite al Decathlon di piazza Castello a Milano, credo di non avere bisogno di niente. Sono attratto da uno zaino che trovo incredibilmente leggero. Mi si avvicina il titolare che, gentile e affabile – "E ci mancherebbe altro" penso, dato che vorrà rifilarmi a carissimo prezzo qualche suo articolo per pellegrini, nel senso di acquirenti pellegrini dell'ultimo minuto, e sorrido tra me e me per il doppio senso – mi domanda se mi serve aiuto. Rispondo che sto solo curiosando per far passare il tempo e che sono già provvisto dell'attrezzatura per il cammino. Sorride di nuovo e mi chiede dove voglio arrivare. «A Santiago» rispondo e lui annuisce empaticamente. In quel momento scatta qualcosa e inizio a chiedere spiegazioni tecniche sullo zaino che, nel frattempo, continuo a tenere in mano. Alla fine della spiegazione chiedo il prezzo e, senza pensarci due volte, decido di investire 180 € per quella che sarà la mia casa viaggiante sulle spalle. Ma non è finita qui. Mentre George – con cui nel frattempo siamo passati al tu – mi sta dando la ricevuta del pagamento effettuato con la VISA, mi cade l'occhio sulla guida al Cammino e mi rendo conto improvvisamente che sono partito senza alcuna preparazione, oltre alle poche indicazioni chiave datemi dal mio amico Paolo, conosciuto proprio pochi mesi prima, dopo aver a sua volta fatto il Cammino.

«Prendo anche questa», dico e George, sempre sorridendo, mi indica quella in lingua italiana.

Sto per salutare quando George mi dice: «Allora domani è il grande giorno!».

«Perché?» rispondo.

«Beh, domani parti per il Cammino».

«Ma veramente io parto adesso» rispondo senza esitare.

Noto l'espressione semiseria apparire sul suo volto mentre mi chiede dove penso di dormire.

«Ma a Ourisson, è ovvio. Sono solo sei chilometri».

«Ah, bene, quindi hai prenotato…».

«No», rispondo. «Perché mai avrei dovuto?».

A quel punto George prende il telefono e, mentre, attende che dall'altro capo del filo rispondano, mi dice paterno: «Speriamo di trovare ancora un posto letto, perché a quest'ora il rifugio, che ha solo una sessantina di posti, potrebbe essere già al completo e di notte, in questa stagione, fa ancora freddo per dormire fuori». Dopo uno scambio di battute al telefono in una specie di *patois* basco, George mi conferma di avere trovato l'ultimo letto disponibile, ma mi raccomanda di arrivare entro le sei del pomeriggio, per non perdere la prenotazione. Sorrido tra me e me pensando "e che ci vorrà mai a fare sei chilometri in tre ore abbondanti…". Scoprirò a mie spese che il Cammino, nei primi chilometri, saggia subito la convinzione del pellegrino, presentandosi con la salita con la massima pendenza, trecento metri di dislivello in meno di tre chilometri.

«*Buen Camino*» mi augura George salutandomi.

È questa la prima volta in cui sento quello che diventerà il saluto e l'auspicio scambiato con tutte le persone che incontrerò durante il Cammino. Ricambio il saluto ringraziando di cuore George, che mi ha preso per mano come un angelo e aiutato con gli ultimi preparativi.

Mentre torno alla macchina penso agli ultimi avvenimenti, a come le situazioni si sono magicamente concatenate e risolte, e inizio a comprendere il significato dell'affidarsi, che non è fatalistica attesa che le cose succedano, con noi semplici spettatori passivi, ma è un nostro atteggiamento fiducioso nella nostra capacità di ricevere quello che è buono per noi, senza affannarsi né preoccuparsi. Affidarsi funziona, si vive meglio e ci si semplifica la vita. Tornerò su questo punto chiave durante il Cammino.

Madame Ribarne, una corpulenta signora, mi accoglie come un nipote pronto a partire per il servizio militare; dopo avermi indicato la piazzuola dove parcheggiare l'auto, mi fa tutta una serie di raccomandazioni su cosa non dimenticare e su come affrontare i

primi giorni di cammino. Mi rilascia una ricevuta dove, per la prima volta, ho in mano qualcosa che riporta il simbolo del cammino di Santiago: la conchiglia gialla su sfondo blu.

Svuoto il vecchio zaino e, nel riempire il nuovo, controllo, per l'ennesima volta, indumenti e accessori per verificarne l'effettiva utilità. Mi cambio, indosso gli scarponcini da trekking, carico lo zaino sulle spalle, prendo i bastoncini da camminata e sono pronto a partire.

Il Camino ha inizio.
Prima tappa l'ufficio di accoglienza per accreditarmi, sperando che il *señor* non stia facendo la siesta post *comida*!

Alle 15.45 del 22 aprile sono ufficialmente un pellegrino accreditato allo *Chemin de Saint-Jacques et entreprend la pérégrination vers Compostelle à pied.*

Peso lo zaino con la bilancia a uso dei pellegrini: dodici chili. Perfetto. Mi faccio i complimenti da solo e vado incontro al mio Camino con spirito colmo di gratitudine per l'esperienza che mi aspetta.

PRIMA PARTE

LA GIOVINEZZA

da St. Jean-Pied-de-Port a Burgos

Tappa 1: "Gratitudine"

Da St. Jean-Pied-de-Port (h. 15.00) a Orisson (h. 18.00) – 6 km

Fa molto caldo. Percorro la centralissima Rue de la Citadelle, famosa perché conduce alla Porte de Espagne; attraverso il ponte medioevale sulla Nive e seguo la direzione per la via alta, mai altro nome sarebbe più indicato, meglio nota come *Route Napoléon*, che porta a Orisson, la mia prima meta.

Sono solo, non c'è nessun altro pellegrino. "Strano" penso, ma poi capirò che il *buon* pellegrino inizia a camminare presto al mattino.

Incontro il primo segnale stradale con l'indicazione per Ronceveaux, il mitico passo di Roncisvalle, e non posso non ricordare mio nonno che diceva che la mamma dei cretini è sempre incinta! Chis-

sà cosa proverebbe la mamma del…, non so neanche come apostrofarlo, nel vedere suo figlio profanare con delle svastiche i cartelli stradali che indicano le tappe del Cammino?

Proseguo un po' sconsolato camminando sulla stradina asfaltata che, man mano, si inerpica sempre di più, diritta e implacabilmente in salita. Sono quasi le 17 e arranco penosamente, sudato fradicio, quando vedo la prima oasi: la locanda di Hutto, con una fontana e un simpatico cane da pastore bianco e nero, che si accuccia sui piedi, quasi a volermi rincuorare. Riprendo il cammino e adesso la strada è finalmente sterrata, ma ancora più in salita.

Guardo continuamente l'orologio perché il tempo passa e non vedo segnali del rifugio. Dopo l'ennesima svolta, esco dal bosco e vedo finalmente la casina descrittami da George.

Sono le 17 e 55. Ce l'ho fatta. Entro e mi presento al gruppo di francesi, che ha già preso possesso dei letti meglio posizionati e del camino per asciugare gli indumenti. Ma non importa. È la mia prima notte lungo il Camino; sono talmente felice che non mi lascio rovinare la *fiesta* per quelle che, alla fin fine, sono solo inezie.

Questo momento è come un battesimo. La prima volta di tutto: della doccia dopo la camminata e il conseguente straordinario senso di benessere; del prendere le proprie cose dallo zaino e prepararsi per la notte in camerata, in modo da non disturbare gli altri pellegrini – purtroppo scoprirò che non ci si può preparare in modo da far sì che gli altri pellegrini non disturbino te; del lavare i calzini e gli indumenti intimi; del precipitarsi subito a cena, all'ora prevista, perché affamati da morire.

La cena viene servita al rifugio madre di Orisson, distante ottocento metri, che divoro di corsa, perché leggero, senza zaino e affamato come non mai. Sono l'ultimo e mi accomodo all'inizio della tavolata a ferro di cavallo, che ospita una sessantina di pellegrini. Arrivano velocemente le abbondanti portate, innaffiate da un vinello sincero. C'è un'atmosfera fantastica; siamo tutti all'inizio del nostro cammino, eccitati ma anche timorosi di quello che ci aspetta.

Si comunica in un miscuglio di lingue diverse: spagnolo, inglese, brasiliano, tedesco e coreano. Scopro a fine cena di essere l'unico italiano. È infatti tradizione del rifugio di Orisson, unico nel Camino, di chiedere a fine cena a ogni pellegrino di presentarsi. Inizio io, essendo a capo tavola, e rompo il ghiaccio condividendo anche la motivazione del Cammino: capire *cosa fare da grande? Quale è lo scopo della mia vita?*

Mi seguono tutti. Persone da ogni angolo del mondo che si incontrano per la prima volta e che, probabilmente, non si vedranno mai più, aprono il loro cuore a degli sconosciuti condividendo sogni, dolori, speranze, commemorazioni e, allora, capisco che siamo veramente tutti in relazione, tutti connessi gli uni con gli altri. Vivienne da Rio de Janeiro, 32 anni, cerca una risposta sul senso della sua vita; Ed, 74 anni, pittore, dalle Hawaii, ripete il Camino con sua sorella gemella per una nuova vita; Cecilia, 67 anni, dal Nord Carolina, dopo un grave incidente; Ivan, 60 anni, dal Wisconsin, per celebrare la sorella morta di tumore; Mary, da New York, 65 anni, in viaggio spirituale con il marito; Daniela, 61 anni, dall'Australia; Chris, 63 anni, e Tony, 68 anni, dall'Olanda per celebrare la vita come un dono; Tommy, da Sidney, per festeggiare il suo settantacinquesimo compleanno sul Camino; mister Corea – nome incomprensibile – dalla Corea del Sud per elaborare il pensionamento; Flave, sessantenne, dalla Nova Scotia, in Canada, per la bellezza dei luoghi; Ralph, 49 anni, dalla Germania per capire anche lui cosa fare nella vita; George, dagli USA, neo-pensionato e, ancora, Jeff dalle isole Shetland; Shelley da Daytona Beach per la seconda volta; Catherine, 34 anni, dalla Germania; marito e moglie dal Giappone; Jean Pierre e Geraldine da Lille; Lena, 69 anni, francese, per la quarta volta; Stephen, olandese e, infine, indimenticabile, una signora giapponese dai bei modi eleganti sui sessant'anni che, piangendo, ci confida che è qui sul Camino in memoria della sua compagna morta da pochi mesi di tumore al seno.

È un momento che ricorderò per sempre; siamo tutti in silenzio, commossi e uniti da una vibrazione che comunica fratellanza e amore universale. Persone che provengono da tutto il mondo; volti, storie ed età diverse, tutti accumunati dalla stessa intenzione di camminare verso Santiago!

La prima notte sul Camino dicono che è indimenticabile per le emozioni e quant'altro. Per me lo sarà soprattutto perché il gruppo dei francesi si distinguerà per maleducazione e rumorosità. Svegli loro alle sei, svegli tutti! Poi parlano male degli italiani.

Maurizio chiude e aprirà al mattino la chat, con due messaggi dei suoi che aiutano a tenere su l'umore:

> 20:23 – Maurizio: Mi viene in mente un vecchio western anni '60 con Tomas Milian: "Corri uomo corri".

> 09:42 – Maurizio: Buona macinata di chilometri anche oggi... e ricorda che non vale fare l'autostop!

Ma che c'entrerà mai Tomas Milian, detto *Er Monnezza*, con il Camino?

Tappa 2: "Più leggero sei e più andrai lontano con minor fatica"

Da Orisson (h. 08.40) a Ronceveaux (h. 17.15) – 21,1 km

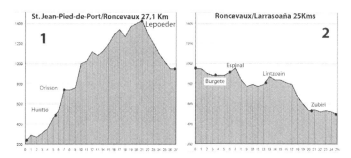

Saluto e ringrazio il rifugio di Cayole. Sono l'ultimo a partire e questa sarà una costante. *"Take it easy my friend"*, canticchio per rincuorarmi e non sentirmi in colpa.

Percorro di nuovo gli ottocento metri che conducono al rifugio di Orisson, sede della memorabile cena dell'altra sera e mi fermo affamatissimo per fare colazione. Nel mentre conosco Peh, un ragazzo di Taiwan che, quando sente che vengo da Milano, si dichiara interista sfegatato, tanto da avere visto la finale di Champions vinta dall'Inter a Milano, nell'indimenticabile anno del triplete. Ebbene sì, sono tifoso del Torino, vecchio cuore granata come diceva quel gran simpaticone del mio ex suocero juventino, ma sono anche simpatizzante dell'Inter dai tempi di Mazzola, Burnich, Facchetti…

Starei ancora a parlare con il mio nuovo amico da Taiwan ma, se non voglio trovare chiuse le porte dell'ostello di Roncisvalle, devo andare.

Respiro profondamente, consapevole dell'unicità del momento; eseguo il rito della vestizione come un guerriero samurai, indosso giacca, posiziono con cura lo zaino sulle spalle, impugno con la giusta pressione i bastoncini da trekking e prendo la cartolina ricordo del rifugio che riporta una frase di Antonio Machado: *"Viaggiatore, non c'è cammino, si fa il cammino camminando"*. In poche parole, la sintesi di ciò che sto per iniziare nella sua interezza.

Mi inserisco nel flusso di pellegrini, che passa davanti al rifugio formando una lunga fila multiforme e colorata, e, mentre muovo i primi passi nella fredda mattinata pirenaica – si dirà così? – tutto eccitato per le prove che mi attendono, mi parte un motivetto originale che riporto subito sul block notes per non dimenticarlo:

> "Lascia stare l'attaccamento e segui solo il tuo movimento,
> lascia stare l'attaccamento e libera le tue ali al vento,
> vai, vai anima bella e non guardare indietro,
> ci son solo ponti da far saltare, guarda avanti e non fermarti,
> vai lontano che sai che, quando si chiude una porta,
> si apre un portone.
> Lascia stare l'attaccamento e segui solo il tuo movimento,
> viaggia leggero e libera la tua mente".

"Racconta proprio bene il senso del mio viaggio", penso mentre le parole si fissano sulla pagina.

A sprazzi si vedono le bellissime vallate e le cime ancora innevate. Una fila colorata di pellegrini mi precede e mi segue. Inizio a prendere confidenza con quella che sarà una delle sensazioni più stupefacenti del Camino; sei solo, ma in realtà non sei solo. Entri in contatto con il tuo sé e sei in qualche modo connesso a tutti quanti. È impossibile, credo, soffrire di solitudine anche perché c'è la straordinaria opportunità di stare con se stessi, come raramente è possibile nella vita di tutti i giorni.

I primi sette chilometri. La salita continua ripida, mettendo a dura prova le gambe e il respiro; prosciuga i pensieri e spegne la mente. Forse questo è il senso, perché la fatica toglie energia ai nostri personali sabotatori.

Una vocina che viene dal profondo mi sussurra: "Ci sono ancora circa 750 km. Sei sicuro? Vuoi proprio proseguire? Chi te lo fa fare?". Allora penso alla ritirata dell'Amir dalle steppe russe descritta da Rigoni Stern, a quale forza può dare il desiderio di tornare a casa; penso ai legionari romani, che percorsero una media di cento chilometri al giorno per quasi cinque giorni per arrivare in tempo in Emilia e vincere una battaglia fondamentale. E così vado avanti, seguendo il lungo filo immaginario composto da decine di punti colorati che si muovono tutti nella stessa direzione, ognuno carico di pensieri ed emozioni, e accumunati dal medesimo scopo: seguire il proprio cammino.

Inizio ad abituarmi al peso dello zaino, che sta diventando parte di me, e al suono ritmico dei bastoncini che dà il tempo del passo. Sto seguendo le orme delle migliaia di pellegrini che da tempi lontani hanno calpestato questa terra, diretti al passo di Roncisvalle. Sento il profumo della storia e mi vengono in mente reminiscenze degli studi scolastici. Carlo Magno, Rolando e Napoleone, che costruì questa strada magnifica per arrivare più facilmente in Spagna. Penso a quante opere dell'ingegno siano state ideate per scopi distruttivi. Penso al contrasto con la bellezza di queste valli e della natura che le arricchisce. Che spreco di energie!

Vedo dei cavalli al pascolo e, come in una visione, mi ritrovo in mezzo a cavalieri in armatura, sento il rumore dei cavalli al galoppo, il clangore delle spade, le urla disumane dei feriti e dei morenti, sento il calore e vedo il fumo degli incendi. Mi fermo madido di sudore e, mentre mi domando se la fatica della salita non mi stia procurando delle allucinazioni, vedo come un'oasi nel deserto: un camioncino con veranda, dove conosco Sebastian, un simpatico ragazzone basco, che mi serve un bel tè caldo ristoratore e un pezzo di formaggio di capra appena fatto.

Sebastian ha iniziato questa attività, complementare alla sua di pastore e agricoltore, cinque anni fa, avendo notato il numero crescente di pellegrini che, nei 21 chilometri da Orisson a Roncisvalle, non incontravano alcun punto di ristoro. Ama l'Italia, le auto super sportive Pagani ma, per undici mesi all'anno, vive tra i bricchi in mezzo ai lupi e ai pellegrini. È la prima volta che comprendo come il Camino sia diventato anche un'opportunità di business per gli abitanti delle località che si trovano sul percorso e per tanti altri che, come avrò modo di scoprire in seguito, hanno lasciato altre vite, altre attività, per insediarsi sul Camino, sviluppando un'attività economica collegata ai pellegrini.

Rinfrancato e ritemprato, riprendo la salita raggiungendo in poco tempo il *Collado de Bentartea*, che rappresenta il confine con la Spagna, prima tappa evocativa del viaggio. Sono emozionato e proseguo a buon passo verso i 1.430 metri del *Collado Lepoeder*, da dove mi aspetta la temibile discesa verso il monastero di Roncisvalle.

Il paesaggio sta cambiando. Non vedo più le ampie vallate tipiche dei Pirenei e i prati estesi che circondano i villaggi, perché sto entrando in boschi sempre più fitti su una pista che diventa impegnativa. Attraverso un lungo e fitto faggeto dove, per la persistenza di qualche nuvola bassa che ne sfuma i contorni, gli alberi dai rami intricati, che quasi avvolgono il sentiero, sembrano assumere forme umane. A un certo punto incappo nella tomba del ragazzo brasiliano, scivolato per la nebbia nel dirupo e morto per il freddo, la cui storia è stata ripresa nel film *Il cammino per Santiago*. Sarà la prima di una serie di lapidi a memoria di altre vite interrotte durante il Camino o, forse, che hanno continuato il loro cammino in un'altra dimensione, proprio dopo avere iniziato questo Camino!

Cammino e respiro. Respiro e cammino. E lo faccio su terra, ghiaia, neve, fango. Mi volto e vedo le mie orme, segno visibile del mio passaggio, che verranno però presto cancellate da quello di altri pellegrini, segno della caducità e provvisorietà del tutto. Questo pensiero, anziché rattristarmi, mi porta ancora di più ad apprezzare il momento unico e irripetibile che sto vivendo. Sono nel *qui, ora e adesso*. Camminare porta consapevolezza, ciò che sto cercando. Sono felice. Camminare in questo percorso così mutevole mi porta anche a riflettere su quanto siamo sempre alla ricerca di certezze, mentre ogni curva può nascondere situazioni imprevedibili. Così come passiamo dal camminare sullo sterrato al fango e dal fango sulla neve, così dovremmo essere flessibili nell'adattarci alle nuove situazioni che la vita ci propone, come prove da affrontare per il nostro percorso esperienziale.

Mentre mi diletto a filosofeggiare, arrivo finalmente in cima e da lì si apre, come immagino nel Medioevo, la vista sulla vallata di Roncisvalle dove, in fondo, emerge difeso dalla foresta verdissima, scuro e possente, il mitico monastero omonimo.

Sono commosso. Respiro e alcune lacrime scendono lungo le guance. Il viaggio sarà ancora lungo e non ho alcuna idea di quello che mi aspetta e di come affronterò i prossimi giorni, ma in questo momento godo di essere qui e in nessun altro posto al mondo, consapevole di essere parte di un tutto unico e irripetibile. Mi amo e amo l'universo.

Prima di iniziare la discesa apro la chat per postare la mia ultima riflessione, insieme alle foto scattate ai pellegrini conosciuti che costituiranno il capitolo "Facce da Cammino" e vi trovo molti messaggi, tra cui, il buongiorno di Francesca che mi fa particolarmente piacere aprendomi il cuore:

10:12 – Francesca: Buongiorno papi, buona camminata.

10:41 – Vittorio: Il cammino può essere così bello e intenso da gustare che talvolta troviamo la meta deludente perché ce l'aspettavamo diversa. In realtà, la meta è un'altra porta da varcare e prologo di un nuovo cammino. Ergo… tieni sempre pronto un altro paio di scarpe da viaggio Ric! Ancora complimenti: vivere alla grande possono farlo tutti; io invece, da quando ti conosco, ti ho sempre visto vivere in modo intelligente, e questo non è da tutti. Buona giornata!

10:59 - Enrica: Condivido in pieno il pensiero del mio Vitti e mi limito ad augurarti una buona giornata e un buon cammino. Un abbraccio forte forte! Ti aspettiamo a Grana!

14:22 - Biancone: Camminiamo su terreni diversi che cambiamo in modo inaspettato. Ci adattiamo e semplicemente camminiamo verso la meta. Perché non funziona così, nella vita cosiddetta normale? Lasciamo orme che spariranno, così come nella vita, se non lasciamo bei ricordi nelle persone che abbiamo incontrato. P.S.: non ho fumato erba... Forse sono i 1.300 metri di dislivello! Da dove sono, ho l'abbazia di Roncisvalle nel mirino. Ancora 2 km e il balzo di 26 km è fatto. Quasi quasi ancora non ci credo.

Scelgo di scendere dal sentiero più lungo ma meno ripido, perché non voglio forzare troppo le ginocchia. Sono solo nel bosco, il monastero adesso è scomparso dalla vista e iniziano a cadere alcune gocce di pioggia. Prima della partenza, a Saint Jean, l'uomo delle credenziali mi aveva avvertito della mutevolezza del tempo su queste montagne, che non sono alte come le mie Alpi ma sono comunque da rispettare per la variabilità delle condizioni meteorologiche condizionate dal vicino Atlantico. Dopo una serie di incidenti le autorità locali hanno deciso di chiudere la via alta, chiamata la "Napoleonica", quando si creano le condizioni per la calata della nebbia, che riduce la visibilità quasi a zero.

Sono stato fortunato. Il tempo mi è stato sinora amico e l'oretta eventuale di pioggia non mi spaventa. Ormai mi vedo già nella mia branda, senza scarponi e zaino. Arrivato finalmente alla fine della discesa interminabile, continuo lungo il percorso che si apre in una radura dove in fondo, a non più di un centinaio di metri, mi attende, austero e incasellato nel muraglione di pietra grigia, l'androne millenario del mitico monastero di Roncisvalle che, come risulta dai primi documenti sull'esistenza dell'ostello e del monastero stesso, risale all'XI secolo.

L'anziana volontaria dell'ostello di Roncisvalle, fiera nella sua divisa rossa, mi accoglie con un caldo benvenuto e mi indirizza alla reception, rifatta in stile moderno, che un po' stride con il contesto originale. Mi viene assegnato il posto letto e mi vengono date tutte le indicazioni del caso: il check out entro le 8 del mattino, la messa con benedizione dei pellegrini alle 19 e, finalmente, dove e a che ora si cena.

A dispetto del luogo mistico, il mio pensiero e lo stomaco rimandano in questo momento al mio mito da ragazzo, Tex, quando ordina "una bistecca alta tre dita e una montagna di patatine fritte, il tutto innaffiato da una caraffa di birra fredda".

Nella dimora per questa notte prendo possesso del letto numero 38, nella camerata al primo piano. In tutto ci sono ben 132 posti letto, suddivisi sui due piani. Spero che non siano tutti grandi russatori!

Una volta sistemate le mie cose nell'armadietto a disposizione e preparato il letto per la notte, vado alla scoperta del monastero. Nell'attraversare un lungo corridoio, mi imbatto in un bancone lungo una decina di metri, dove sono posti in bella mostra decine di oggetti di ogni genere lasciati, mi dicono, da pellegrini in transito per alleggerire il carico rivelatosi troppo pesante. Maglie leggere e pesanti, ombrelli, articoli da toilette, accessori vari, libri, ciabatte, pantaloni, sacche e altri oggetti rappresentano un ben di Dio a disposizione di chiunque ne abbia bisogno. Un pellegrino potrebbe partire da qui, penso cinicamente, facendosi quasi tutta l'attrezzatura senza spendere una lira. Da parte mia decido di lasciare sul tavolone il libro *I Buddenbrook*, tanto ho capito che non riuscirei mai a leggerlo. In cambio, prendo un detersivo in crema tedesco, così potrò lavarmi i calzini!

Ecco la prima lezione del Camino: porta con te solo lo stretto necessario. *Più leggero sei e più andrai lontano con minor fatica.* Fa un certo effetto vedere quanti oggetti ritenuti indispensabili, si rivelino invece assolutamente superflui. Penso a quante cose accumuliamo nella nostra vita, nelle nostre case, nei nostri uffici e nelle nostre auto, a quanta energia abbiamo speso per averli, in termini di tempo e di denaro, e a quanto facilmente ce ne possiamo disfare quando ne va della nostra "sopravvivenza".

Cala la sera mentre vago per i corridoi e le sale dalle volte gotiche, che sono deserti e mi ricordano le atmosfere del film *Il nome della rosa*. Nel cortile di fronte alla cripta, dove la leggenda narra che morì e fu sepolto Rolando, c'è ancora la neve che crea un effetto di luce di grande contrasto con l'interno grigio scuro di granito. La campana della chiesa suona, chiama i pellegrini alla messa di benedizione. Una decina di monaci ci accoglie per una cerimonia con vespri cantati, molto suggestiva anche per un critico delle liturgie di chiesa come il sottoscritto. Il profumo e il fumo dell'incenso che brucia nei grandi bracieri, la luce bassa che lascia le volte e gli angoli della chiesa in penombra, i portacandela votivi che brillano delle decine di piccole fiamme, mi portano in un viaggio nel tempo; sono un pellegrino di centinaia di anni fa, con le stesse speranze, paure, sogni, motivazioni che spingono i pellegrini del XXI secolo a cercare conforto nella benedizione in questo maestoso monastero, prima di iniziare il cammino verso la loro meta.

Sono come in trance, ascolto la celebrazione sino alla benedizione che viene ripetuta in più lingue, quasi fosse veramente necessario capire il significato delle parole e non bastassero il suono e le vibrazioni per fare arrivare il messaggio al profondo del cuore. Terminata la funzione mi precipito al ristorante, indicato dal buono datomi alla reception, dove mi ritrovo seduto a una bella tavolata cosmopolita in mezzo a donne, come sempre prevede il mio karma. Conosco Jane – 69 anni da Harlem, New York, che ha deciso di intraprendere questo percorso dopo avere visto il film sul Camino ed essersi fatta tatuare sul cuore un pellegrino – e Anne – canadese, che a soli 19 anni è sul Camino per spirito di avventura e per provare un'esperienza insolita. Che ammirazione, così giovane e così consapevole!

La compagnia è allegra e piacevole e la cena abbondante, composta dal menu del pellegrino, che sarà la costante del Cammino – proposto a seconda dei posti tra i 9 e i 12 € e che prevede primo, secondo, contorno, dolce, acqua e, udite udite, vino.

Torno alla base avvertendo il peso della giornata nelle gambe, diventate legnose, e sulle spalle, doloranti per il peso dello zaino. Fatico però a prendere sonno, non tanto per la ricca varietà di rumori e suoni prodotti dagli altri 75 pellegrini, ma per la quantità di pensieri che mi ballano per la testa ed emozioni che percorrono il mio corpo.

Rivedo ogni fotogramma di questa mia prima vera giornata di cammino come in un caleidoscopio; il percorso compiuto, i paesaggi, le persone incontrate, le mutazioni di tempo, che quando cammini senti sulla tua pelle, e inizio a confrontarmi con la grande magia del Camino. Sei solo mentre cammini, ma non sei veramente solo. Sei solo con te stesso, ma fai parte di una "comunità in cammino", come l'ha definita il monaco nella benedizione che, intuisco, crea come una forza invisibile che connette tutti quanti e ti sostiene e fa proseguire aiutando i pellegrini a superare i momenti difficili, quando vengono meno le forze e la convinzione. Tutte quelle persone provenienti da Paesi e culture diverse, ognuno con la sua storia, i suoi dolori, le sue speranze e, soprattutto, la sua domanda, tutti insieme con il *Biancone* verso Santiago. Qui a nessuno interessa cosa fai nella vita, come in *Matrix*, nessuno ti giudica e critica per come sei vestito o per come cammini; ognuno segue il suo passo, ci si saluta e ci si augura "buon Camino". Si capisce se si ha il bisogno di camminare soli o se, viceversa, si ha il bisogno di condividere un po' di cammino; vieni accolto e accogli con amicizia la sera a cena e al rifugio. Tutto scorre con naturalezza, in armonia con il tuo passo e le tue pause. Dove ti fermi per riposare è, in quel momento, il tuo posto su questa Terra. Hai fame e si materializza un punto di ristoro anche nel nulla di una sperduta vallata montana. Tante sono le emozioni e gli stimoli da elaborare. Per il momento mi accontento di queste prime conclusioni ma sono fiducioso che, passo dopo passo, riuscirò a comprendere ancora meglio la magia del Camino.

Le luci della camerata vengono spente e, poiché fatico a prendere sonno per l'eccitazione, leggo i nuovi messaggi postati in chat e la aggiorno con il mio ultimo messaggio della giornata:

> 20:53 – Ester: Caro Riccardo, stai affrontando il tutto da vero pellegrino... Già che passi, puoi dare un'occhiata se ci sono dei tre stelle dignitosi o meglio, dei 4 stelle? Prima o poi qualche tappa del cammino vorrei farla anch'io...

> 21:15 – Monica: Ciao Riccardo... Buon cammino... Sei un grande.

> 21:34 – Giovanna: Ti penso! Io sono al ritiro di yoga di tre giorni: 5 pratiche al giorno e semi digiuno... Un abbraccio!

> 21:54 – Luca: Riccardo, non voltarti mai, non serve e sappi che sei empaticamente seguito da questo gruppo

> 22:03 – Biancone: Conosciuto a cena Jane da Harlem, NY. A 69 anni si è fatta tatuare un pellegrino con cuore sopra il seno. Matta come un cavallo. Ha tenuto campo a tutta la tavolata. Adesso gira il mondo perché le piace camminare. Fantastico.

Mi chiedo se per ego o bisogno di tenere i contatti o per chissà quali altri motivi inconsci abbia sentito il bisogno di creare questo gruppo e rendere partecipi del Camino le persone a cui tengo e che rivestono un'importanza nella mia vita. Non nego che ricevere attestati di stima e sostegno morale mi gratifichi e solletichi il mio orgoglio, ma credo che sia principalmente per il piacere di mettersi, in un certo senso, al servizio degli altri grazie alla condivisione di un'esperienza che può essere per loro di stimolo o, semplicemente, di distrazione dai loro problemi quotidiani. In ogni caso, rimugino mentre le palpebre mi calano sugli occhi. Alla fine, che importanza ha il perché? Mi va di farlo, le persone sembrano apprezzare e, quindi, buonanotte!

Tappa 3: "Accade ciò che deve accadere"

Da Roncisvalle (h. 08.00) a Zubiri (h. 17.00) – 21 km

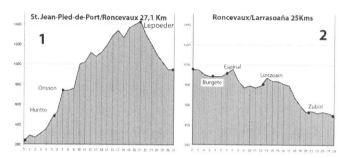

Che esperienza all'ostello di Roncisvalle! Alle 4 e 15 vengo violentemente svegliato da luce e musica a palla.

È solo la prima sveglia per i pellegrini più mattinieri, o più fanatici, a seconda dei punti di vista. La seconda suonerà alle 6 e 15.

Ne approfitto per andare alla toilette ma, visto il numero di pellegrini in coda, rinuncio, fiero di non avere problemi di prostata. Prima di ributtarmi a letto guardo fuori da una delle grandi finestre e rimango di stucco nel vedere un primo gruppo di pellegrini che, infagottati nei poncho impermeabili colorati, sono già in partenza nel buio del mattino presto, al freddo e sotto la pioggia. Ma perché così presto? Non siamo in piena estate! Con questa domanda, al momento senza risposta, torno a dormire, insensibile ai rumori di cerniere che si aprono e chiudono e alle chiacchiere dei pellegrini, che danno per scontato che tutti vogliano seguire i loro tempi.

Alle 7 e 30 sobbalzo sul letto perché un volontario urla in spagnolo che entro le 8 devo lasciare la camerata. «*Tranquilo*», dico in un italo-spagnolo impastato dal sonno, «*a las ocho saro fuera*». Scendo dal letto e noto, con stupore, che tutti gli altri sono vuoti e non c'è più alcuno zaino in giro. Sono solo nella camerata!

Dopo una serie di risvegli traumatici, assaporo questo momento inaspettato di privacy, svolgendo tutti i preparativi con calma e, alle 7 e 59 precise, sono in reception salutando il volontario di prima mostrandogli, con malcelata soddisfazione, l'ora sul mio orologio. Ammetto tra me e me che il mio ego è sempre pronto ad alzare la testa.

Mi risponde con un largo sorriso augurandomi buon Camino!

Fuori fa ancora freddo, pioviggina e c'è una nebbiolina che ti entra in gola. Tempo tre minuti e mi sono già rifugiato nella prima caffetteria che incontro, per fare una bella e rilassante colazione in attesa che il tempo migliori. Pellegrino sì, ma perché soffrire? L'Universo mi è amico, perché verso le nove smette di piovere e inizia a uscire il sole. Zaino, bastoncini e via.

All'uscita del complesso monumentale di Roncisvalle, che saluto imboccando la statale che attraversa la Navarra e conduce a Burgos, c'è il cartello stradale che indica le distanze con le città più importanti, tra cui anche Santiago di Compostela: 756 chilometri. Ho un attimo di vertigine ma poi realizzo che quello è il percorso stradale, più lungo del percorso a piedi che segue il Camino. Mi impongo di non guardare più segnali con le distanze e vado.

Dopo poche centinaia di metri, seguendo le frecce gialle, svolto per un sentiero che mi porta verso un bosco lussureggiante. Un arcobaleno emerge dalla nebbiolina e mi sembra essere la porta verso il paradiso. Respiro profondamente e mi sento parte del tutto come non mai. Sto bene, cammino e respiro. Come sembrano lontane le ansie e la rabbia degli ultimi mesi. Qui tutto è perfetto e in armonia. Il percorso è meno impegnativo di ieri, un po' perché in discesa e un po' perché è già il terzo giorno, il corpo si sta adattando alla nuova dimensione in continuo movimento e il passo è diventato più leggero e veloce.

Attraverso dei boschi fantastici che, grazie alla guida che mi è cascata sotto gli occhi mentre pagavo lo zaino, scoprirò essere tra i più antichi e meglio conservati di tutto il Cammino.

Pini, abeti e roveri sembrano inchinarsi con i rami al passaggio del pellegrino per salutarlo e augurargli buon Camino. Grazie fratelli alberi per l'ombra e la compagnia che fate anche alla lapide che ricorda Michael Gallegher, morto il 18 gennaio di sei anni fa, lasciando Sarah, la sua partner disperata e inconsolabile, a lanciare dal marmo la domanda che prima o poi tutti noi poniamo senza poter ottenere risposta: *"Cruelly taken away from me. Why?"*. Perché ci lasciano? Perché la morte?

Penso alle meditazioni di gruppo che ho fatto negli ultimi tempi e alle riflessioni sul tema più difficile da affrontare per noi umani, specie se occidentali: quello della morte. Difficile accettare e comprendere che la morte è parte integrante della vita ed è un momento di trasformazione. Difficile, certo, ma benefico per il corpo e la mente. Da quando ho incominciato a riflettere da un lato sulla caducità dell'esistenza e su quanto corriamo freneticamente per essere i più ricchi del cimitero e, dall'altro, a quello che potrebbe esserci dopo il passaggio da questa vita a qualcos'altro, ho iniziato a vivere nel *qui e ora*, apprezzando e godendo delle bellezze della vita e dell'Universo come mai avevo fatto in passato.

Faccio un bel respiro, saluto Michael e, augurando alla sua anima di trovare pace e luce, riprendo il cammino.

Camminare dopo tutte queste riflessioni mi fa venire una gran fame e, quindi, dopo due chilometri circa, mi fermo per una terza colazione in uno spoglio locale a Bizkarreta. Qui incontro di nuovo gli arzilli fratelli dalle Hawaii, con i quali prendo un caffè con brioche e tortilla, ricaricando anche lo spirito grazie alla musica dei Led Zeppelin e dei Doors, che l'oste spara a tutto volume. Saluto i fratelli hawaiani e colgo l'attimo di quiete per chattare con il gruppo:

> 12:44 – Biancone: A metà strada da Zubiri. Fine tappa. Fatto 13 km in 3 h con 30 minuti di sosta. Le gambe hanno preso il loro ritmo. Step by step, assorbendo il paesaggio.

Commento la foto di una splendida "busa" di vacca – come si dice in piemontese – con un messaggio evocativo in chat:

> 12:44 – Biancone: "È un'opera astratta ready made o è un'opera materica?

poi mi autocelebro con un: "Magico Biancone", che fa sempre bene all'autostima.

> 12:50 - Fabio: Mi sa che ti si è tappato il naso.
>
> 13:01 - Biancone: *Errata corrige…* fatti 8 km non 13. Mi sembrava fossero troppi.
>
> 13:02 – Alberto: Per stasera saranno 13! *Buena suerte!*
>
> 13:03 – Biancone: Per stasera saranno 21.7!

La giornata è diventata calda. Apprezzo di essermi vestito a cipolla, ma incomincio a sentire la fatica, soprattutto per alcune discese che mettono a dura prova le mie ginocchia. Per la medicina cinese i problemi alle ginocchia segnalano la nostra difficoltà ad accettare i cambiamenti e/o atteggiamenti condizionati da superbia. Vero, ma non bisogna dimenticare che giocare per anni a calcetto sui campi sintetici non gli ha fatto certo bene. I problemi alle ginocchia sono però poca cosa rispetto a quanto successo a Shingo Yamashita, pellegrino giapponese che, come riporta la lapide posta su alcune pietre alla sinistra del sentiero dal suo amico e compagno del Camino, N. Jose Hari, è *fallecido*, morto nell'agosto del 2002 a 64 anni! Il terzo morto che incontro sul Camino nei primi due giorni. È strano perché non provo tristezza, ma penso invece al significato della sincronicità di venire a fare il Camino e morirci quasi subito. Neanche la soddisfazione di percorrerlo almeno per un tratto significativo, dopo tutta la fatica di un lungo viaggio dal lontano Giappone. Mah!

A circa cinque chilometri da Zubiri, decido di cercare un posto per dormire perché non sono in condizioni di arrivare a Larrasoana, che sarebbe la meta odierna indicata dallo schema donatomi da *Les Amis du Chemin de Saint Jacques des Pyrénées*, che prevede il cammino in 34 tappe. Al termine dell'ennesima discesa appare, come un'oasi nel deserto, il furgone ristoro di Jesus, un nome una promessa. Ordino un tè e inizio a chiamare gli ostelli e gli affittacamere senza fortuna. Jesus mi dice che a *"las cinco de la tarde es muy dificil"* trovare ospitalità a Zubiri, perché è il primo paese dopo Roncisvalle e ci sono pochi posti letto.

Prima ancora di essere preso dallo scoramento, immaginando di dover camminare per altri undici chilometri, arriva la proposta di Jesus di prendere un letto nella sua villetta a due chilometri dopo Zubiri, ma devo condividere la camera con due tedesche e i loro due cagnolini. In compenso, c'è una piccola piscina dove mi vedo già immergere i piedi in fiamme. Accetto senza pensarci un minuto e, mentre festeggio con una bella *cerveza* ghiacciata, arrivano altri due pellegrini che si accomodano al mio tavolo, l'unico disponibile, presentandosi come Tyrone e Peter.

Iniziamo a chiacchierare e, rotto il ghiaccio, pongo loro il domandone: «Perché state facendo il Camino?».

Tyrone Turner è un canadese settantenne di lontane origini italiane, psicanalista, è partito da Toronto per fare il Camino ed esprimere la sua gratitudine per la vita. Peter, inglese, ha 63 anni ed è un ex top manager che cinque anni fa ha lasciato il suo incarico di presidente di una *big pharma* perché la sua vita era condizionata dal dover girare in continuazione tra gli uffici di Francoforte, Tokio e Indianapolis.

«Corporation life is NO life» conclude, brindando con la sua *cerveza*.

Concordiamo sul fatto che la pressione degli investitori finanziari sui manager ha reso la vita di questi ultimi sempre più stressante, presi come sono tra le aspettative e le richieste di risultati e le dinamiche esogene della competizione di mercato in uno scenario economico difficile. La finanza ha da anni preso il potere sulle attività economiche, causando non solo disastri, quali lo scoppio delle varie bolle speculative, ma determinando un disagio sociale crescente per la precarizzazione del posto di lavoro non solo del top manager, dato che la ricetta più facile, per aumentare nel breve il *moloch*[1] dell'*ebitda*[2] e il valore dell'azione, è ridurre il personale. La mera ricerca di profitto crescente, necessario a soddisfare le pretese di azionisti lontani, invisibili, ricattatori, non può essere lo scopo della nostra vita. Siamo tutti alla ricerca di qualche cosa d'altro. Fare soldi per fare soldi per fare soldi.

Mi viene in mente l'articolo di Giorgio Bocca su «Il Giorno» del 10 gennaio 1962, da me citato nella mia ultima riunione di Confindustria a Pavia, quando si discuteva dei motivi del degrado economico di Vigevano e Lomellina. Negli anni Sessanta, artigiani diventati industriali pensarono soprattutto a "guadagnare", senza investire in formazione, cultura manageriale, iniziative e beni che non fossero le macchine per produrre. Poco è cambiato da allora, se non in peggio forse, perché almeno quelli erano i tempi del boom economico e della crescita che sembrava senza limiti. Oggi ne vediamo le conseguenze e sentiamo il peso morale e l'impotenza per l'eredità che lasciamo alle generazioni dei nostri figli e nipoti.

Peter è partito per il Camino per capire cosa fare da grande ma, appena iniziato, deve già tornare a casa perché la moglie si è improvvisamente ammalata. Cosa significherà per lui tutto questo?

Salutati Tyrone e Peter affronto la discesa verso il paesino di Zubiri e, intanto, rifletto su quest'ultimo incontro. Joe Vitale nei suoi scritti sostiene che per la legge dell'attrazione ci arriva quello di cui in quel momento abbiamo inconsciamente bisogno. "Devo lavorare sugli effetti profondi, sul piano emotivo e psichico, della brusca uscita dal ruolo di amministratore delegato" penso mentre, passato il ponte che porta all'ingresso di Zubiri, svolto per la strada che diventa asfaltata, facendomi rimpiangere lo sterrato e distraendomi, così, dai miei pensieri. I piedi dolgono e le dita, compresse negli scarponcini, urlano tutta la loro voglia di vedere la luce.

Dopo quasi tre giorni nel silenzio dei boschi, interrotto solo dal suo-

---

1. Moloch è il nome sia di un dio sia di un particolare tipo di sacrificio storicamente associato al fuoco. Oggi il termine "Moloch" viene usato in senso figurato per designare un'organizzazione o una persona che domanda o richiede un sacrificio assai costoso.

2. *Earnings Before Interest Taxes Depreciation and Amortization.* Margine operativo prima di interessi, tasse, svalutazioni e ammortamenti.

no dei canti di uccelli e dello scorrere di torrenti, il rumore del traffico è insostenibile e gli ultimi due chilometri diventano interminabili e durissimi, anche perché il panorama della zona industriale, dominato da un'enorme fabbrica avvolta in una nuvola di polvere bianca, forse un cementificio, non aiuta certo a distrarsi. Alla vista dell'insegna del B&B di Jesus quasi svengo dalla gioia e compio l'ultimo tratto velocemente con le ultime energie disponibili.

Appena finite le presentazioni e la registrazione, mi svesto e mi butto nell'acqua gelida, con grande ammirazione della moglie di Jesus, che mi guarda divertita. Felicità è togliersi gli scarponcini dopo dieci ore e bagnarsi i piedi in una piscina dopo avere fatto un bagno!

A cena conosco Heiki, 38 anni di Amburgo, Elsa, 48enne olandese che vive in Belgio, e i loro due piccoli cani stravolti dalla fatica. Quello di Elsa ha circa 15 anni ed è conciato proprio male. Chissà se anche i cani pensano allo scopo del Cammino o, al contrario, maledicono le loro padrone? Heiki ha tre figli, che ha lasciato al marito, ed è partita perché è in un momento di riflessione sul lavoro, stanca dopo anni di attività come assistente sociale a contatto con sofferenza, disturbi e ogni tipo di malessere mentale. Elsa ha due gemelli di tredici anni, Rose e Luke, ed è sul Camino perché ha appena perso il figlio più grande in un incidente stradale. Quando ne parla le si riempiono gli occhi di lacrime, ma riesce a sorridere condividendo con noi il pensiero che la sua anima la stia seguendo nel Camino, durante il quale, ci confida, pensa di poter elaborare il più grave lutto che ci possa colpire, perdere un figlio. Confida anche, con un sorriso dolce appena accennato, forse per pudore, che sente che il Camino la sta già aiutando a riconnettersi con l'energia vitale per essere di nuovo presente, come mamma, con i figli superstiti che, proprio a causa di questo evento drammatico che ha colpito la famiglia, hanno ancor più bisogno di lei.

È sorprendente come nel Camino le persone parlino delle proprie vicende, anche molto drammatiche, senza scaricare sugli altri il loro dolore, la rabbia e l'incapacità di accettare gli eventi e di elaborarli, per lasciare andare tutte le emozioni negative che ne conseguono.

Ringrazio di cuore Elsa e Heiki per la condivisione e vado a dormire, carico di emozioni e di belle vibrazioni. Inutile dire che sprofondo in un sonno immediato e talmente profondo da non sentire quando entrano in camera le ragazze con i loro cagnetti.

Tappa 4: "Get into semplicity"

Da Zubiri (h. 09.00) a Pamplona (h. 16.30) – 20,5 km

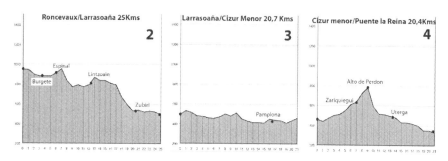

23 aprile, il buongiorno del pellegrino via chat:

> 08:27 – Biancone: SVEGLIA! Pronti per la passeggiata. Buona domenica a todos.

> 08:29 – Max: Ciao buona domenica anche a te.

> 08:35 – Pier: *Good morning heart-walker!* Che la forza sia con te!

> 08:36 – Ester: Dai, manca poco....

> 08:39 – Loredana: Buon viaggio amico...

> 08:41 – Fabio: *Feliz viaje, haz el bien y no mires a quien.*

Jesus propone di affittarci una casa a Pamplona con più camere da letto e servizi e di portarci gli zaini a destinazione. Accettiamo e, mentre Heiki ed Elsa si fanno dare anche un passaggio, perché i cani proprio non hanno intenzione di muovere un passo – solo i cani? –, io mi dirigo a riprendere il Camino con la bella sensazione di avere le spalle libere dopo tre giorni di zaino.

Mi inserisco nella lunga e colorata fila di pellegrini che procedono verso Pamplona e, dopo poche centinaia di metri, attacco a parlare con Joseph, 24enne di Atlanta, che è sul cammino con il padre Franck, che ha la mia età (*sic*), e la sorella Tina, 32enne. Franck è nato a Santo Domingo da mamma spagnola e padre austriaco e vive negli USA da quarant'anni; bell'esempio di quel *melting pot* che è la società americana, una prova vivente di quanto sia insensato parlare di razze, di nazioni, di "altri e diversi da noi" quando siamo tutti figli dell'Universo! Joseph è entusiasta di vivere il Camino con tutta la sua famiglia e mi fa pensare alle mie figlie, Francesca ventenne e Asia dodicenne, e a come sarebbe bello fare un giorno il Camino con loro. Mi racconta di un'America dove le persone sono schiacciate dallo stress competitivo e sfogano tutta la loro frustrazione nel cibo spazzatura e si affidano per ogni minimo problema ai farmaci, come provato da crescente numero di obesi e consumo di pillole di ogni genere che premia, a Wall Street, le azioni delle cosiddette *big pharma*. Ha appena finito gli studi ed è alla ricerca di un diverso modo di vivere, in cui i valori dell'umanesimo sono ancora importanti come in Europa. Il padre è invece sul Camino per onorare la memoria di suo fratello, morto due anni prima per un tumore.

Sul Camino trovano accoglienza tutte le motivazioni personali che ben rappresentano le molteplici vicende della vita e che accomunano, prima o poi, tutte le esistenze. La magia del Camino è proprio quella di far incontrare e connettere persone che hanno vissuti ed esperienze comuni in modo che, grazie alle condivisioni e allo scambio a cuore aperto di pensieri ed emozioni, ognuno trovi conforto ai suoi dolori e supporto per i tanti interrogativi e dubbi.

La famiglia americana si ferma per ristorarsi e così, dopo avere condiviso velocemente un caffè e lo scambio di abbracci e di auguri di "buon Camino", riprendo a camminare solo con i miei pensieri ritmati dal rumore dei passi alternato a quello dei bastoncini, gustandomi il percorso che si snoda tra boschetti e prati, in un saliscendi piacevole che rende vario il procedere verso Pamplona. A Larrasoana, il primo paese degno di nome che incontro dopo sei chilometri, mi fermo in un caffè pieno di pellegrini vocianti, la cui atmosfera contrasta vivacemente con il silenzio e il vuoto metafisico delle strade circostanti, che ricordano un quadro di De Chirico. Una bella porzione di *tortilla* e un buon caffè da seduto e mi sento rinascere. Assaporo ancora un po' quest'atmosfera calda e accogliente prima di rimettermi in marcia.

Aiuto, non trovo lo zaino! Esco disperato dal locale guardando a destra e a sinistra quando... un lampo! Stupido, Jesus lo ha portato a destinazione! Tiro un sospiro di sollievo e riparto, pensando a come le abitudini forgino i nostri gesti e viceversa.

Dopo dieci minuti ricordo di avere dimenticato di apporre il *sello* sulla *Credencial*! Ancora non è diventato un automatismo e mi indica che solo l'attenzione e la pratica trasformano le attività comandate in comportamenti integrati. Queste riflessioni vengono interrotte dalla croce che incontro, posta a memoria di Rosanna da Verona che qui, nel 2006, ha trovato la sua *Fin del Camino*. E siamo a quattro! Però penso sia un bel posto dove venire a morire, anzi a trasformarsi.

Al ponte di Trinidad de Arre, che è una delle attrazioni di questa tappa, rivedo Tyrone, con il quale condivido gli ultimi chilometri verso Pamplona. Parliamo di tutto, del lavoro, della famiglia, del Camino. Tyrone è una persona aperta che ispira simpatia, è divertente e ha anche una buona dose di autoironia. Analizza i comportamenti del "pellegrino da manuale", che pensa di replicare i comportamenti presunti dei primi pellegrini medievali basati sulla sofferenza e sul sacrificio. Questo spiega le sveglie all'alba, quando è ancora buio, anche con il tempo fresco di questi giorni, e le poche soste durante la camminata, che devono essere, comunque, di breve durata. Passo dopo passo si stabilisce un contatto tra di noi che ci apre a confessioni molto private. Tyrone ha sentito il richiamo del Camino dopo diciotto mesi di chemioterapia, in seguito a un tumore alla gola, che gli hanno fatto perdere il senso del gusto. Non sente più alcun sapore, confessa senza drammatizzare ma con qualche nota di rimpianto. «Alla fine», mi dice, «le cose più importanti sono sempre le più semplici, che diamo per scontate e, solo quando le perdiamo, ne comprendiamo appieno il valore». E ripete: «*Get into semplicity!*».

È uno psichiatra organicista, che interpreta ogni disturbo o malattia mentale come fosse una malattia organica del corpo ma che, dopo il tumore, ha iniziato a nutrire dubbi sul fatto che non ci sia una relazione tra malattia e salute psicofisica della persona, arrivando a pensare che il tumore alla gola rappresenti un messaggio che deve ancora metabolizzare e comprendere pienamente ma che, intanto, l'ha condotto al Camino.

"Il Camino non mente", penso. Come sei viene fuori, perché passo dopo passo perdi progressivamente le tue maschere e certezze e ti metti a nudo.

Perché centinaia di migliaia di persone ogni anno, ben 262.516 nel 2015, partono da ogni parte del mondo per venire qui a sudare, faticare, farsi venire le bolle ai piedi, dormire in una trentina in cameroni con due toilette, alzarsi alle sei per uscire con ogni tempo a camminare, piegati dal peso dello zaino, per ore e ore sotto un sole cocente che brucia il lato sinistro del viso o bersagliati da una pioggia che penetra nelle ossa, mentre i piedi affondano nel fango scivoloso della terra argillosa che appesantisce oltremodo il passo, per arrivare sfiniti alla base entro sera, cenare presto e collassare in branda e ricominciare poi tutto da capo il giorno successivo, e così per giorni e giorni? Perché, nonostante tutto questo, hanno il sorriso negli occhi, l'espressione di felicità stampata sul viso, sono amichevoli e pronti ad aiutarti se sei in difficoltà e a condividere quello che hanno?

C'è una vibrazione, un'energia difficile da spiegare e raccontare se non si partecipa a questo che assimilo a un rito. È come una comunità viaggiante, felice di ritrovarsi passo dopo passo, unita da uno scopo comune, ma in essa ognuno ha le sue motivazioni ed emozioni. "Si diventa migliori camminando", penso mentre converso in una lingua che non è la mia con un'altra persona con la quale mi sento in totale sintonia ed empatia che, pur vivendo in un altro continente, ho avuto il privilegio di incontrare e conoscere *qui, ora*, nel Camino, grazie a una fantastica sincronicità.

«*To be aware: now, here!*» ripete Tyrone, sottolineando come nel Camino sia naturale dimostrare gratitudine.

Che belle parole: *gratitudine, grazie*. Perché siamo così avari nel mostrare gratitudine per tutto quello che abbiamo e riceviamo continuamente, dicendo semplicemente: grazie, grazie, grazie?

Quante domande… e intanto siamo giunti alle porte di Pamplona, con il famoso ponte medievale *de la Magdalena*, dove scattiamo foto ricordo insieme prima di entrare nella città vecchia attraverso il *Portal de Francia*.

Provo a immaginare le sensazioni vissute dai pellegrini nel Medioevo che, dopo avere attraversato luoghi impervi, selvaggi o pericolosi, arrivavano alle mura imponenti, rassicuranti e accoglienti della città di Pamplona.

Invio la foto con Tyrone e scrivo:

> 16:58 - Biancone: Entro con Tyrone in Pamplona. Quando può capitare di parlare per 6 ore con psicanalista di Toronto, con affinità elettive e senza pagare una lira. Anzi un euro?

> 17:01 - Biancone: Questa notte in Pamplona finalmente solo! Che lusso, come si apprezza tutto diversamente. Dopo tre notti in camerata si torna ad apprezzare ciò che diamo per scontato: dormire in una camera tutti soli soletti. È una bella pratica uscire dalla nostra area di confort per allenarci a vedere ciò che abbiamo con occhi nuovi e imparare ad apprezzarlo perché è tantissimo e non è per niente scontato.

L'impatto con la vita cittadina e il traffico mi riporta bruscamente alla realtà da cui provengo. Manifesti pubblicitari, *tazebao*, scritte sui muri generano ansia, confusione; gli slogan politici che invitano all'indipendenza della regione, scritti sui muri e su delle saracinesche, mi ricordano che siamo vicini ai Paesi baschi e quanto siano profondi nell'essere umano la tendenza al conflitto e l'impulso alla violenza.

Sono curioso di visitare finalmente Pamplona dopo averne sentito parlare moltissimo, soprattutto per la corsa con i tori che si svolge durante la festa di San Firmino.

C'è una bella atmosfera e, per celebrare con Tyrone la nostra conoscenza, decidiamo di sederci al bar di fronte alla cattedrale, dove brindiamo con una *cerveza* freschissima e un piatto di *jamon* crudo. Ci scambiamo gli indirizzi email; siamo consapevoli che difficilmente ci rivedremo, perché Tyrone ha l'aereo per il Canada l'indomani. Ancora un saluto, insieme al suo ultimo messaggio – *get into semplicity* – e poi mi dirigo verso l'altra parte della città, dove mi aspetta l'appartamento di Jesus che, a questo punto, non vedo l'ora di raggiungere.

Attraverso di buon passo il bel parco del centro; sono un pellegrino urbanizzato in mezzo alle persone *normali*, prese dalle loro incombenze. Mi fa uno strano effetto anche se, onestamente, nessuno fa caso al mio abbigliamento, abituati come sono a vedere le migliaia di pellegrini che, soprattutto da questo periodo dell'anno in poi, transitano nella loro città seguendo il Camino di Santiago che, anche qui, è ben segnalato con l'inconfondibile conchiglia gialla su sfondo blu.

L'appartamento supera le mie aspettative; è grande, pieno di luce e anche ben arredato. Prendo possesso della mia camera e, dopo una doccia rigenerante, proprio mentre sto per uscire per una cenetta nel ristorantino sotto casa suggeritomi da Jesus, mi arriva una chiamata di sua moglie, che mi supplica di aspettare una famiglia coreana che è in ritardo. Lascio andare l'istantaneo moto di fastidio e faccio passare il tempo guardando un po' di televisione, così esercito lo spagnolo! I coreani finalmente arrivano e, quindi, mi precipito al ristorante dove verrò trattato come una *celebrity*, perché la mamma della proprietaria è di origine italiana.

I coreani metteranno a dura prova il mio stato zen, testando a fondo la mia capacità di controllare le incazzature – chiamiamole emozioni che suona meglio – e di lasciare andare, cioè di non urlare e insultare pesantemente! Al mio rientro in casa sarò infatti assalito da una puzza orrenda di cibo spazzatura coreano, impossibilitato a vedere un film perché, oltre alla cucina, è occupato anche tutto il salone in comune; inoltre, vengo disturbato sino alle ore piccole dalle urla e dai richiami nella dolce lingua coreana, svegliato bruscamente alle 22 e 30 da uno dei tre con l'iPad in mano perché la Wi-Fi non funzionava e, infine, risvegliato alle 6, cioè ben due ore prima della mia sveglia, da urla, sempre in coreano, e da rumori di stoviglie. Salto la descrizione degli odori di cucina con base di cipolla e non so quale altra verdura superpuzzolente, perché ancora adesso mi viene male solo a pensarci. In futuro, prima di prendere una camera, mi riprometto di chiedere se ci sono anche ospiti coreani. Mai più!

Come ormai diventata una consuetudine apro la chat per leggere i messaggi ricevuti e rispondere aggiungendo foto delle *Faccedacammino* conosciute oggi:

18:14 – Max: Ciao Ric. Quanti km riesci a fare al giorno? Spero tutto bene, anche... i tuoi piedi.

20:06 – Loredana: Credo che questo tuo viaggio sia interessante anche sotto il profilo umano... bravo vecchio amico!

21:26 – Biancone: Ieri 23, oggi 19, domani 26. Piedi ok. Grazie!

21:28 – Giovanna: L'allievo è ben temprato! Tranquilli! Dopo tutte le *utkatasana* che ha fatto, può permettersi anche il ritorno!

22:17 – Biancone: *Breaking news*. Anche se non strettamente necessario, ho lavato i calzini.

Tappa 5: "Siamo tutti connessi"

Da Pamplona (h. 08.40) a Puente La Reina (h. 17.00) – 25,1 km

Saluto Elsa, che lascia il cammino perché il suo cane è proprio conciato male, Heike che partirà con calma e la casa di Jesus. Felice di lasciare i coreani al loro destino, mi avvio al bar Corizo, proprio sotto casa, per una ricca colazione spagnola. Sono di nuovo solo e mi godo la mia solitudine in mezzo ad avventori sconosciuti che, dopo avermi salutato con simpatia, tornano ai loro affari. Ripenso, ridendo tra me e me, all'espressione spiritata e perduta del coreano che non poteva connettersi a Internet. Ma quanto siamo diventati schiavi della connessione continua, 24/7? Mi domando, sempre da ante *digital generation*, come facessimo senza navigatore, senza Google, senza smartphone.

La prima volta che andai in Inghilterra con i due Giorgio, amici dal tempo della scuola media, avevo diciassette anni. Abbiamo girato in autostop per più di un mese, sino ad arrivare in Scozia, telefonando solo una volta ciascuno a casa, con telefonata a carico del destinatario ovviamente. La telefonata era telegrafica, in pochi minuti rassicuravamo il genitore di turno che stavamo bene, eravamo ben sistemati e tutto andava per il meglio. Impensabile oggigiorno, che possiamo e vogliamo essere seguiti anche in posti remoti con Google Maps e Facebook. Ho avuto il primo telefono cellulare – il Motorola Tac, che oggi sembra un oggetto da museo – nel 1995, dall'azienda in cui ero giovane dirigente commerciale, la Colgate Palmolive, e ne ero fierissimo. All'epoca si poteva però fare cadere una comunicazione indesiderata adducendo la colpa alla rete, dato che c'erano ancora molti buchi nella copertura e potevi al limite inventarti una galleria, anche se guidavi sulla Milano-Bologna. Oggi no. Siamo sempre raggiungibili; vogliamo e dobbiamo essere sempre raggiungibili. Che ansia! Infatti

"Dove sei?" è diventata la domanda iniziale di tutte le conversazioni telefoniche. Ma cosa te ne importa dove sono, mi hai chiamato per questo o per dirmi qualcosa? Ansia collettiva da controllo, anzi da ipercontrollo la definirei. Accade sul lavoro, nella coppia e con i figli. Questi poveretti, i nostri figli, quelli della cosiddetta generazione Z, non possono stare lontano dalle mamme senza essere chiamati a intervalli regolari. Credo che tutto questo influenzerà, non poco, la loro maturazione intellettiva e cognitiva, e non certo in meglio.

A proposito del casino prodotto dai coreani, ma gli orientali non sono noti e apprezzati per essere molto rispettosi e silenziosi? Con questo dubbio esistenziale finisco il mio *queso*, pago, indosso di nuovo lo zaino dopo un giorno di pausa e inizio questa nuova giornata pieno di gioia e curiosità per quello che mi aspetta. Esco da Pamplona attraversando il parco dell'università e, passo dopo passo, il rumore del traffico si affievolisce. Finalmente, sono di nuovo avvolto solo dai rumori della natura e dei miei passi. *"No rumors"*, traduzione molto maccheronica di rumore, è il mantra che mi viene oggi. Comprendo il fastidio che provoco negli altri quando alzo il tono della voce per fare i miei versi e rime senza senso e mi riprometto di impegnarmi per perdere questa abitudine che, fino a oggi, mi ha molto divertito.

La giornata è bellissima; nel cielo terso svettano le pale eoliche che spuntano dalle colline sino quasi alla cima dell'Alto del Perdón, che è la prima tappa evocativa del Camino con il suo monumento in metallo diventato uno dei suoi simboli. La parte montagnosa della Navarra, con i suoi boschi incantati, ha lasciato spazio a un paesaggio collinare, che mi ricorda quello dei colli Divini vicino ad Asti, dove ho il mio *buen ritiro*; colline che, in questa stagione, sono caratterizzate dal giallo dei campi di colza, che contrasta con i quadrati verdi dei campi di cereali in crescita e con l'azzurro cobalto del cielo. Che spettacolo!

Dopo due ore di camminata solitaria mi affianco a una coppia, Fred e Majette, e iniziamo chiacchierare. Fred è in cammino perché compie settant'anni, mentre Majette si è appena ritirata dal lavoro e sta seguendo Fred perché, insieme, vogliono capire cosa fare nella loro nuova vita. Majette sembra una principessa orientale; nata a Singapore, ha un portamento elegante anche nella dimensione da pellegrina. Ha lavorato come *trader manager* nella moda e conosce quindi molto bene Milano e Firenze, dove era di casa. Con Fred parlo invece del referendum inglese per la Brexit, che si farà a giugno e che considera un'assurdità in un mondo globalizzato, in tempi dove il localismo non può certo contribuire a risolvere problemi che richiedono, semmai, maggior cooperazione internazionale e rafforzamento dell'unità europea. È peraltro pessimista perché, da ingegnere in una importante società elettrica inglese, ha girato in lungo e in largo la provincia britannica, ne conosce quindi gli umori, la cosiddetta *pancia*, e teme che il populismo crescente e la rabbia delle classi dimenticate, che si sono impoverite in questi anni, possa fare vincere il SI all'uscita del Regno Unito dalla UE. A me sembrava uno scenario inimmaginabile, forse influenzato dai sondaggi che davano come sicuro il NO, ma Fred aveva visto bene: il 23 giugno vincerà infatti, seppur di poco, il SI.

Saluto i simpatici e arzilli vecchietti, che si fermano per recuperare le forze, con l'ormai abituale *"buon camino"* e, con un pochino di melanconia per i pensieri condivisi sulla situazione generale in Europa, riprendo la mia strada. A proposito, vecchietti si fa per dire, perché risuonano più pieni di vita e voglia di fare di tanti, molto più giovani, che conosco!

Passati pochi minuti incontro di nuovo Heike con Frisby, il suo Jack Russel a pelo lungo, che salta dalla gioia per leccarmi le mani. Ha 38 anni, la stessa età di Giulia, la mia compagna dal 19 ottobre 2014, che è la prima data legata a relazioni sentimentali che ricordo. "Sarà un segno", penso sorridendo tra me e me, senza che Heike possa ovviamente capire. Inizia a raccontarmi la sua vita, deve averne un gran bisogno perché man mano che procede si distende e ritrova il sorriso. È nata in quella che era la Germania dell'Est; la famiglia aveva un ristorante, una delle rare attività private ammesse, e possedevano addirittura una Moskvitch-412, l'orrenda – per il nostro senso estetico occidentale – berlina di produzione russa, sogno della classe benestante dei Paesi dell'Est. Con la caduta del Muro nel novembre del 1989, si ritrovarono improvvisamente in una situazione economica molto difficile, figlia del collasso generale dell'economia della defunta DDR. Dalle stelle alle stalle. La bombardo di domande per capire come reagirono i genitori, come si viveva all'epoca nel regime comunista, come ha vissuto il passaggio all'*Ovest* e lei mi risponde alternando ricordi piacevoli, quali la scuola, lo sport e lo spirito comunitario che aleggiava, a quelli dolorosi, legati alla costante penuria di certi beni ma, soprattutto, alla mancanza totale di libertà e all'essere costantemente sotto controllo sociale. Oggi vive vicino ad Hannover, ha tre figli di cui due, Lea e Anna, sono nate dal primo matrimonio con Angelo, siciliano che, dopo aver fatto *outing*, è andato a vivere con il suo compagno. Capisco che questo fatto l'abbia fatta molto soffrire, sia come donna che come mamma, dato che le figlie hanno faticato ad accettare la scelta del padre e ne hanno subito gli effetti sociali; soprattutto Anna, la più grande, all'epoca è stata anche vittima di bullismo a scuola per avere il padre gay. Nel mentre, l'italianissimo nonno, per aiutare le nipoti, ripudiava pubblicamente il figlio! Heike, superato il periodo nero, ma provata da quanto vissuto in famiglia e dal lavoro come assistente in un centro dedicato al supporto a persone affette da disturbi mentali, molto stanca di tutto, bisognosa quindi di respirare e di libertà, è partita per il Camino per capire, anche lei, cosa fare da grande. Un'altra sincronicità. Ho ascoltato la condivisione di Heike con massima attenzione e sono di nuovo impressionato e meravigliato da come le persone aprano il loro cuore al primo pellegrino che incontrano sul loro cammino.

Il Camino scioglie i blocchi, le paure, abolisce il giudizio, spinge all'autenticità, aiuta l'empatia e apre il cuore. Passo dopo passo cadono i filtri, le persone si raccontano quelle esperienze che sentono il bisogno di condividere e, come nelle pratiche delle Costellazioni famigliari, l'esperienza che in quel momento viene condivisa è proprio quella di cui la persona che ascolta ha bisogno, anche se in quel momento può non esserne pienamente consapevole.

Molte maschere che indossavamo sino a ieri sono già state lasciate in questi primi chilometri. Ecco l'incontro con la legge di attrazione. Ecco il fil rouge che incomincia a dipanarsi. Tutte le persone che ho incontrato in questi primi giorni in qualche modo hanno donato qualcosa che mi risuona e che sento mi aiuterà nel mio cammino.

Pellegrini e animali di ferro. Senza accorgermene sono arrivato in cima all'Alto del Perdón dove, negli anni '90, gli Amici del Cammino hanno costruito, al posto di un *hospital* per pellegrini, il Monumento ai Pellegrini, diventato oggi uno dei punti di maggior richiamo e più fotografato del Cammino di Santiago. Da qui, come suggerisce la mia guida che, guarda caso, ha proprio la foto di questo monumento in copertina, posso vedere, per la prima volta voltandomi indietro, il percorso fatto dalle cime pirenaiche alla valle del rio Arga. Indietro guardo il mio passato, mentre, se volgo lo sguardo avanti, vedo il mio futuro e cioè la strada che si dipana verso l'orizzonte, verso ovest, verso Santiago. Questo punto di osservazione straordinario è quindi una bella metafora della vita. Ha senso solo andare avanti. Fermarsi, o peggio tornare indietro, è come rinunciare alla vita stessa.

Foto ricordo come da copione e poi, visto che sono le due passate, mi accomodo al tavolino da campeggio del piccolo furgone ristoro parcheggiato e mi sbrano un gigantesco *bocadillo jamon y queso* innaffiato con una freschissima *cerveza*, mentre do un'occhiata alla chat nella quale, tra i vari messaggi, ne trovo uno molto bello che rafforza la suggestione di essere guida di un gruppo in cammino insieme:

> 13:26 – Giovanni: Ciao Riccardo, mi auguro che il tuo cammino diventi un pellegrinaggio... che tu possa condividere sia con i tuoi compagni di viaggio, che con tutti noi!

Questa è connessione, intangibile ma profonda, che non richiede risposte a domande vuote e ripetitive ma che ci fa sentire appartenenti a un destino comune.

"Donde se cruza el camino del viento con el de las estrellas", "dove si incrocia il cammino del vento con quello delle stelle": sono le parole

incise sul monumento, che mi porto via come ricordo di questo momento e di questo luogo.

Il cammino verso Puente La Reina è in discesa e sono di nuovo solo con i miei pensieri. Ripenso alle persone incontrate, ognuno con la sua storia e con il suo passo, che *qui e ora* stanno camminando come me, alcuni avanti, altri indietro, però tutti uniti come da un filo, invisibile all'occhio ma presente e che fa ci sentire parte di un tutto, in un flusso nel quale ognuno persegue il proprio scopo ma tutti sono accomunati dallo stesso intento.

Sono quasi le cinque del pomeriggio, cammino da circa sette ore e, a due chilometri da Puente, incomincio a sentire la stanchezza. Il passo è rallentato, lo zaino si è fatto più pesante, sono sudato e non vedo l'ora di togliermi gli scarponi. Al trentacinquemiladuecentonovantaseiesimo passo della giornata, proprio all'ingresso del paese, vedo finalmente l'insegna dell'*Albergue Jakue*, che mi appare accogliente come un'oasi nel deserto. Spero di trovare un posto per dormire e la cella con il letto a castello che mi propone il ragazzo addetto all'accoglienza mi sembra una piccola reggia. Dopo una lunga e corroborante doccia nei bagni in comune, siedo fuori nel giardino ad ammirare il cielo e a seguire le evoluzioni di due cicogne. Sorseggio voluttuosamente una birra con il sottofondo della colonna rock scelta dal ragazzo tuttofare dell'ostello e, dopo un giorno intero *"no connection"*, entro nella chat per leggere i messaggi postati e per aggiornare gli amici:

> 08:59 – Mara: Ciao Riccardo, buona giornata. Ho visto che oggi i km sono tanti.
>
> 09:39 – Daniela: Vorrei essere lì con te a condividere l'esperienza della vita. Grazie di portarci con te. Buon viaggio grande amico.

Daniela. Il Liceo A. Einstein, Torino, i primi battiti di cuore; Lucio Battisti; la Vespa Primavera blu, coperta con nastro da imballaggio perché faceva "figo"; la campagna politica per le elezioni per i Decreti Delegati nel 1974, quando fui eletto con il secondo numero di preferenze, con grande "scazzo" dei miei amici di estrema sinistra; le assemblee permanenti e io e Daniela, bellissima, che andavamo a Superga. Quanti ricordi.

> 12:00 – Massimo: Ti invidio un po'…
>
> 12:05 – Pier: Pure io…

12:51 – Paola: Siamo tutti con te.

18:16 – Biancone: Dopo 26 km (35.296 passi) il cammino insegna. Gli ultimi km sono duri, poi tutto passa, specie di fronte a una bella birra. Attenzione, prima di criticare il povero pellegrino, ricordo che l'hanno inventata i monaci. Un abbraccio a tutti e forza City.

18:19 – Francesca Bianco: I piedoni stanno bene?

18:20 – Maurizio: Questa della birra è la parte che mi piace di più in assoluto!

18:37 – Biancone: Domani da Ponte la Reina a Estella.

Sono le diciannove, l'ora della cena del pellegrino, e la campanella del ristorante chiama a raccolta. Mi alzo a fatica, spinto soprattutto dalla gran fame, e mi dirigo al buffet per ripristinare il giusto livello di energia. Dopo cena, da non credere, riesco a vedere la semifinale di Champions League, Manchester City vs Real Madrid, insieme a un gruppo di spagnoli che tifano – eresia – per il Manchester. È proprio vero che ogni mondo è paese, ma lo avevo già detto!

Prima di coricarmi, o meglio prima di crollare a letto, noto nella toilette questo pensiero rivolto al pellegrino di passaggio e mi addormento cullandomi nel suo auspicio per i giorni che verranno.

Que el viento te sea favorable y te sople de espaldas.
Que la lluvia caiga suave sobre tus cabellos y arrastre tus males.
Que el sol brille en tus mejillas e ilumine tu sonrisa.
Que el dios en el que tu creas te tenga a ti y a los tuyos
en la palma de la mano hasta que volvamos a encontrarnos.

BUEN CAMINO PEREGRINOS

Che il vento ti sia favorevole e che soffi sulle tue spalle.
Che la pioggia cada dolcemente sui tuoi capelli e porti via i tuoi mali.
Che il sole splenda sulla tua guancia e illumini il tuo sorriso.
Che il Dio in cui credi tenga te e i tuoi
nel palmo della mano, fino a quando ci incontreremo di nuovo.

Buon Camino
Pellegrini

Tappa 6: "Sono solo coincidenze"

Da Puente La Reina (h. 08.40) a Estella (h. 18.30) – 22,4 km

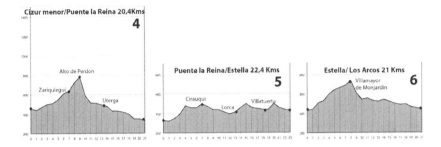

Questa mattina mi sveglio particolarmente di buon umore; la notte è passata senza rumori molesti di pellegrini inquieti, nonostante alle 4 e 30 fossi sveglio come un grillo, faticando poi a riprendere sonno. Ho successivamente scoperto che quella è l'ora delle preghiere o della meditazione in tutte le pratiche e a tutte le latitudini.

A mio modo ho ormai integrato le abitudini del buon pellegrino. Sveglia alla stessa ora, non all'alba per carità; toilette nel deserto, perché in genere sono l'ultimo a svegliarmi e a lasciare l'ostello; preparazione zaino; massaggio ai piedi con crema tipo Fissan per ridurre il rischio di bolle; colazione abbondante e, *last but not least*, un'attenta lettura della guida per prepararsi alla tappa del giorno.

Oggi si preannuncia un cammino impegnativo, non per la lunghezza, ma per i continui saliscendi, interessante sotto il profilo storico a partire dalla visita di Puente La Reina, fondato come tappa per i pellegrini e la cui strada principale, calle Major, è proprio parte integrante del Camino stesso. L'attrazione più nota è il ponte romanico sul rio Arga che dà il nome alla località, proprio perché voluto da una regina, e cioè dalla regina Munia, moglie di Sancho III di Navarra, nell'XI secolo.

Attraverso Puente, un villaggio fantasma, i cui unici segni di vita sono strani esseri a due zampe e due bastoncini con una grossa gobba, che camminano tutti in silenzio nella stessa direzione, e due cicogne che, volteggiando elegantemente sopra le loro teste, sembrano controllare dall'alto che vadano nella direzione giusta. "Saranno le stesse cicogne di ieri sera", penso sorridendo tra me e me mentre leggo il cartello affisso fuori dalla porta del *Pilgrims' Oasis*, rigorosamente chiuso, vista l'ora antelucana per chi ha abitudini spagnoleggianti.

Que el Camino se eleve para encontrarte.
Que la brisa se sople a tu espalda.
Que el tenue brillo del sol te dé en la cara.
Que la lluvia caiga suavemente sobre tus campos. Y hasta que nos volvamos a ver, que Dios te guarde en la palma de su mano.
PILGRIMS' OASIS

"Che il Camino serva per incontrarti. Che la brezza soffi sulla tua schiena. Che il debole bagliore del sole ti picchi in faccia. Che la pioggia cada dolcemente sui tuoi campi. E finché non ci incontreremo di nuovo, che Dio ti tenga nel palmo della sua mano".

Un pochino criptico ma evocativo!

Arrivo al ponte e mi tolgo gli scarponcini per attraversarlo a piedi nudi, così come vuole la tradizione e come stanno facendo altri pellegrini intorno a me. Sono un gruppo di sei amiche di Torino e quattro tedesche, tra cui riconosco Heike e il suo cagnolino che, come da copione, mi viene incontro facendo tantissime feste. Pellegrino circondato da pellegrine, circondato dalla potente energia Yin, l'energia femminile, a conferma del mio karma anche sul Cammino!

Mando un messaggio sulla chat:

> "Dove c'è pellegrino Biancone, ci sono pellegrine. PS: solo per poco però, perché nonostante le stazze le teutoniche mi hanno mollato al mio destino. PS2: come la Merkel con l'Italia".

Il messaggio di risposta della mia amica agopunturista Paola è il più simpatico, si fa per dire: "Ah, Ah ti mollano tutti!".

Ci fotografiamo a vicenda per fissare questo momento per sempre e una delle pellegrine mostra il suo "Buen camino" tatuato sul piede,

che diventa l'attrazione del momento. Poi, scambiati gli abbracci l'augurio di rito, ci avviamo ognuno con il suo passo e i suoi pensieri verso ovest, verso Estella, verso Santiago.

A Ciraqui, dopo quasi cinque chilometri, di cui l'ultimo in forte salita, faccio la prima sosta della giornata nel primo bar che incrocio, dove conosco una coppia di sposini colombiani, Xavier e Adriana da Bogotà, che hanno un cugino che vive a Milano – e ti pareva – e sono qui sul Camino per una sfida personale e di coppia. Dopo il Camino di Santiago andranno a fare un trekking famoso in Nuova Zelanda. Beati loro.

Mentre sto gustando un panino arriva Jane, l'americana da Central Park, che sul momento non riconosco e gioca quindi a fare l'offesa, e poi, incredibile, anche Tyrone, lo psichiatra canadese. Come anticipato nel cartello appena letto a Puente, ci ritroviamo sempre tutti nel Camino. Sono convinto che non sia una casualità bensì una coincidenza, a conferma della connessione che ci unisce.

Festeggiamo l'incontro come amici di vecchissima data. Quando riparto ripenso al significato delle coincidenze, quei fatti apparentemente casuali che invece Jung chiamava *coincidenze significative* e, cioè, sincronicità che, sempre secondo Jung, si riferiscono a degli avvenimenti dove succedono cose nella realtà esterna che sono in corrispondenza significativa con un'esperienza interiore. I fenomeni sincronici sono delle coincidenze significative, dove lo spazio e il tempo appaiono come delle grandezze relative. Sincronicità non vuol dire "nello stesso tempo" ma "con lo stesso senso". La parte del fenomeno sincronico che si produce nella realtà esterna è percepita dai nostri sensi naturali. L'oggetto della percezione è un avvenimento oggettivo. Però Jung scrive: "*Eppure resta un avvenimento inesplicabile, perché nelle condizioni dei nostri presupposti psichici, non ci si aspettava la sua realizzazione*".

Mi perdo in queste riflessioni, che mi portano a quelle poche nozioni di fisica quantistica che ho assimilato con letture a supporto del mio percorso di crescita personale. Perché poi tutte queste riflessioni – o "pippe" mentali, come le chiamerebbe mia figlia maggiore Francesca che, comunque, le ascolta e quindi vedremo poi cosa nascerà da questi semi piantati nel nostro campo sistemico famigliare – mi riconducono alle domande: *Cosa farò da grande? Quale è lo scopo della mia vita?*

Perché sono qui, perché sto sudando e faticando a migliaia di chilometri da casa per camminare su un sentiero, perché sto andando a Santiago ripercorrendo sentieri calpestati da migliaia di altri piedi nel corso di centinaia di anni? Quale è il senso di tutto questo? Un merlo con il suo verso mi richiama alla realtà e ho come un'illuminazione: sono qui per camminare e godere di tutto questo, sono qui per disattivare la mente con i suoi pensieri che mi riportano alle preoccupazioni della vita, al lavoro, alla carriera, ai soldi in banca, alla famiglia, alle aspettative di riconoscimento e al senso di responsabilità verso tutti e per tutto.

Ripenso alle parole di Giovanna, la mia maestra yoga: *respira con consapevolezza*. Adesso sto camminando con consapevolezza, sono respiro e passo, sono nel flusso, sono tutto e sono nel tutto. La mente è stata disattivata, riesco a sentire il profumo del vento, della terra e delle foglie, gli uccelli non scappano più al mio passaggio. Sono in armonia e sono felice. È una sensazione bellissima, mi commuovo e gli occhi si riempiono di lacrime, lacrime di gioia e gratitudine infinita per quello che l'Universo mi sta offrendo.

La strada sterrata che diventa una strada romana mi riporta alla realtà. Mi aspettavo prima o poi di incontrarla, avendo letto il percorso del giorno sulla guida la sera prima, come sempre, ma l'impatto imprevisto mi stordisce. A migliaia di chilometri da Roma, cammino su pietre millenarie posate da legioni di schiavi con perizia incredibile, come sulla via Appia antica, che era una delle mie mete preferite quando abitavo a Roma. L'impero romano! Un conto è studiarlo a scuola e visitare Roma, un altro è toccare con mano la sua estensione e l'opera di unificazione di regioni lontane fatta attraverso la costruzione di acquedotti, strade e ponti, opere ancora in piedi e in molti casi utilizzabili, a differenza di tante altre costruite in tempi moderni con tecnologie cosiddette avanzate ma che, dopo pochi anni, denunciano problemi strutturali anche gravi. Purtroppo il percorso della nuova autostrada della Navarra, tanto per parlare di infrastrutture moderne, ha in parte cancellato l'antica strada imperiale romana, diventata poi cammino jacopeo e, ahimè, corre a fianco del Camino, disturbando non poco il procedere. È incredibile come dopo soli tre giorni di assenza degli abituali rumori del traffico, l'inquinamento acustico provocato dal passaggio delle auto risulti così offensivo alle orecchie e il nastro d'asfalto che taglia colline, boschi e prati, sembri una ferita aperta nel corpo naturale di questa splendida terra di Navarra.

Lascio alle mie spalle tutto questo e, poco dopo una salita, entro nel piccolo paesino di Lorca che vive, come quasi tutti gli altri paesi sinora incontrati, solamente grazie al cammino. L'insegna della *Bodega del Camino* mi attrae e così decido di fermarmi per un caffè.

Gli spagnoli non comprendono cosa significhi caffè espresso, quindi ordino un *café solo* da gustarmi seduto a un tavolino sulla strada, godendomi i raggi del sole che scaldano le guance e il quarto d'ora di riposo canonico.

Al momento di pagare e di apporre, come da rito, il *sello* del locale, noto sul banco i mazzi di carte da Divinazione del Camino e, d'impulso, ne compro uno. Appena fuori dal locale voglio provarne il potere divinatorio e, con l'eccitazione di un bambino, prendo in mano la carta che sento chiamarmi silenziosamente. *"Who says it is impossibile, should not disturb those who make it possible"* e cioè "Chi dice che è impossibile non dovrebbe disturbare quelli che lo rendono possibile" è la frase che accompagna la foto di una pellegrina, che lascia un post ricordo lungo il Camino. "Interessante" penso e riparto chiedendomi perché sia uscita proprio quella carta e cosa voglia suggerirmi.

Dopo una serie faticosa di saliscendi arrivo a Villatuerta, finalmente lontano dall'*autopista*. Attraverso un altro ponte romano e un cartello indica ancora cinque chilometri a Estella. Mi immagino già sotto la doccia, quando vedo l'ennesimo ricordo funebre posto – leggo sulla targhetta – in memoria di una turista canadese morta nel 2002 per un incidente. E siamo a cinque!

Gli ultimi chilometri di questa giornata sono interminabili, sono così stanco che non riesco neanche più a pensare, quando incrocio di nuovo Vivienne, la brasiliana conosciuta la prima sera a Orisson. Il piacere della compagnia e lo scambio delle esperienze degli ultimi giorni mi ricaricano e mi fanno sembrare il tratto più corto e leggero.

Mi viene in mente il proverbio keniota: *"Se vuoi arrivare primo, corri da solo; se vuoi arrivare lontano, cammina insieme!"*. Parole sagge.

Alle 17 e 59 sono sotto il cartello che indica la Ciudad de Estella. Esausto, riprendo fiato seduto su una panchina nel viale di ingresso alla città e scrivo sulla chat, allegando delle foto della giornata: "Arrivato a Estella, finalmente! Pensavo fosse sulle Pleiadi".

Maurizio risponde: "Dopo queste infami mulattiere, dovresti essere in odore di santità, come si dice..."; "o di piedi", aggiunge subito Alberto.

Gli amici, lontani ma presenti.

A proposito di piedi, argomento importante per un pellegrino e per quelli che gli stanno vicino: i piedi e le calze. È incredibile, ma le calze, dopo ben tre giorni di cammino, non puzzano ancora. Nessuno ci crederà, ne sono convinto, e solo per prevenzione penso di lavarle questa sera.

Davanti a noi scorgo due figure famigliari, sono Heike e Frosi. Heike mi informa che gli ostelli, vista l'ora tarda, sono tutti pieni e, avendo trovato un Bed&Breakfast con due camere, mi propone di dividere la sistemazione e la spesa, cosa che accetto più che volentieri perché non vedo l'ora di liberarmi degli scarponi e dello zaino, farmi una lunga e corroborante doccia calda e, per finire, sedermi al primo ristorantino ispirante per una buona cena da pellegrino. Il mio corpo mi sta infatti mandando prepotenti segnali di stanchezza e il mio stomaco lamenta una fame da lupo, che soddisferò con una zuppa e un piatto di sardine in un locale molto *"greuso"* che piacerebbe moltissimo a Giulia e che ho scelto, l'ammetto, perché dotato di televisore sintonizzato sulla partita di Champions. Il locale è frequentato da una fauna locale spettacolare – tanto da farmi pensare di essere sul set di un film di Almodovar – che tifa calorosamente per l'Atletico Madrid, che vincerà la semifinale con il Bayer per 1 a 0. Al ritorno dopo la cena mi godo, camminando senza zaino, l'atmosfera ovattata di Estella, caratterizzata dal fiume che la taglia in due e che attraverso per rientrare alla base, dove mi aspetta un bel letto dotato di un soffice e caldo piumino. Un'altra bella serata.

Tappa 7: "La vida comienza todos los días"

Da Estella (h. 08.15) a Los Arcos (h. 17.00) – 21 km

Memorabile! Alle 8 e 15 sono già *colazionato* e in cammino. Le strade di Estella sono ancora deserte, attraversate soltanto da pochi pellegrini che, con le loro figure colorate e voluminose, perché un tutt'uno con i loro zaini, risaltano e contrastano con i severi palazzi di pietra scura. L'unico rumore è quello del *tic* e *tac* ritmato dei bastoncini, che segnano il passo dei pellegrini stessi e che risuona come un ringraziamento alla città fondata intorno all'anno 1000 dal re di Aragona e Pamplona, Sancho Ramirez, proprio per dare loro rifugio e ospitalità.

Sono solo, respiro quest'atmosfera medievale e, di buon passo, mi incammino verso l'uscita di Estella per la meta del giorno e cioè Los Arcos. La prima sosta dopo una mezz'oretta di cammino è alla famosa (*sic*) fontana del vino del monastero di Irache, rifatta recentemente in stile misto nuovo-antico che, secondo il mio modesto senso estetico, cozza terribilmente con la grandiosità del complesso del Monasterio de Santa Maria Real, la cui fondazione risale addirittura al 958 e che, purtroppo, non posso visitare perché ancora chiuso. Questo è uno di quei pochi casi dove il mattino non ha l'oro in bocca, ma qualcos'altro! Dalla fontana sgorga infatti un vino che, per l'ora e per la qualità presunta, mi guardo bene dal bere, a differenza di un gruppo di pellegrini svedesi che, abituati evidentemente a trangugiare qualsiasi intruglio alcolico, riempiono e svuotano rapidamente numerosi bicchieri.

Riprendo il cammino riflettendo sulle differenze tra gli italiani e i nordici in termini di storia, cultura, educazione al bello, tradizione culinaria e del bere e su quanto non ne siamo né pienamente consapevoli e né tantomeno orgogliosi. Siamo quindi poco capaci di valorizzarle come meriterebbero, a differenza di quanto sono bravi a farlo, ad esempio, i francesi, che trasformano in oro tutto quello che hanno.

Raggiungo il pellegrino che mi precede. È Luis, con il quale condivido il cammino sino a Villamajor de Monjardin. Ha sessantotto anni, vive a Monterrey, ha due figli trentenni, è pensionato ed è sul Camino insieme a sua moglie – che lo ha preceduto a Los Arcos in taxi perché dolorante al ginocchio – perché, semplicemente, gli piace camminare e vedere posti nuovi. Gli chiedo della situazione messicana, che mi descrive come drammatica a causa della violenza prodotta dai narcos, della corruzione e del generale senso di insicurezza che gli fa dire che la Spagna e l'Europa sembrino un paradiso. Siamo solo noi che ci viviamo che non ci rendiamo conto di quale privilegio abbiamo avuto a essere nati in un periodo e in una zona del mondo sviluppata, ricca e, soprattutto, in pace.

Prima di accomiatarmi da Luis gli propongo di prendere una carta del Cammino che riporta l'auspicio: "*Non sognare la tua vita, vivi il tuo sogno*".

«*La vida comienza todos los días*» mi dice sorridendo a commento della carta uscita dal mazzo e, con gentilezza, mi invita a salutarci perché si ferma per riprendere fiato. Ci abbracciamo forte e ci auguriamo reciprocamente "*buen Camino*".

Adesso sono di nuovo solo con me stesso e mi gusto tutto il piacere del camminare in perfetta solitudine nella natura, seguendo il nastro di terra battuta, che si perde all'orizzonte e che sembra condurre in cielo. Un mondo sospeso di colori saturi, dove sento solo il rumore dei miei passi e i richiami degli uccelli.

È l'ultimo tratto in terra di Navarra e provo a camminare a occhi chiusi, avendo prima memorizzato un punto, per vedere la mia capacità di procedere dritto, mantenendo il controllo della direzione e della distanza usando gli altri sensi. Provo sensazioni nuove; sono nel *qui, ora e adesso*, attento come sono a ogni passo, a ogni appoggio del piede e all'ascolto dei suoni intorno per capire cosa mi aspetta un passo dopo l'altro. I primi risultati sono incoraggianti perché, quando riapro gli occhi, sono più o meno dove immaginavo di arrivare, avendo mantenuto la linea di cammino senza deviare più di tanto. Sono molto soddisfatto ma posso comunque ancora migliorare.

Incrocio una lunga fessura nella terra, che mi evoca il nostro cammino in questa vita, che è limitato rispetto alla vita infinita rappresentata dal lungo nastro di strada sterrata che si dipana oltre l'orizzonte.

Ho usato spesso, come metafora della misura della durata della nostra vita, il metro del muratore, quello classico in legno, che porta l'usura del tempo e dell'uso, proprio come il nostro corpo. Ogni centimetro rappresenta un anno e il numero degli anni riportati sul metro ci danno subito la misura visiva del tempo vissuto e del tempo che, ragionevolmente, ci rimane. Bene, ho 58 anni e, considerando che l'età media di un uomo in Italia è di circa 80 anni – come ben si sa le donne vivono più a lungo e su questo ci sarebbe di che riflettere – la tacca sul metro è ben oltre la metà. Quanti anni mi rimangono per godere appieno dello sci, della moto, delle donne, di tutto quanto la vita ci offre in abbondanza, anche solo una passeggiata nella natura? Quanta vita degna di essere vissuta mi rimane? Vale quindi la pena di rovinarsela per ragioni che, viste da qui, *sono solo canzonette*, come cantava Bennato? Assolutamente no! Sorrido, sorrido alla vita, sorrido al paesaggio, sorrido perché sono qui, sorrido e ringrazio perché sono vivo e in cammino.

A dispetto di quanto riportato dalla guida che avvisa dell'assenza di posti di ristoro nei 12 chilometri che separano Villamajor da Los Arcos, nel bel mezzo del mare verde a un incrocio con un'altra strada bianca, appare, come un'oasi nel deserto, un furgone ristoro. Una sosta è quello che ci voleva. Appena seduto mi sento rivolgere la parola, mi volto e incrocio lo sguardo con una brunetta molto carina, la prima pellegrina baciata dagli dei, come scriverò nella chat, allegando le foto.

Superato il primo momento di sorpresa, realizzo che è la prima volta che succede, perché sinora sono sempre stato io quello che "attaccava bottone". Mi chiede da dove vengo. «Milano» rispondo e poi attacco con il mio set di domande finalizzate alla conoscenza. Lei si chiama Lilienne, ha trent'anni, è attrice, al momento senza lavoro né dimora fissa e, forse, andrà a vivere a Berlino. È sul Cammino per la fine di una relazione durata sei anni con un russo che non doveva essere un granché, dal momento che ha organizzato una festa per comunicarlo agli amici e, non appena è arrivata a Saint Jean, ha subito trovato un nuovo amore, che mi presenta. Mi stringe con forza la mano, forse per sfida. Si chiama Flo, tedesco di Germania, tecnico cinematografico superstressato dal lavoro, che ha deciso di prendersi un lungo periodo sabbatico una volta resosi conto che non è vita non avere tempo per sé. Risonanza con i miei temi! Come già detto, una delle magie del Camino è proprio quella di connettere anime con percorsi e bisogni che risuonano. Faccio loro le carte del cammino e rimangono stupiti dalla corrispondenza delle risposte che ricevono alle loro domande, che preferiscono non condividere con me. Dopo il caffè di rito ci salutiamo e Lilienne ha lacrime di commozione mentre ci abbracciamo. Buon Cammino fratello Flo e sorella Lilienne.

Mi aspettano gli ultimi 5,7 chilometri, che percorro ad andatura sostenuta per sfidare la mia zona di confort. In un'ora e un quarto arrivo quindi a Los Arcos, segnando il record personale di velocità! Un momento di autocelebrazione – l'ego è sempre pronto ad alzare la sua testolina – che si esaurisce subito, perché il Camino non richiede agonismo ma semplicemente impegno coerente con le proprie possibilità fisiche ed emotive.

Los Arcos emerge in fondo a un rettilineo polveroso in un pomeriggio di sole molto caldo che preannuncia l'arrivo della stagione estiva, con un cielo azzurro intenso avvolto in un'atmosfera che ricorda quella dei film western di Sergio Leone. Le case che si affacciano lungo la strada principale – che è, ovviamente, il Camino stesso – hanno tutte le persiane chiuse, a sottolineare il silenzio e la solitudine del luogo, che si rianima inaspettatamente nella piazza centrale, con bar gremiti di pellegrini in pieno relax, dediti a chiacchierare rumorosamente e a tracannare pinte di birra fredda. L'ennesimo paese nato per dare ospitalità e ristoro ai pellegrini, che ancora oggi vive grazie al Camino.

Trovata sistemazione in una camera molto confortevole, con bagno e a un prezzo molto conveniente, mi preparo a pregustarmi una cenetta con la persona con cui sto meglio al mondo, e cioè me stesso, per meglio prepararmi alla tappa impegnativa che mi aspetta domani. L'ultimo pensiero della giornata è riferito al messaggio di Daniela di questa mattina:

> 11:40 – Daniela: Ci vuole un'anima molto capiente per recepire così tante emozioni. Buon cammino amico mio.

Tante emozioni. Un turbinio di sentimenti, di stati d'animo scatenati dall'esperienza che sto vivendo, fuori da ogni mio schema conosciuto, in una dimensione umana e spazio-temporale mai provata prima. Ci vorrà tempo, intuisco, per elaborare tutto quanto e sprofondo nel sonno.

Tappa 8: "La morte non è la morte, è la paura che abbiamo di cambiare"

Da Los Arcos (h. 08.45) a Logroño (h. 18.15) – 27,9 km

Il profilo del Camino proposto da *Les Amis de Saint-Jacques* in 34 tappe prevede che, partendo da Los Arcos, ci si fermi a Viana dopo soli 19,5 chilometri. Mi sento molto bene e, quindi, punto il dito su Logroño, come peraltro suggerisce la Guida al Cammino.

Logroño è la capitale della regione de La Roja, che è famosa per le sue colline e i suoi vigneti. Sono quasi le nove del mattino e la mia ombra che mi accompagna fedele, assecondando la posizione del sole del momento, si proietta ancora lunga e dritta davanti a me, sul selciato di terra battuta, come a indicarmi la strada del mio percorso e non solo di quello nella dimensione spazio tempo.

Sono diretto a ovest[1] che, guarda caso, nella cosmologia amerindiana è la direzione dell'introspezione, perché richiama al cambiamento e alla trasformazione rappresentati dall'autunno, stagione del consolidamento, quando la crescita si ferma e inizia la preparazione al rinnovamento della natura. L'autunno è quindi anche il momento in cui ci confrontiamo con la verità della morte, dove possiamo comprendere che ogni cambiamento è la morte di quel che è stato prima e che essa non è, in definitiva, altro che un passaggio verso un nuovo inizio.

In uno dei seminari di introduzione allo sciamanesimo a cui ho partecipato, ricordo che, nella preparazione alla pratica di rivolgersi agli spiriti delle sette direzioni – est, sud, ovest, nord, il cuore della Terra,

---

1. «L'Ovest rappresenta il mondo delle nostre emozioni che, come l'acqua, scorrono dentro e fuori di noi. Al sostare davanti a questa direzione, il pellegrino si accomiaterà dal passato, dissolverà le sue pene come neve al sole e saluterà il suo ego, che forse sarà rimasto per troppo tempo identificato con un'immagine che non corrisponde più al momento che sta vivendo. Permetterà alle sue lacrime di lavargli il viso e si calerà nel pozzo dei suoi sentimenti per fare pace con se stesso e col mondo. Nella grotta dell'anima, incontrerà l'orsa che gli insegnerà il potere di rompere gli incantesimi delle dipendenze. Ne uscirà curato nel cuore e nel corpo». Tratto da: A. Comneno e M. Balboni, *Pratiche Sciamaniche, il cammino della conoscenza silenziosa*, Anima Ed. 2013.

il cuore del cielo e il centro –, lo sciamano ha spiegato che a ovest incontriamo lo spirito guida rappresentato dall'orso. L'orso come *animale totem* è presente in molti disegni celtici, e la parola *"arth"*, che significa "orso", è la radice dalla quale deriva il nome di Re Artù. È riconosciuto per la sua forza e la sua resistenza; può aiutare a trovare equilibrio e armonia nella nostra vita e a compiere un viaggio dentro noi stessi, per scoprire ciò che è necessario fare. Ci supporta nel percorso di introspezione e di connessione del nostro spirito con la realtà fisica, proprio dell'età della maturità. La mia! O perlomeno così spero, immaginando le risate dei miei amici.

Ora e adesso eccomi *qui*, in questo tempo e in questo spazio, a confrontarmi con le domande di inizio Camino fiducioso che, camminando verso ovest, troverò quanto cerco. Assistito e protetto dai miei spiriti guida, viaggerò per raggiungere la piena conoscenza del mio sé autentico, liberato dal peso del mio passato, pronto ad affrontare i cambiamenti che mi attendono, senza ansia, senza paura.

Come diceva Abuela Margarita Nuñez, sciamana e guardiana della tradizione Maya, *"la morte non è la morte, è la paura che abbiamo di cambiare"*. Allora mi viene in mente un canto degli indiani Navajo e chiudo gli occhi continuando a camminare:

> Non piangere sulla mia tomba.
> Non sono qui.
> Non sto dormendo.
> Io sono mille venti che soffiano.
> Sono lo scintillio del diamante sulla neve.
> Sono il sole che brilla sul grano maturo.
> Sono la pioggia lieve d'autunno.
> Quando ti svegli nella calma mattutina,
> sono il rapido fruscio degli uccelli che volano in cerchio.
> Non piangere sulla mia tomba.
> Non sono qui.
> Non sto dormendo.
> Io sono mille venti che soffiano.
> Sono lo scintillio del diamante sulla neve.
> Sono il sole che brilla sul grano maturo.

Sono la pioggia lieve d'autunno.
Quando ti svegli nella calma mattutina,
sono il rapido fruscio degli uccelli che volano in cerchio.
Sono la tenera stella che brilla nella notte.
Non piangere sulla mia tomba.
Io non sono lì, ma dove tu mi puoi ricordare.

Procedo leggero godendomi il panorama mutevole chiuso dalle montagne sullo sfondo. Il Camino va su e giù per le colline ricoperte di vigneti, in una dimensione spaziale molto aperta che mi fa sentire libero come non mi sentivo da tempo, tanto è vero che, come non detto, ripenso per contrasto alle mie ultime vicende professionali e personali che mi hanno portato dall'essere il dottor Riccardo Bianco, amministratore delegato di una PMI acquisita da un fondo di *private equity*, a Riccardo, pellegrino sul Camino per Santiago.

Sento montare la rabbia per quanto accaduto, per il tradimento subìto da quello che consideravo quasi un fratello di ventura, il referente del fondo con il quale ho condiviso a tutto tondo sei anni della mia vita. Anni molto intensi, dettati dall'emergenza della gestione del debito caricato sull'azienda dopo l'acquisizione da parte del fondo stesso. Anni entusiasmanti da un lato, per la soddisfazione di avere operato un *turn around* che ha salvato una realtà aziendale con più di trecento posti di lavoro, ma anche molto faticosi e usuranti dall'altro, a causa del dover gestire una situazione complessa per le aspettative, in conflitto tra loro, dei diversi cosiddetti *stakeholders* e cioè i clienti, i fornitori, le banche, i sindacati, gli azionisti di minoranza, i lavoratori e i collaboratori. Mi viene in mente, chissà perché, il mito di Cronos, il dio che mangia i suoi figli per paura che si avveri la profezia per cui avrebbe perso il potere come suo padre Urano. Dopo la responsabile amministrativa e dopo il sottoscritto, chi sarà il prossimo a essere eliminato dal tuttologo *"so tutto io con il senno del poi"*, e cioè il rappresentante del fondo, perché d'intralcio alla presa del controllo diretto della società? Del resto, come ci si può fidare di chi, essendo di origine barese, potrebbe essere un discendente di uno dei sessantadue marinai e commercianti che, nel lontano 1087, salparono per trafugare le reliquie di san Nicola, custodite a Myra, in Turchia? I baresi, pronti a tutto, anche ad avere un patrono nero, pur di assicurare alla città la protezione di un simbolo e di un protettore che avrebbe dovuto restituire il prestigio e, dunque, anche le fortune commerciali perse dopo la conquista normanna.

Immerso in pensieri recriminatori che mi portano su una vibrazione bassa, mi ritrovo davanti all'invitante e accogliente entrata dell'*Albergue* di Sansol, che richiama una pausa caffè disintossicante. La struttura è di origine medievale ed è caratterizzata da pietre e legni consumati dai passi di migliaia di pellegrini passati di qui nei secoli, dall'arredamento in arte povera e dal giardinetto con la piccola fontana al centro, ornata con la conchiglia del Camino. Trasmette una sensazione di pace e armonia. Sincronicità.

Apro la chat e trovo un messaggio inviato pochi minuti fa da Francesco che, manco a farlo apposta, mi invita a non fare quello che stavo facendo:

> 10:39 – Francesco: Buon viaggio Ric! Non guardare indietro, vedresti solo vita già trascorsa...

La musica classica di sottofondo, trasmessa dai piccoli diffusori appesi alle pareti, contribuisce a rasserenarmi e a lasciare andare quelle emozioni negative. Capisco perché sono qui: per ripulirmi di tutte quelle tossine accumulate in anni di lavoro da top manager al servizio di interessi altrui, di tutte le delusioni, dei sensi di colpa e di fallimento che il mio spietato giudice interiore non perde l'occasione di attivare. Sono qui per lasciare andare tutto questo, per ritrovarmi, riconciliandomi con me stesso, e per capire la mia missione in questa vita. Apprezzo il conforto donatomi dalla panca che sta sostenendo le mie *"nobili terga"* – come le indica Asia, mia figlia secondogenita, quando mi invita ad alzarmi per prendere qualcosa al posto suo –, affaticate dopo le prime due ore di cammino, e ascolto il suono dell'acqua della fontanella, che si sovrappone a quello della musica classica. È un momento perfetto!

Recuperate energie e voglia di scoprire cosa mi regalerà il Camino, riparto dirigendomi verso Torres del Rio, dove sono curioso di visitare la chiesa del Santo Sepolcro, considerata uno dei monumenti più importanti tra quelli che si incontrano lungo il Camino. È descritto come un monumento enigmatico, perché la leggenda dice che venne costruito dai Templari intorno al XII secolo e che apparteneva al Sacro Sepolcro di Gerusalemme.

Sul Camino si respira e si tocca con mano la storia, anzi la Storia con la "s" maiuscola. Strano ma vero, all'orizzonte non c'è di nuovo nessun altro. Sono proprio un pellegrino solitario in cammino, accompagnato soltanto dalla propria ombra.

Entro a Torres del Rio e mi trovo quasi subito di fronte all'ingresso della chiesa che, essendo di pianta ortogonale, mi ricorda Castel del Monte in Puglia. Di nuovo la Puglia!

Saluto la custode, la *señora* Mari Carmen, che timbra la *credencial* e ammiro l'interno, molto semplice e sobrio dove, come suggerito dalla guida, si percepisce l'influenza architettonica araba, dato che il maestro che la progettò e gli scultori che la decorarono erano maomettani al servizio di clienti cristiani. Incredibile ma vero. Altro che guerre di religione. La convivenza e la collaborazione tra comunità con culture e fedi diverse sono possibili e arricchiscono gli uni e gli altri, grazie al confronto e allo scambio di esperienze, stili e abitudini diverse. Sono l'ignoranza, l'avidità, la sete di potere e di sopraffazione che portano a costruire barriere tra i popoli e le culture, per dividere, separare anziché integrare e fare crescere insieme valorizzando le specificità di ogni cultura.

Il *"divide et impera"* continua a essere la modalità di gestione del potere più diffusa in tutti i contesti, compreso quello del lavoro. L'ho toccato con mano in tanti anni nelle molteplici realtà aziendali dove ho lavorato e la cosa più incredibile è che sono le persone stesse che assecondano questi biechi giochi di potere, che fanno solo l'interesse di chi ha le leve del potere in mano.

Oggi la chiesa è diventata la chiesa funeraria del Camino. Ne ammiro per l'ultima volta la cupola, di chiara tradizione musulmana, caratterizzata dall'originale lanterna, anch'essa di forma ortogonale e con cupola a sua volta, la cui funzione doveva essere, secondo alcuni studiosi, di faro per i pellegrini.

Terminata la visita, riprendo il cammino con Viana nel mirino. Si trova a undici chilometri di distanza, lungo un percorso chiamato *rompepiernas*, "spaccagambe", per i continui saliscendi. Infatti, metterà a dura prova non solo le gambe ma anche, come scoprirò a breve, gli scarponi.

Il tema della morte è evidentemente nel campo della giornata, perché il saliscendi irregolare del percorso è interrotto da un tratto più largo e pianeggiante, dove la *pietas* dei pellegrini ha creato nel tempo un memoriale spontaneo. Distribuiti su un campo, emergono come funghi cumuli di pietre che ricordano i cimiteri ebraici, dove le persone pongono sulle tombe una pietra in memoria della visita. Sotto molti dei cumuli di pietre, mani pietose hanno lasciato anche scritti e foto. È molto suggestivo e si respira un'aria lieve, di dolce e grata memoria delle persone che hanno lasciato questo mondo. Leggo con profonda commozione alcune delle testimonianze lasciate, tra cui quella dedicata al loro papà dalle figlie venute apposta dall'Italia per celebrare questo rito sul Camino.

Riprendo la strada con grande calma, facendo attenzione a non fare rumori molesti, in segno di rispetto e di saluto al luogo sacro e, neanche il tempo di elaborare completamente questo momento che, inaspettatamente, c'è un posto di ristoro. Il furgone di Pepe *el vendor*, che mi accoglie amichevolmente nel suo bar mobile, non è infatti segnalato dalla guida, anche se da anni Pepe si posiziona sempre in quel posto. Per un momento, mi appare come il Caffè Florian a Venezia.

Riprendo fiato e inizio a discorrere con Pepe, che ha una fantastica storia personale da raccontare. Programmatore informatico, dopo la chiusura della sua società di software a causa della crisi, è venuto a fare il Camino e, presosi una breve pausa proprio in questo posto, dice di aver ricevuto il messaggio di fermarsi qui e aprire un posto di ristoro dove i pellegrini potessero lasciare un segno del loro passaggio. Mi giro intorno e sulle pareti vedo i graffiti con saluti, disegni, pensieri e nomi di tanti che mi hanno preceduto, mentre continuo a discorre con Pepe di tutto, del senso della vita, del nostro modo di vivere affannato nella società moderna, della ricerca di libertà, del valore dell'amicizia. Non mi accorgo che il tempo è volato, ma che importanza ha? Devo forse rispettare una tabella di marcia o timbrare un cartellino? Sono forse condizionato da un programma o sono libero di seguire il flusso, accogliendo quello che il Camino mi offre? Scaccio quindi il richiamo al dover andar via quanto prima, figlio dei miei condizionamenti, e finisco di chiacchierare con calma, prendendomi tutto il tempo e, soprattutto, gustandomelo pienamente.

Una volta posto il segno del mio passaggio sul muro e sul libro degli ospiti, con una dedica speciale di ringraziamento, lascio il *donativo*, cioè l'offerta discrezionale per quanto ricevuto e consumato, e saluto Pepe, uomo di cuore e mente aperti.

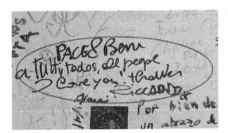

È la prima volta che mi capita di corrispondere con quella che presso i Romani – sempre loro – era l'elargizione fatta ai soldati in occasione di trionfi o di importanti avvenimenti anche non militari. In passato, quasi tutti i servizi offerti ai pellegrini erano ricambiati con un *donativo* coerente con le loro possibilità economiche mentre oggi, con la crescita del numero di pellegrini, lo scambio servizi-corrispettivo presenta sempre di più le caratteristiche commerciali proprie di un business turistico. Ma questo è lo spirito dei tempi e l'importante è il valore della relazione commerciale offerta, piuttosto che la modalità di transizione. Ai puristi del pensiero originale rispondo che se il servizio è buono e il costo equo, perché no?

Rinfrancato nel corpo e nello spirito, mi avvio verso Viana percorrendo una strada bianca lunga e monotona, immerso in pensieri che lascio andare come bolle di sapone nell'aria. Scorgo Viana in lontananza. Sembra a un tiro di schioppo ma, in realtà, impiego più del previsto ad arrivarci.

Provato dall'ultimo strappo in salita, mi fermo nel giardino che dà il benvenuto ai visitatori proprio all'ingresso della città e mi rinfresco con l'acqua che sgorga dalla fontana e con l'ombra dei platani. Si avvicina per bere alla fontana un bracco tedesco che scopro essere di una signora, anche lei tedesca, che, con un altro bracco, sempre tedesco – e te pareva – e un curioso passeggino per cani, parla disperata al telefono per trovare un *albergue* che accetti i suoi due cani, come mi spiegherà dopo. È proprio vero che sul Camino si fanno incontri ravvicinati di ogni tipo!

Viana è una città carina, con vestigia medievali che attraverso con *andi* da turista, famosa perché vi morì Cesare Borgia, figlio di papa Alessandro II, ucciso in un duello, nel 1507. L'Italia e la sua storia mi stanno inseguendo lungo tutto il Cammino.

Il camminamento nel cemento dell'area industriale alla periferia ovest è terra di conquista dei *writers* e, uno di questi, italiano guarda caso, ci ha regalato questo pensiero: *"Dio è morto nell'auto presa a rate!"*.

A due chilometri da Logroño, appena iniziata la lunga discesa che mi condurrà nel centro città, avviene il primo incidente del Cammino: la suola dello scarpone destro ha deciso di aver fatto troppi chilometri e si stacca quasi completamente, come a volermi prendere beffardamente in giro! Riparo provvisoriamente lo scarpone con il nastro che ho opportunamente portato con me per ogni evenienza e riparto con il pensiero fisso non solo a come rimediare ma anche a cosa può rappresentare e quale è il messaggio che mi vuole dare questo accadimento.

Quasi alla fine della discesa incontro la casa della *señora* Felicia, figura molto nota in passato perché regalava acqua e fichi ai pellegrini in transito davanti alla sua casa. È morta nel 2002, alla veneranda età di 92 anni, come inciso sulla lapide posta in sua memoria che riporta, oltre al suo nome per intero – Felisa Rodriguez Miguel –, anche due parole che non ho mai sentito, *Ultreia* e *Suseia,* di cui mi riprometto di ricercare il significato questa sera su Internet.

Novantadue anni sono una bell'età. Questa potrebbe essere una prova che il Camino fa bene se non lo si fa ma lo si guarda! Adesso c'è la figlia Maria che, dopo la morte della mamma, accoglie i pellegrini circondata dai suoi gatti, offrendo acqua e frutta e proponendo – in vendita – souvenir del Camino.

Cedo alla tentazione dello shopping da bancarella e compro la conchiglia simbolo del Camino, che terrò nello zaino sino a Santiago, in ossequio alla tradizione che prevede il ritiro della conchiglia solo una volta arrivati alla fine del Camino, a riprova del pellegrinaggio compiuto. Scoprirò in seguito di averla pagata molto più cara della media, alla faccia della *señora* Felicia, della solidarietà con i pellegrini e dell'etica del Camino! Ma non sarà certo la prima e ultima sorpresa, sotto questo aspetto. Del resto il Camino è proprio una metafora di come siamo e come ci comportiamo e direi che enfatizza tutte le nostre caratteristiche, positive o negative che siano, se vogliamo usare questi termini per classificarle. Però il *sello* è molto bello: *da Felisa, higos, agua y amor*.

Entro in Logroño dal parco princi-pale e, una volta attraversato il pon-te di pietra sul fiume Ebro, mi ritro-vo nella città vecchia, che attraverso camminando piano, osservando le architetture e, soprattutto, attento a non perdere la suola dello scarpone. Trovo una camera in una pensionci-na e la padrona mi indica un vicino negozio di scarpe sportive, che però chiuderà tra una mezzoretta. Corro,

si fa per dire, in coreane al negozio e, dopo un'affannosa ricerca, indi-viduo quelli che fanno al caso mio. Ringrazio i vecchi scarponi che mi hanno accompagnato nella prima parte di questo cammino e, dopo avere scattato la foto ricordo d'obbligo, li lascio al loro destino in un cassonetto dei rifiuti.

A cena rifletto sull'imprevisto della rottura dello scarpone che mi ha obbligato a comprarne di nuovi, mettendomi così nella condizione più sconsigliata: partire per un'escursione con scarpe mai provate pri-ma. E l'escursione, in questo caso, è di centinaia di chilometri!

Qual è il messaggio che mi invia l'universo? Cosa devo compren-dere e integrare nell'approccio alla vita, modificando comportamenti e attitudini? Il tema dell'attaccamento, ad esempio. Quanto sono an-cora attaccato alla vecchia vita, alle abitudini consolidate, e sensibile al richiamo del possesso e a cercare soddisfazione nei beni materiali? Quanto mi è costato dismettere qualcosa – gli scarponi da trekking – che avevo addirittura da più di vent'anni? Non ci crederete, ma da oculato *shopper* li avevo comprati durante una vacanza estiva con la prima ex moglie, ancora prima che nascesse Francesca, a Livigno, dove i prezzi sono più convenienti rispetto al resto d'Italia per lo spe-ciale regime fiscale.

La fine dello scarpone mi vuole forse suggerire che tutti i legami con cose, situazioni e anche persone sono destinati a finire. È solo una questione di tempo e spesso la fine arriva inaspettata, alla faccia del nostro ego. Qualcuno obietterà che ci sono legami indissolubili, tipo "ti amerò per sempre" e "staremo sempre insieme", dimenticando che, comunque, una coppia prima o poi si scioglie, se non altro per la morte di uno dei due, determinando così la fine della relazione, almeno in questa dimensione.

Mi risuona anche il tema della flessibilità e cioè la mia disponibilità e capacità di adattamento alle situazioni che si vengono a creare indipendentemente dalla mia volontà, investendo in questo modo anche il tema del controllo. Vedremo domani. Chiudo la giornata informando il gruppo che ho dovuto sostituire i vecchi scarponi, che sono esplosi dopo 150 chilometri, con un paio di nuovi della famosa marca che nessuno conosce in Italia – Chiruca –, scatenando così una serie di battute e sfottò, e andando a cercare sul web il significato di *Utreia* e *Suseia*.

Ultreia e *Suseia* insieme pare rappresentassero una specie di grido di richiamo o d'incoraggiamento dei pellegrini. "*Più in alto e più in là c'è Santiago*" è il significato che gli viene dato oggi come saluto tra pellegrini; saluto che, peraltro, non ho mai sentito usare nella mia esperienza lungo il Cammino, rispetto all'abituale *Buen Camino*. Anche l'origine delle parole è incerta, perché per alcuni studiosi deriverebbero dal latino, mentre altri fanno riferimento al greco e all'ebraico dato che, queste *Ultreia* e *Suseia*, si possono trovare nel Libro I del *Codex Calixtinus*, manoscritto del XII secolo della cattedrale di Compostella.

Tappa 9: "You change!"

Da Logroño (h. 08.00) a Nájera (h. 17.30) – 29 km

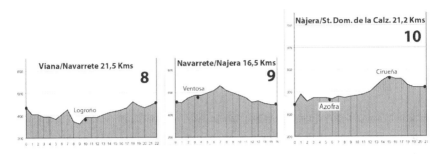

Alle 8 le strade di Logroño sono deserte. È sabato e i residenti staranno smaltendo gli effetti della movida del venerdì sera, di cui ho avuto un piccolo assaggio facendo un giro prima di coricarmi, nel quadrilatero dei locali affollati di gente allegra e rumorosa, con boccali di *cerveza* e piattini di *tapas* nelle mani.

Poiché l'uscita da Logroño, differentemente dall'entrata, è lunga e prevede l'attraversamento di una periferia anonima, per non mettere subito a dura prova i miei preziosi piedi, che calzano scarponcini ancora freschi di imballo, dopo una ricca colazione nell'unico bar aperto prendo un taxi per arrivare al Parque de la Grajera, dove il Camino riprende il percorso, diciamo bucolico, lontano dal traffico e dal cemento. La mattinata è fredda e umida, cade una pioggia fine e leggera, che fa rimpiangere di non avere portato un paio di guanti. Inauguro quindi il mantello antipioggia e, come nella più classica delle gag, non appena ho completato la complessa vestizione, smette di piovere ed esce un bellissimo arcobaleno.

Dopo un'oretta di cammino solitario mi affianca Madeleine, giovane americana ventiseienne da Sausalito che, dopo i primi anni di lavoro in finanza, è entrata in crisi per divergenza di valori e scopi e ha deciso di venire in Europa a fare il Camino per capire – ma guarda un po' che sincronicità – cosa fare da grande. Le sarebbe piaciuto farlo con suo padre che, a 62 anni, si ritrova disoccupato e in forte stato depressivo. Altro che *America first*!

«*You change*» mi dice, nessuno può fare niente per nessun altro senza la volontà e l'intenzione di quest'ultimo. È vero: il nostro cambiamento può partire solo e soltanto da noi stessi, condivido. È solo la nostra ferma intenzione, derivante dalla volontà di risolvere le nostre situazioni problematiche di disagio e sofferenza che non riusciamo più a sostenere, che può portarci ad affrontarle con un approccio nuovo. Cambiamo lo schema, come ben spiegato nel libro di Watzlawick[1] della Scuola di Palo Alto, per modificare le situazioni che non ci stanno più bene o viceversa, come diceva Einstein, *"non possiamo pretendere che le cose cambino, se continuiamo a fare le stesse cose allo stesso modo"*.

Un grande ostacolo a mettersi in discussione e a vedere le cose da altri punti di vista, premessa indispensabile per dare il via a un nostro processo di cambiamento, è la nostra area di confort, qualunque essa sia, che supporta e difende la situazione in essere, insieme alle paure inconsce non riconosciute. Questo vale non solo sul lavoro ma anche nella vita privata. Quante coppie stanche conosco che non hanno più niente da dirsi e da condividere e che, piuttosto di mettersi in gioco chiudendo un ciclo e aprendosi a nuove esperienze, vivono una finzione per sé e per gli altri, funzionale a mantenere lo status quo e a non prendersi la responsabilità della propria vita? È la paura del futuro, di una vita nuova senza le certezze di quella vecchia che ci blocca. False certezze che sono solo una vana pretesa del nostro ego, che ci fa credere di essere immortali e onnipotenti, perché non vi sono certezze se non quella che siamo *qui, ora* in questo corpo e in questo spazio, per uno scopo da scoprire che dia un senso a tutto questo teatrino che, altrimenti, non è altro che un gran faticare senza senso. Amen! *You change* e saluto Madeleine, abbracciandola forte e augurandole *"buen Camino"*.

Dopo un po' ritrovo Rodrigo e l'incontro è caloroso come quello tra due vecchi amici di infanzia che hanno condiviso i primi anni di scuola, assimilabili ai primi chilometri del Camino di Santiago che abbiamo affrontato per diversi tratti insieme. Ci salutiamo, perché Rodrigo si ferma per riposare quando siamo arrivati in prossimità dell'autostrada che affianca, ahimè, il percorso. Qui il Camino diventa dritto come un fuso per più chilometri ed è pesantemente disturbato dal rumore delle auto che sfrecciano a lato, sull'autostrada. Dopo tanto silenzio nella natura il rumore del traffico è veramente insopportabile e, per distrarmi, rifletto sull'amicizia e sul suo valore, su come si stringono rapporti di fratellanza che sembrano eterni e che poi, le vicende della vita, i diversi percorsi individuali, invidie, gelosie, tradimenti o semplicemente l'essersi allontanati quel tanto da non avere più nessuna vibrazione in comune, trasformano in relazioni di facciata tra perfetti estranei. Quanti amici mi hanno deluso e, a mia volta,

---

1 P. Watzlawick, J.H. Weakland, R. Fisch, *Change. La formazione e la soluzione dei problemi*, Astrolabio Ubaldini, 1974.

quanti posso avere deluso? Lascio andare questi pensieri melanconici e penso allora agli amici di sempre che sono ancora a fianco, vicini o lontani non ha importanza; quegli amici che quando rivedi anche a distanza di molto tempo è come se ci si fosse salutati ieri. Il tempo non è trascorso. Le esperienze vissute hanno creato un legame profondo. È ancora come quando si passavano i pomeriggi insieme, ci si trovava davanti alla scuola, chi in motorino e chi a piedi, senza pregiudizi di censo e di classe, per giocare a calcio, fare una gara con i motorini, andare sotto le finestre delle compagne di classe a fare i *galli*, uniti da niente altro se non dalla gioia di vivere.

A proposito, adesso che ci faccio caso, i piedi sono a posto e sembrano essersi ben adattati ai nuovi scarponcini.

Tira un forte vento contrario e la signora che mi aveva superato a velocità doppia è ferma a riprendere fiato. Sorride e salutandomi mi affianca, riprendendo il cammino al mio passo. Vuole scambiare due parole. Viene dall'Olanda ed è molto contrariata dal percorso che sta seguendo il Camino a fianco dell'autostrada. «Non c'è niente di bello in questo tratto» dice, anche se al bivio che ci si presenta preferisce seguire il filo dei pellegrini che ci precede e che segue il percorso indicato, più breve ma sempre affiancato all'autostrada, anziché quello più lungo, che prosegue girando intorno a una collina.

Dopo un centinaio di metri, il vento sparisce, perché si è protetti dalla collina che difende anche dall'inquinamento sonoro e visivo dell'autostrada; il cammino diventa più sciolto e il paesino di Ventosa si avvicina.

A Ventosa, *nomen omen*, trovo un bel baretto con sedie e tavolini sulla strada, dove gusto un caffè in beata solitudine baciato dal sole. È proprio vero che la vita ci presenta molteplici *sliding doors* e sta solo a noi scegliere da quale parte andare, dopo aver valutato quella che può essere la migliore per noi, accettando di pagare eventualmente il relativo costo aggiuntivo. In questo caso ho sì speso più energie scegliendo di allungare il cammino per evitare il fastidio dell'autostrada ma, in compenso, ho potuto regalarmi questo momento di relax che altrimenti non avrei avuto. Mi merito un bel *selfie*, che invio in chat con aggiornamento sulle calzature e sullo stato dei miei fantastici e insostituibili piedoni!

> 12:58 – Biancone: Le scarpe nuove vanno. Bisogna avere fiducia nel nuovo e lasciare il vecchio, che poi è il passato, alle spalle senza paure né rimpianti. Buon week end.

Ma come mi verranno mai fuori queste riflessioni mistiche, mi domando! Non ne ho però abbastanza perché, rinfrancato dall'essere all'una a soli 11,3 chilometri dalla meta, la cittadina di Nájera, continuo a elaborare riflessioni filosofiche sul tempo che passa, sul passato che è andato, sul fatto che tutto abbia una sua fine, sull'attaccamento, sulla paura del cambiamento, sul lasciare andare il passato senza rimpianti; riflessioni che trovano nella storia degli scarponi rotti lasciati a Logroño una metafora stimolante o, perlomeno, così vagheggio.

I pensieri volano alti come le decine di uccellini che sfrecciano nel cielo terso de La Rioja, terra di vigne e colline che sembra un mix tra Langhe e Monferrato. E ora torno con il ricordo alla cena di ieri sera. Seduto nel dehor di uno dei tanti locali che affollano la piazza con i portici, a fianco della maestosa cattedrale del XV secolo caratterizzata dalle due torri campanarie, ceno con una degustazione di *tapas* in compagnia di un gruppo di pellegrini tedeschi. Ripenso alla storia di Mara, tedesca sessantenne, fresca di dimissioni dal ruolo di top manager in un'azienda multinazionale del *fashion*, ruolo che la portava spessissimo a Milano, città che le piace molto. Stanca, anzi nauseata dalla pressione esasperata sui risultati, sugli obiettivi di breve periodo, dal tutto subito per ieri preteso dai clienti e dalla competizione interna tra colleghi, ha deciso di prendersi un periodo sabbatico per capire cosa fare da grande. Un'altra potente sincronicità.

Come già sperimentato nelle altre tappe, gli ultimi chilometri sono i più duri. Quando si inizia a intravedere in lontananza il campanile della chiesa più importante, sembra di essere arrivati, mentre gli ultimi chilometri non finiscono mai. Così è per arrivare a Nájera che, una volta raggiunta, si presenta con una periferia triste e vuota.

Arrivato nell'antico centro storico, scopro che è in pieno svolgimento la festa medievale annuale che richiama moltissimi visitatori da tutta la regione, tanto da avere riempito tutti e tre gli *albergue* incontrati. Incassato il quarto «*desolado, no tenemos camas libres*», ho un attimo di smarrimento. Come farò a trovare un posto? Perché non ho prenotato? Perché non sono arrivato prima? I miei sabotatori stanno alzando la testa, provocandomi e irridendomi. Respiro, ordino una birra e mi siedo fuori dal locale per assaporare il calore del sole calante delle "*cinco de la tarde*" e per capire cosa fare.

Qualcosa in me è scattato e, anziché affannarmi per cercare una sistemazione su *Booking.com*, chiudo gli occhi e mi affido al Camino, all'Universo, fiducioso che qualcosa accadrà e una soluzione salterà fuori. Immerso nel mio momento di estasi che, immagino, qualcuno potrebbe non capire vista la situazione, vengo richiamato alla realtà dalla voce della signora che è uscita per dirmi che, nel frattempo, ha provato a fare delle chiamate e, alla fine, ha trovato un letto in un ostello a cinque minuti dal suo locale. Fantastico, quasi da non credere. Se ti affidi vivi libero da stress e da ansie, lasci andare le paure e il Camino ti prende per mano e ti guida.

L'uomo alla reception de l'*Hostal Ciudad de Nájera* mi accoglie sorridendo e mi accompagna nella camerata con nove letti, indicandomi il mio, non prima di avermi presentato agli altri ospiti presenti al momento, Harris e Susanne.

Prendo possesso della mia postazione svolgendo il rito, ormai classico, dello svuotamento dello zaino e della preparazione per la notte. Dalla finestra sopra il letto si gode una vista fantastica dei tetti di pietra del centro medievale e dello sperone di roccia verticale che incombe su Nájera, dove noto dei buchi che immagino essere stati rifugio e tombe in tempi antichi.

Sorpreso che i calzini non odorino ancora e seguendo l'ispirazione del momento, li appendo a mo' di tenda e scatto una foto che invio e commento così su Whatsapp: "spettacolare vista di abitazioni arcaiche, con calzini con decine di chilometri e ancora intonsi; segundo milagro del Camino".

Non mi ricordo però più il primo!

Sto bene, mi sento in armonia con il mondo e sono pronto per uscire a visitare, prima che chiuda, il Monastero di Santa Maria Real dove sono sepolti i Re di Navarra, dato che, sino al 1076, anno della distruzione di Pamplona a opera dei musulmani, Nájera è stata la capitale della Navarra stessa. La storia dell'Europa si dipana lungo il Camino.

Mi viene da invitare Harris e Susanne a fare il giro turistico della cittadina. Harris accetta con entusiasmo e si accinge a seguirmi a piedi nudi, mentre Susanne declina gentilmente perché stanca e bisognosa di un po' di relax dopo la doccia.

Harris, nativo delle Hawaii, viene da Sausalito in California. Mentre lo dice la mente vola alle onde del Pacifico e a uno dei miei film cult, *Un mercoledì da leoni*. La voce di Harris che continua a raccontare la sua vita mi riporta al presente. Ha 53 anni ed è in *"transition time"* perché ha appena smesso di lavorare come CFO – responsabile finanziario – di una società di software di San Francisco. Forse si trasferirà alle Hawaii, di cui è originario, il che spiega i suoi leggeri tratti indio e la carnagione scura. È convinto che il Camino darà risposta alla sua domanda su cosa fare da grande. Un altro! Benvenuto nel club. È entusiasta di avermi conosciuto e condivide le mie riflessioni critiche sul mondo della finanza, dove il valore imperante è fare soldi, «*money for money*» ripete accompagnando il concetto con una danza comica, che attira l'attenzione stupita e divertita dei passanti. La vita è altro, mi dice tornando serio e composto: «*My job was all my life, money but nothing else*».

Visitiamo velocemente il monastero, visto il poco tempo prima della chiusura; sostiamo davanti alle sculture imponenti dei Re di Navarra, monumento agli ego di uomini che, seppur potenti e ricchi, hanno seguito il destino che accomuna tutti gli essere viventi, passando attraverso quella porta verso l'ignoto che Totò, in una sua poesia, così descrive: "*A morte 'o ssaje ched"e?... è una livella*". Una livella. A cosa servono onori e ricchezze e perché impegnarsi strenuamente per obiettivi che, una volta che sono confrontati con quello che ci aspetta, mostrano tutta la loro vanità e insensatezza? Tutto è vano e tutto è vanità. Sono domande che mi ponevo già ai tempi del Liceo e sono le domande universali alle quali l'uomo cerca da sempre di dare una risposta che plachi la sua ancestrale paura della morte. Qual è il senso di tutto ciò?

Il suono della campanella, che informa i visitatori che il monastero sta per chiudere, mi distoglie dai pensieri profondi e mi invita a rituffarmi nei vicoli medievali affollati di gente che curiosa tra le decine di bancarelle, dove urlatori vestiti con improbabili costumi medievali offrono ogni genere di cibaria, bibita e gioco in tema con un Medioevo fantasioso. Riconosciamo nella folla Susanne, che ci propone di prendere insieme un aperitivo.

Dopo la seconda birra, le lingue si sciolgono e Susanne inizia a raccontare la sua vita segnata da due divorzi. La fine del suo secondo matrimonio l'ha spinta a venire sul Camino alla ricerca di qualcosa che non sa neanche lei che cosa possa essere. Condividiamo le nostre esperienze matrimoniali e rimane colpita dal mio percorso iniziato dopo la seconda separazione, finalizzato a capire perché avessi scelto quelle donne e perché avessi coscientemente voluto perseverare nel rapporto, nonostante la presenza di problemi seri e di differenza di vedute difficilmente superabili. La mia rinascita, racconto, è iniziata quando ho smesso di colpevolizzarle, addebitando loro le maggiori responsabilità per come si fosse deteriorata la relazione e per il loro tradimento finale, che mi ha obbligato a uscire di casa lasciando così anche le mie figlie, Francesca con la prima ex moglie, quando aveva meno di due anni, Asia con la seconda ex moglie, quando ne aveva invece otto. È stata la perdita della routine quotidiana con le mie figlie a farmi stare malissimo e ad alimentare i miei sensi di colpa per quello che loro hanno vissuto con il mio abbandono, a darmi un'ulteriore motivazione per lavorare su me stesso e capire anche come gestire meglio la situazione con loro dopo la seconda separazione. Il metamessaggio che poteva passare era che, visto la recidiva, il padre fosse il responsabile unico delle separazioni e le mamme povere vittime, quando invece la responsabilità di come evolve la relazione in una coppia è sempre cinquanta/cinquanta.

Ho iniziato un percorso di introspezione duro e anche doloroso, che mi ha portato a confrontarmi con le origini famigliari, analizzando il rapporto con i miei genitori e come abbia influenzato lo sviluppo della mia personalità, della sfera emotiva-affettiva e, quindi, le mie relazioni. Racconto a Susanne e Harris delle Costellazioni famigliari, che conoscono e che anche Harris ha praticato alle Hawaii, del *Viaggio dell'Eroe* attraverso tre seminari intensivi di una settimana ciascuno e di come mi sono finalmente rappacificato con i miei genitori e, cioè, con le mie radici. Dopo anni di lotta, di conflitto e di rabbia repressa, ho compreso che, senza una totale riconciliazione con le mie radici e senza provare un sentimento di gratitudine per il dono della vita, non avrei mai potuto accettarmi pienamente e amarmi per come sono e per quello che sono e che, senza accettare e amare me stesso incondizionatamente, non avrei mai potuto amare gli altri e avere una relazione amorosa adulta. Mi sono finalmente assunto la piena responsabilità delle mie scelte e di quanto ne è conseguito. Non li vivo più come fallimenti o errori, bensì come esperienze necessarie per il mio cammino di crescita e guarigione in questa vita. Oggi sono quello che sono perché sono passato attraverso determinate esperienze e non potrei essere quello che sono diventato se non avessi vissuto quelle esperienze.

Beviamo la terza birra e passiamo qualche momento in silenzio, che Susanne interrompe chiedendomi: «*Why are you here?*». È la prima volta che un altro pellegrino mi rivolge così direttamente questa domanda e condivido quindi con loro il bisogno di capire cosa fare della mia nuova vita dopo la fine di quest'ultima esperienza lavorativa. Sento la testa pesante e mi cala addosso la stanchezza fisica, bella e sana, per un'altra giornata densa di stimoli, emozioni, suggestioni, riflessioni, di natura, bellezza e relazioni umane, che solo un'esperienza come quella del Camino può regalare.

Torno alla base respirando a pieni polmoni l'aria frizzante di questa terra di Navarra e ammirando il cielo che ricorda una tela dipinta di un blu profondo, impreziosita da stelle luccicanti. Buona notte Nájera.

Tappa 10: "Rimettere le cose al proprio posto; un albero incapace di piegarsi si spezza"

Da Najera (h. 08.00) a Santo Domingo de la Calzada (h. 17.30) – 21,2 km

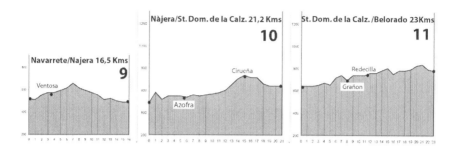

La giornata è stupenda. Un sole caldo sta riscaldando la temperatura scesa di molto nella notte, tanto è vero che ho dovuto indossare la giacca a vento. Poiché l'*Hostal de la Ciudad de Nájera* non somministra la colazione, mi dirigo verso la zona dei locali lungo il fiume che, ricordo, hanno dei bei dehors panoramici e che sono, con mia grande gioia, ben esposti al sole.

Qui conosco Richard e sua moglie Marianna; provengono da Amsterdam e alla mia domanda di prassi rispondono: «*Very good question! We do not know*». Di fronte alla mia insistenza, invece di mandarmi "olisticamente" a quel paese, mi confessano, quasi con pudore, che sono sul Camino per ripercorrere le orme del figlio trentenne, partito due anni fa per Santiago. Vogliono comprendere come abbia vissuto, cosa possa aver pensato e provato camminando per cinque mesi lungo il Camino. Vogliono infatti riconnettersi con lui dopo un lungo periodo di contrasti.

Finita l'abbondante colazione è il momento del commiato. Abbraccio con calore il mio omonimo olandese e scambio il saluto rituale di *buen Camino*, prima di riprendere zaino e bastoncini e rimettermi in marcia.

Avrebbe dovuto essere una tappa facile di soli 21,5 chilometri con un dislivello abbastanza confortevole e, invece, il Camino mi mette alla prova con un vento forte e contrario, che rende molto più faticoso avanzare e rallenta il passo. Mi viene in mente il Tao quando dice:

> Gli esseri umani sono
> morbidi e flessibili quando nascono,
> duri e rigidi quando muoiono.

Gli alberi e le piante sono
teneri e flessibili quando sono in vita,
secchi e rigidi quando sono morti.
Perciò il duro e il rigido
sono compagni della morte,
il morbido e il flessibile
sono compagni della vita.
Un combattente che non sa arretrare
non può vincere;
un albero incapace di piegarsi si spezza.
La rigidità e la forza sono inferiori,
la flessibilità e la morbidezza superiori.

Quindi proseguo, lasciandomi accarezzare dal vento, anziché contrastarlo, e assecondandone la volontà, adeguando il mio passo alla sua forza.

Il Camino si sviluppa lungo le ultime colline della Roja, dritto verso l'infinito del cielo, tagliando le vigne e i campi verdi di cereali. Sono solo e la mente divaga saltando da un pensiero all'altro quando all'improvviso si materializza Nancy, che saluta con un sorriso aperto.

È californiana, vive nella Silicon Valley, ha la mia età, è un ingegnere elettronico anzi, una ingegnera elettronica – se no le Boldrini di turno si indignano –, top manager appena licenziata dalla Intel, sul Camino perché in *"transition time"*.

Sta imparando, incredibile, a suonare l'arpa l'elettronica perché, al suo rientro, vuole sviluppare un percorso curativo con musica per meditazione. Ha voglia di parlare e, sebbene ci conosciamo da pochi minuti, mi racconta la sua vita movimentata segnata da due matrimoni con due figlie e due nipoti. Un'altra prova delle sincronicità che si vivono sul Camino. Attraiamo quelle persone che, in quel momento, vivono una vibrazione che risuona con la nostra per farci condividere esperienze simili e comprendere che, quelle che crediamo esperienze individuali uniche e immeritatamente dolorose, non sono altro che esperienze che, in un modo o nell'altro, interessano tutti quanti.

Sono le prove – ne sono sempre più convinto – che l'Universo ci propone per la nostra crescita in termini di consapevolezza e senso di responsabilità verso noi stessi e verso gli altri, con i quali siamo tutti connessi.

Alla fine siamo tutti qui per rimettere le cose al giusto posto.

Ripensare all'incontro con Harris dalle Hawaii, mi richiama alla pratica dell'*Ho'oponopono*[1]. Un po' di tempo fa mi è capitato sotto mano un libro che racconta la storia del dottor Ihaleakala Hew Len, un terapista hawaiano che, rifacendosi a questa antica pratica, propria degli sciamani hawaiani, è stato in grado di curare un intero reparto di pazienti psichiatrici lavorando su di sé, sui propri pensieri ed emozioni. Incuriosito, ho provato ad applicare questa filosofia di vita, basata sul perdono e sull'accettazione, recitando mentalmente il mantra "mi dispiace, ti chiedo perdono, ti amo, grazie". Così facendo mi sono oltremodo convinto che tutto quello che ci accade, sia che lo consideriamo positivo che negativo, dipende esclusivamente da noi. È il prodotto della nostra energia, che solo noi possiamo indirizzare verso un risultato piuttosto che un altro, per rimettere le cose al posto giusto.

Ma qual è il posto giusto per sistemare la mia ultima esperienza lavorativa? Sento che c'è ancora rabbia per la delusione patita e il tradimento subito da quelli che consideravo compagni di viaggio. Ma se tutto dipende da noi devo, anzi voglio comprendere in che modo ho creato le condizioni perché si verificassero quegli eventi. Recito per un bel pezzo di strada il mantra *"midispiacetichiedoperdonotiamograzie"* e comprendo che devo ancora macinare chilometri per rimettere alcune delle mie cose al posto giusto.

Mi riporta alla realtà del Camino un bruciore al piede destro, guarda caso la parte legata al maschile e alle sue qualità, provocato da una piccola bolla che questa mattina avevo incerottato e che si deve essere aperta. Ne cerco il significato, che ipotizzo essere che devo prestare più attenzione alle piccole cose che, seppur minime, sono comunque importanti e possono incidere sul successo o meno di un qualsiasi progetto. "Grazie bolla per questo insegnamento!".

---

1. «*Ho'oponopono* è un metodo di pulizia mentale e spirituale, una purificazione dalle paure e dalle preoccupazioni, dai modelli comportamentali distruttivi, dai vecchi dogmi e paradigmi che sono di ostacolo alla nostra evoluzione personale e spirituale. È la purificazione dei blocchi presenti nei nostri pensieri e nella nostra struttura cellulare, poiché ciò che pensiamo si manifesta nel nostro corpo. Questo metodo di origine hawaiana si basa sul rendersi conto che viviamo in un universo di abbondanza e che Dio ("Akua", la fonte originaria) desidera che anche noi godiamo di questa pienezza e di questa perfezione. Ma l'ostacolo all'esperienza della vera pienezza, cioè alla convivenza affettuosa, alla ricchezza interiore, alla crescita spirituale e alla perfetta salute, siamo noi stessi. È il nostro pensiero, basato su esperienze giudicanti che da tempo non sono più valide. È il restare attaccati a paure e preoccupazioni, a dubbi e alla coscienza collettiva negativa che ci impedisce di vivere la nostra perfezione». Tratto da U.E. Duprée, *Ho'oponopono. La Forza del perdono*, Macro edizioni, 2015.

Intanto sono entrato in Ciruena. La guida mi aveva preparato, ma la realtà vista con i propri occhi è, come sempre, più impattante. Sono nel mezzo dello *sboom* della speculazione edilizia spagnola. Immaginate un quartiere di case anonime di due, tre piani, con quasi tutti gli appartamenti con le tapparelle chiuse e decine di cartelli "Vendesi" attaccati ai portoni, nel mezzo del nulla della campagna ondulata. Il fallimento del modello di sviluppo basato sull'urbanizzazione selvaggia, come scrivo via Whatsapp, allegando foto dello scempio paesaggistico. Il fastidio estetico e il camminare adesso sull'asfalto mi fanno improvvisamente sentire stanco e provato. Sono quasi le *cinco de la tarde.*

"*¡Eran las cinco en todos los relojes! ¡Eran las cinco en sombra de la tarde!*", come recita l'ultimo verso della poesia di Garcia Lorca *La cattura e la morte.*

Finalmente, vedo in lontananza il campanile della cattedrale di Santo Domingo. Sono stanco. Un lungo rettilineo, che mi obbliga a stringere i denti per il dolore al piede che sta aumentando, mi divide ancora dal morbido letto agognato. Come già provato altre volte, l'entrata in paese è un toccasana per lo spirito e il corpo. La sensazione di sollievo è simile a quella di quando lasciamo una posizione di yoga particolarmente impegnativa. Ti senti tonificato e più leggero, il passo si distende e non avverti quasi più il peso dello zaino. Queste sensazioni raggiungono l'apice quando entri in camera, ti togli zaino e poi gli scarponi. Goduria assoluta!

Dalla finestra della mia camera nell'*Hostal de la Catedral*, con un bel letto alla francese e un bagno privato, vedo svettare il campanile medievale che risplende al tramonto. Sdraiato comodamente sul letto, mi assaporo il piccolo lusso di una camera con bagno tutta per me in quest'ostello che ha un solo neo: la tappezzeria a strisce bianche e nere! La stanchezza accumulata mi impedisce di andare a chiedere di cambiare stanza per averne una decorata diversamente, magari con i colori granata. Francesca mi scrive che "*mi dovrei convertire*". Mai! Troppo facile stare dalla parte di chi vince sempre. Tifare per una squadra con la storia e il destino del Toro, in una città che tifa in massa per i "*pigiama*" bianconeri degli Agnelli, padroni e signori di Torino, è un segno di carattere e di indipendenza morale ed estetica!

Esco in ciabatte e senza calze, nonostante il fresco della sera calante, per fare arieggiare i piedi provati dal cambio di scarponi e dai primi duecento chilometri. Faccio un giro per il centro medievale di Santo

Domingo, che deve il suo nome al fondatore, un eremita che, stabilitosi intorno all'anno 1040 in questa zona confinante con i regni di Navarra e Castilla e strappata dai cristiani al dominio arabo, dedicò la sua vita al Camino, costruendo strade e ponti, per facilitare il passaggio, e *hospitales* e anche una chiesa, per dare accoglienza e conforto ai pellegrini.

Nella cattedrale romanica ammiro le volte gotiche, che sono la mia passione, e vado a vedere la gabbia che, unica al mondo, contiene due galline vive, in ossequio a una antica leggenda del luogo, quella del gallo e della gallina. Narra di uno dei tanti miracoli attribuiti a santo Domingo e la condivido con voi perché veramente divertente.

Una famiglia di pellegrini di Colonia, padre, madre e il giovane figlio Hugonell, in cammino verso Santiago, si fermò per cenare e dormire a Santo Domingo de la Calzada. La figlia del locandiere si invaghì di Hugonell e cercò di sedurlo ma, non essendoci riuscita, si vendicò nascondendo nella sua bisaccia una coppa d'argento e poi lo denunciò per furto.

Durante la perquisizione ordinata dal magistrato, fu rinvenuta la refurtiva e, quindi, Hugonell venne condannato e impiccato. L'indomani i genitori, affranti dalla disperazione, prima di riprendere il viaggio alla volta di Santiago, andarono a dare l'ultimo estremo saluto al figlio che penzolava dal patibolo e che, con loro sommo stupore, iniziò a parlare raccontando di come, durante la notte, gli fosse apparso santo Domingo per rassicurarlo che non sarebbe morto e che così sarebbe stata dimostrata la sua innocenza. I genitori si precipitarono dal magistrato che, in quel momento, stava pranzando con altri dignitari della città.

Di fronte all'insistenza con cui i due chiedevano la liberazione del figlio, la cui innocenza era testimoniata dal suo essere ancora vivo, il giudice, scoppiando in una fragorosa risata, rispose loro: «Il vostro figliolo è vivo, proprio come sono vivi il gallo e la gallina che stiamo per mangiare!».

Non fece neppure in tempo a finire la frase che il gallo e la gallina balzarono dal piatto, si ricoprirono di piume e si misero a cantare.

Il giovane fu subito liberato, la figlia del locandiere condannata e il gallo e la gallina furono portati nella chiesa, in offerta al santo come ringraziamento per il suo intervento miracoloso.

Da allora nella cattedrale si è sempre tenuta una coppia di polli a ricordo del miracolo, che la cittadinanza fa a gara a offrire e che vengono sostituiti ogni mese. Dall'anno santo 1965, però, gli animali stazionano nella cattedrale solo dal 25 aprile al 13 di ottobre. La tradizione vuole che il sentir cantare il gallo per il pellegrino sia di buon auspicio oltre che un segno che la protezione di santo Domingo lo accompagnerà durante il suo pellegrinaggio. La Chiesa ci sorprende sempre per il suo pragmatismo!

Per la cronaca, il gallo ha cantato in piena zona Cesarini mentre, sconsolato, stavo per andarmene via dalla chiesa. Posso quindi contare anche sulla protezione del gallo di Santo Domingo!

Finisco il giro turistico del paese quando ormai è l'ora della cena del pellegrino. Declino l'invito del gruppo di tedeschi incontrati in giornata, che girano come lupi affamati, in cerca di hamburger e birra, e, seguendo il mio istinto da una vita in nota spese, entro in un'osteria che mi ispira, dove celebro la fine di un'altra giornata memorabile ordinando il piatto locale tipico, *callo y moros*, la trippa della Roja e un quartino di onesto vino della stessa regione, occupando l'attesa guardando le foto scattate in giornata e leggendo i messaggi in chat.

> 11:17 – Paola: Buon cammino verso il futuro... da vero acquario!
>
> 11:39 – Max: Ciao! Ne hai ancora benzia? Qui diluvia.
>
> 14:58 – Daniela: Pioggia, freddo, al computer a scrivere condizioni per una separazione... grazie Riccardo, le tue immagini mi regalano energia.
>
> 16:02 – Mara: Che bel teatro di varia umanità! Espandi la memoria il più possibile!

Posto foto del piatto con commento e ricevo immediata risposta:

> 20:32 – Biancone: *Callos y Morros*, piatto tipico della Roja. Eccezionale! Il piatto per il vero pellegrino!
>
> 20:43 – Paolo: Biancone in Paradiso.
>
> 20:49 – Maurizio: Ma i veri pellegrini mangiano così?

Tappa 11: "Tutto è relativo"

Da Santo Domingo de la Calzada (h. 08.00) a Belorado (h. 16.00) – 23 km

Al suono della sveglia mi rigiro pigramente nel letto. Un pensiero tentatore mi alletta: e se oggi prendessi il bus? Ho anche la buona scusa del piede con bolla, perché no? Come Ollio in un suo famoso film con l'inseparabile compagno Stanlio, un diavoletto mi sussurra in un orecchio di fare la scelta più comoda, mentre nell'altro, bisbigliando, un angioletto cerca di farmi forza e motivarmi a continuare sulle mie gambe. Vince l'angelo e come non potrebbe dato che siamo sul Camino. Vince la voglia di non mollare dopo i primi 200 chilometri.

Appena fuori da Santo Domingo, superato il famoso ponte del Santo sull'Oja, mi affianca Antonio, che rallenta per fare un po' di strada insieme. È di Madrid; cinquantaduenne prestante, fa il Camino a tappe, come molti spagnoli. Gli piace camminare ed è un modo per staccarsi un attimo da una vita frenetica. Lavora infatti in giro per il mondo per Telefonica e, ultimamente, ha vissuto per tre mesi a Buenos Aires con due, come li chiama, *"polentoni"*; così parla qualche parola di italiano. È molto simpatico e ha una risata contagiosa. Mi racconta che ha incontrato due coreani che sono rimasti molto sorpresi e hanno trovato strano che uno spagnolo facesse il Camino. Antonio ha risposto che trovava molto più strano che due coreani volassero per dieci ore per camminare su una strada agricola! E ride come un pazzo, anzi come un *loco*, come si definisce lui stesso.

Come tutto è relativo. Siamo naturalmente indotti a valutare le situazioni a seconda del nostro punto di vista e della nostra prospettiva, giungendo facilmente a conclusioni che non ne considerano di diversi. Sempre l'ombra di Cartesio, che ci insegue e condiziona con il suo approccio meccanicistico, e mai lasciare spazio ad Albert e alla sua legge della relatività, che ci condurrebbe per mano dalla tirannia della "o" all'armonia della "e". Yin e Yang, non però per quei coreani che, evidentemente, si sono occidentalizzati a tal punto dall'avere adottato Cartesio. Grazie agli studi di Einstein si è infatti scoperto che la luce può essere, a seconda delle situazioni, energia o particella, ma noi continuiamo ad approcciare le situazioni, i problemi con la logica binaria del bianco-nero, giusto-sbagliato, corretto-sbagliato e così via. Sempre a giudicare, anziché osservare per comprendere che tutte le nostre verità assolute sono frutto di modelli e schemi indotti, che vanno messi in discussione e lasciati andare via per aprirci alla voglia di conoscenza e di confronto, per evolvere ed elevarci in armonia con l'universo di cui facciamo e siamo parte.

Antonio mi riporta con una risata alla realtà: «¿*Dónde estás hombre?*» mi domanda. «È tempo di una bella sosta con caffè» rispondo con un sorriso alla Clark Gable. Lo prendiamo in una *tienda* davanti alla chiesa di Granon, che raggiungiamo dopo una ventina di minuti.

Dall'interno del locale arriva musica fantastica, Bob Dylan, Otis Redding, Sarah Vaugham, tanto per dire. Antonio decide di partire e, proprio mentre ci abbracciamo, a suggello di un momento perfetto, suona *Black magic woman* di Santana. Quanti anni sono passati da quella notte a Montego Bay in Giamaica. Avevo trent'anni e lei, Julia, pelle ambrata e occhi verdi, una dea, mi disse di averne venticinque. Nella notte caraibica densa di profumi e suoni, rimanemmo nudi nel letto sfatto a contemplare lo spicchio di cielo stellato, fumando erba locale con il sottofondo di *Black magic woman* in loop:

> Got a black magic woman
> Got a black magic woman.
>
> I got a black magic woman
> Got me so blind I can't see
> That she's a black magic woman
> She's tryin' to make a devil out of me.
> Turn your back on me baby
> Turn your back on me baby.
>
> Yes, don't turn your back on me baby
> Stop messin' 'round with your tricks
> Don't turn your back on me baby
> You just might pick up my magic sticks.
>
> Got your spell on me baby
> Got your spell on me baby.

Yes you got your spell on me baby
Turning my heart into stone
I need you so bad – magic woman
I can't leave you alone.

Mi vengono i brividi e lacrime di commozione bagnano le mie guance. Sono felice, felice per quello che sto vivendo *qui* e *ora* e felice per quello che ho vissuto. "Sono felice", urlo tra me e me. Sono felice perché riesco finalmente a riconoscermi la possibilità di essere e dichiararmi felice. Tutti dovrebbero avere il diritto e, aggiungo, sentire il dovere di essere felici. Basta con l'autocastrazione e l'autosabotaggio. Basta con il peso dell'educazione religiosa, anzi di ogni educazione religiosa, che fa credere che il destino dell'uomo sia di soffrire in Terra per poi godere in Cielo. Basta con il timore di usare la parola *felice* e con il pudore di dichiararsi felici. Basta con tutti i distinguo relativi alla difficoltà o addirittura impossibilità per l'uomo di essere felice.

Tiro un lungo sospiro, respiro intensamente e penso alla potenza evocativa di una semplice canzone – anche se sul *semplice* ci sarebbe da discutere – che smuove emozioni profonde e sentimenti che seppelliamo sotto la nostra cortina di ferro consolidatasi negli anni. Quanti di voi si sentono felici e quanti di voi infelici? E pensare che il concetto di felicità è un valore esplicitamente sancito non solo nella Dichiarazione d'Indipendenza degli Stati Uniti, ma anche in molte Costituzioni, tra le quali anche, incredibilmente, nella Costituzione italiana che recita: "È compito della Repubblica rimuovere gli ostacoli di ordine economico e sociale, che, limitando di fatto la libertà e l'eguaglianza dei cittadini, impediscono il pieno sviluppo della persona umana e l'effettiva partecipazione di tutti i lavoratori all'organizzazione politica, economica e sociale del Paese".

"Il pieno sviluppo della persona umana" è quindi considerato un valore che richiama la felicità nel suo aspetto evolutivo. Rispettare la vita privata significa anche permettere a ciascuno di realizzare i propri sogni, di non rinunciare alla felicità nelle forme in cui la si identifica, di decidere personalmente circa ciascun aspetto del proprio cammino. Dunque realizzare i propri sogni è sviluppare a pieno se stessi, trovando il necessario equilibrio per raggiungere la felicità. Aggiungo anche che, oltre a essere un diritto, essere felici è un dovere. È una questione di scelta a prescindere. Dice Confucio che *l'uomo felice è colui che sa vivere armoniosamente con il suo destino*. Ognuno di noi nasce col suo destino e, cioè, la nostra esistenza è tracciata nel momento stesso in cui nasciamo quindi, se sappiamo quale sia e sappiamo intraprenderlo, vuol dire che viviamo in armonia con l'Universo. Domanda: ma se non avessimo ancora capito qual è il nostro destino, che *famo*?

Una voce che mi chiede «*Are you Italian?*» mi distoglie dai pensieri in corso. È Emanuel, sessantaduenne di Ginevra, dove possedeva un laboratorio odontoiatrico. Ha fatto il Camino tre volte e alla quarta ha deciso di fermarsi, vendere e lasciare tutto quello che aveva in Svizzera per aprire un posto di ristoro per pellegrini, molto spartano ma anche molto particolare, perché è un altro luogo dove la musica dei miei tempi regna sovrana. Il rock di Led Zeppelin, Deep Purple, Genesis, The Who a tutto volume massaggia e ricarica non solo lo spirito ma anche il corpo indolenzito e affaticato dai chilometri percorsi. Su richiesta, gli amanti del rock'n'roll possono avere anche ospitalità per la notte.

È ora di andare. Così, saluto Emanuel e mi avvio riprendendo il passo, con il bisogno interiore di camminare solo per stare con me stesso. Il Camino mi asseconda e, da qui a Belorado, non incontrerò nessuno.

Seguo il percorso ondulato tra le colline, circondato da vigne o campi verdi ed entro in Castilla-León, come segnalato dal cartello in cima all'ennesima collina. Ancora qualche chilometro e arriverò a Belorado.

Lascio andare i pensieri, sono perso nella contemplazione del paesaggio intorno, mi arriva il ritmo cadenzato e ipnotico dei bastoncini che percuotono la terra dura di Castilla come un tamburo e mi abbandono come un naufrago in una zattera nel mezzo dell'oceano, l'oceano della mia vita, e *lascio che sia*.

Tappa 12: "Lascia che sia"

Da Belorado (h. 08.00) a Villafranca Montes de Oca (h. 15.30) – 10 km

Come sempre esco per ultimo dall'accogliente *Albergue Cuatro Cantones*, dove, nonostante fossimo in cinque in una cameretta, ho fatto la miglior dormita da quando sono partito da St. Jean. Sarà stata la stanchezza fisica o il fatto che mi sto adattando alla vita sul Camino, ma la sensazione è bellissima. Se sei in pace con te stesso, stai facendo qualcosa che hai scelto e che ti piace, affronti ogni situazione con spirito diverso. Dal tremendo *devi*, che rende pesante e gravoso ogni impegno imposto, al *voglio*, che rende comunque piacevole l'impegno che si è scelto.

I compagni di camerata mi hanno fatto presente – devo dire con molto garbo – che ho russato tutta la notte come un carrettiere. Me ne scuso ma non me ne sono proprio accorto, perché nel sonno profondo ho sognato e, fatto sorprendente, al risveglio ricordavo tutto. Il sogno più intenso è stato quello dove incontravo Giulia e, dopo esserci cercati e inseguiti, facevamo l'amore in riva al mare. Spero, oltre a russare, di non avere anche fatto ballare il letto a castello!

La sosta a Belorado è stata corroborante, grazie al bagno in piscina e alla *siesta* nel giardino, dove ho fatto amicizia con un gruppo di pellegrini tedeschi, con i quali ho poi cenato e, soprattutto, bevuto. La grande cucina dell'*albergue*, caratterizzata da un grande tavolo, facilita non solo la condivisione della cena con spirito comunitario tra gli ospiti della serata, ma anche la condivisone dell'esperienza personale in corso e ne rafforza il senso di comunità viaggiante.

Ciò nonostante, decido di non seguire il programma giornaliero che prevedrebbe di arrivare a San Juan de Ortega, a 24 chilometri. Mi fermerò dopo soli dieci chilometri a Villafranca Montes de Oca prima di una salita, descritta come molto impegnativa, perché non voglio forzare il piede e voglio godermi una mezza vacanza, prendendomi il tempo per riposare al magnifico sole di una giornata quasi estiva.

Lo sguardo segue il Cammino che punta verso il cielo terso, assecondando la lenta salita verso l'altopiano di Burgos. Piccole macchie di colore in movimento danno vita a un quadro in continuo mutamento. Ripenso alla chiacchierata di ieri sera con "l'americano", di cui non ricordo il nome per i troppi bicchieri bevuti di Ribera del Duero, un rosso corposo di Castilla. Era CFO di una importante società di software. A cinquant'anni è scoppiato. La pressione sui risultati, la mancanza di tempo da dedicare alla famiglia, che lo ha portato a divorziare, lo hanno spinto a lasciare tutto e venire sul Camino per ritrovarsi e capire cosa fare della sua vita. Quando parla del divorzio gli viene quasi da piangere di rabbia perché la ex moglie lo sta, a suo dire, vessando per gli alimenti e per stare con i figli. Ogni mondo è paese!

Nella separazione, il rischio è che la mamma usi strumentalmente i figli come arma di pressione, o peggio di ricatto, per ottenere dal padre soddisfazione alle richieste economiche, spesso non sostenibili e inique. Questo è il peggior regalo che possiamo fare ai nostri figli. Scaricare su di loro, anche se inconsciamente, la rabbia, il rancore che proviamo per l'altro coniuge. Ho sempre detto alle mie ex mogli che i nostri scazzi vanno risolti tra di noi e i problemi relazionali che hanno determinato la separazione non vanno condivisi con i figli, per non caricarli del peso delle nostre debolezze e meschinità. Noi saremo sempre i loro genitori, ognuno con il suo ruolo, che va riconosciuto e ribadito. È questo il messaggio chiave per i figli. Svilire e disconoscere il ruolo dell'altro genitore può dare soddisfazione all'ego bramoso di vendetta, ma le conseguenze sul carattere e sulle difficoltà relazionali future dei nostri figli saranno il dazio pesantissimo che si pagherà.

Con il pellegrino americano ci siamo confrontati sui valori universali, sui nostri sogni, su quanto è bello trovarsi qui, sul Camino, davanti a un bel bicchiere e vivere la fratellanza che unisce tutti noi, indifferente alla diversa provenienza, alla lingua parlata, al colore della pelle, all'età, al sesso e quant'altro.

Le quattro case di Tosantos che, come recita il cartello di benvenuto, ha ben cinquantanove abitanti, appaiono all'improvviso dietro una curva, dopo la quale il sentiero si congiunge con la statale che taglia in due il micro paese. Dall'altra parte della statale scorgo un giardino con tavolini e sedie, che l'insegna appesa al muro a fianco conferma essere un locale di ristoro. Bene, era proprio il momento di una sosta con caffè e *pit stop* alla toilette. Seduto comodamente su una sdraio posso ammirare in alto, sopra le case e scavata nella roccia, l'eremo di Nuestra Virgen de la Peña, che si trova al centro di un gruppo di altre rocce chiamate – ecco perché il nome del bar – *les cuevas de los arancones*.

Intorno a me, a parte il barista, non c'è anima viva. Questi paesi, senza i pellegrini sarebbero paesi fantasma. Provo a immaginare la vita degli abitanti di questi posti dimenticati dalla globalizzazione e distratti solo dal *tic* e *tac* dei bastoncini dei pellegrini, come mi raccontava Antonio ieri, ridendo. Mi faccio un selfie e lo mando nella chat. Max, il mio amico meccanico della campagna risponde subito postando: "però, hai una bella cera... nonostante la fatica!". Rispondo: "è la potenza del cammino. C'è veramente un'energia straordinaria". Posta ancora informandoci che ieri sera hanno trasmesso il film sul Cammino per Santiago, tratto dal libro di Paulo Coelho. Che sincronicità!

Riparto tutto contento per questi scambi a distanza e percorro gli ultimi chilometri verso Villafranca con passo veloce. Traggo mentalmente un primo bilancio dei primi giorni di viaggio in questa nuova dimensione, con le sue prime prove affrontate e superate. Il vento contrario, il freddo, la pioggia, lo scarpone rotto, la bolla causata dai nuovi scarponcini e poi, la più importante di tutte, quella vocina che arriva dal profondo e ti fa dire "chi te lo ha fatto fare", che ti tenta a fermarti in un bel relais con piscina e mandare a quel paese questa idea insensata di camminare per giorni e giorni.

Nessuno, nessuno me lo ha fatto fare. È un mio bisogno e sono appagato di soddisfarlo, sono felice di essere qui in questa magnifica terra di Castilla, solo con me stesso, solo con i miei pensieri, solo con i miei passi e con altre centinaia di anime alla ricerca di qualcosa che dia un senso alla nostra vita, a lasciare andare ricordi, dolori e rancori; a sanare ferite, elaborare lutti e superare i propri limiti affidandosi al fato, come lo chiamavano gli antichi, lasciando l'ansia di controllo e di condizionamento che ci schiavizza tutti quanti, in estrema sintesi a lasciare che sia quello che arriva dalla saggezza dell'intelligenza superiore, l'Universo.

Il sole scalda, il cielo è di un azzurro intenso ed è animato da centinaia di uccelli che volteggiano vorticosamente, l'aria è ancora fresca ma sa già di primavera avanzata, i campi brillano di un verde smeraldo. È uno spettacolo magnifico e io sono, *qui e ora*, il suo unico spettatore. Ringrazio per tanta bellezza e generosità l'Universo e la vita che mi è stata donata. Dopo un lungo rettilineo che scorre a fianco della statale che arriva da Logroño, entro nel paese dal curioso nome di Villafranca Montes de Oca dove, seguendo l'istinto, mi fermo al primo B&B che incontro, l'*Alpargateria*. Una simpatica e carina, anzi molto carina *hostelera* mi conduce in una cameretta dall'atmosfera retrò, con tappezzeria damascata e mobilia stile anni Quaranta, ma accogliente e con un letto molto comodo, come ho modo di provare subito.

Oggi ho camminato meno ore del solito e ho quindi quasi tutto il pomeriggio davanti a me, un tempo che mi sembra una pagina bianca da riempire di pensieri. Esco per bere qualcosa di fresco e, seguendo le indicazioni della guida, mi dirigo verso il più bell'hotel della zona, il *San Antón Abad*. È una solida costruzione in pietra giallastra con un ampio dehors che dà verso i monti e da cui inizia la salita molto ripida verso i quasi 1.200 metri dei Montes de Oca, da dove passerò domani. Ma lascio andare ogni pensiero riguardante quello che ancora non esiste, il futuro e cioè la tappa molto impegnativa che affronterò domani e vado a ordinare una birra. Al banco mi saluta un buffo ometto dal nome altrettanto buffo, Paddy. È di una simpatia contagiosa e mi invita a bere con lui al suo tavolo. È un prete irlandese di sessantaquattro anni ed è sul Camino per la seconda volta perché mi confida: «Il Camino mi ha chiamato».

In effetti, anch'io sono stato chiamato. Era febbraio ed ero nel mio ufficio a Vigevano, impegnato a fare ordine nei documenti in previsione della mia uscita a giugno, con negli occhi l'immagine dei manager della Lehman Brothers, fallita nel settembre 2008, che uscivano dalla sede con i loro cartoni. Di colpo il cervello fu come raggiunto da un'esplosione che cancellò ogni pensiero e sensazione in corso per essere occupato da un unico messaggio, come quelli delle insegne al neon multicolori che lampeggiano così intensamente da annullare ogni presenza circostante, che riportava la parola "Cammino, Cammino, Cammino"!

Paddy intanto sta continuando a raccontare, con la sua tipica cadenza irlandese – altro miracolo del Camino, parlo fluentemente e comprendo benissimo l'inglese, come ce lo spieghiamo? Mah! – che è in cammino con un vecchio amico d'infanzia, un laico appena uscito da una grave malattia, che è qui per ringraziare della guarigione quasi miracolosa e che, al momento, è in camera a riposare. Ripete continuamente l'aggettivo *"amazing"* per enfatizzare quanto pensi sia straordinaria l'esperienza del Camino. Racconta che gli sono capitati vari episodi che avrebbero potuto rovinargli completamente il viaggio, quali la perdita del portafoglio su un taxi a Bilbao e degli occhiali lungo il Camino, se non fosse intervenuta la *"Providence"* in suo soccorso, facendogli ritrovare quanto smarrito attraverso angeli travestiti da uomini gentili. «*Let it be Providence*» ripete, lasciamo fare alla Provvidenza, altro modo per dire *lascia che sia*.

Let it be! e mi viene in mente l'attacco del capolavoro di Paul Mc Cartney:

> When I find myself in times of trouble
> Mother Mary comes to me,
> Speaking words of wisdom, let it be.
> And in my hour of darkness
> She is standing right in front of me,
> Speaking words of wisdom, let it be.

Passo il resto del pomeriggio ad aggiornare il diario di bordo, riportando i pensieri e le esperienze vissute sinora e a chattare con gli amici e con i miei amori lontani.

Aggiungo alla lista dei follower l'amico Maurizio, il miglior vignaiolo del Monferrato, che mi ringrazia postando subito un'immagine assolutamente blasfema della Madonna. Non aveva capito, da bravo agricolo, che sarebbe stata vista da decine di persone, tra le quali le mie due figlie. Indeciso tra dare libero sfogo all'indignazione o a farmi una bella risata, gli scrivo di cancellarla subito, senza esagerare con il "cazziatone".

Peccato che nel frattempo capisco, dai messaggi postati a raffica, che l'hanno praticamente vista tutti. Stendiamo un velo pietoso e sorvoliamo sulle ovvie considerazioni che si potrebbero fare sui rischi dell'uso improprio dei social. Del resto, anche l'approccio al Camino sta cambiando per effetto dei social e delle app. Molti pellegrini usano *Booking.com* per prenotare il posto letto o la camera, perdendo così il gusto dell'avventura e della sorpresa di trovare la sistemazione al momento che serve, dove il nostro *mood*, e cioè il nostro stato psicofisico e non il programma, ci invita a fermarci. Il bisogno di pianificazione e controllo ci perseguita anche in uno spazio e in un tempo dove sarebbe auspicabile seguire il flusso dei nostri passi giorno per giorno, perseguendo la nostra meta, senza imposizioni eccessive di tempi e modi.

Nel dopocena, per non perdere le sane abitudini meno *mistiche*, seguo la semifinale di ritorno tra il Bayern Monaco e l'Atletico Madrid che, pur perdendo a Monaco, andrà in finale grazie alla miglior differenza reti e giocherà contro il Real Madrid. Una finale tutta spagnola, addirittura un derby, per la gioia incontenibile dei numerosi spagnoli, paesani e camionisti di passaggio, dalle fisionomie interessanti per un giovane Lombroso. Nell'intervallo della partita rileggo i messaggi della giornata con una spassosa polemica tra ex pellegrini sugli usi e costumi dei pellegrini stessi alla fine del Camino.

11:07 – Paolo: Io la Madonna sul mio cammino l'ho incontrata sul serio e da allora so che ogni cosa che accade è buona per me.

11:08 – Biancone: È la potenza del Cammino. C'è veramente un'energia straordinaria.

11:13 – Max: Ieri sera in tv c'era un altro film sul cammino per Santiago. Guardavo se riconoscevo i luoghi delle tue foto. Ciao, adesso continuo a lavorare, tu riposati.

11:26 – Antonio: Caro Ric, leggo che il cammino, per chi vuole, prosegue oltre Santiago fino a Finisterre, in Galizia, sull'oceano. La tradizione vuole che qui i pellegrini brucino i vestiti indossati lungo il cammino, facciano un bagno nell'oceano, in segno di purificazione, e raccolgano e conservino una conchiglia, simbolo del cammino di Santiago, a prova dell'avvenuto pellegrinaggio.

11:31 – Paolo: Biancone ma che amici hai.... Questi vogliono farti fare il bagno nell'oceano! La tradizione è simbolica; io non ho bruciato niente perché mi stava sulle balle bruciare roba tecnica che poi ho regalato... Comunque la tradizione nasce perché i pellegrini non si lavavano e arrivavano appestati, da qui anche il botafumero che era usato per disinfestare...

12:21 – Biancone: *Tiengo Amigos simplicemente fantasticos. Gracias.*

12:35 – Biancone: *Breking news.* Mi vedete sempre con le stesse maglie ma vi assicuro che, da buon pellegrino, le lavo ogni sera. Le maglie!

13:59 – Paola: Non ci dormivo...

Tappa 13: "Panta rei"

Da Villafranca Montes de Oca (h. 08.05) a Burgos (h 18.00) – 31,5 km

Alle 7 sono già sveglio e pratico il saluto al sole. La giornata si annuncia con tempo splendido; non c'è una nuvola. Alle 8 sono in cammino e, dopo pochi metri, sulla statale già trafficata da numerosi tir che attraversano rumorosamente Villafranca, attacco la ripida salita verso l'Alto della Pedraja (1.130m slm), un nome un programma, passaggio obbligato per arrivare alla prima meta importante della giornata, il santuario di San Juan de Ortega, famoso sin dal XII secolo perché rifugio sicuro per i pellegrini che attraversavano i Montes de Oca, considerati a quel tempo molto pericolosi perché infestati da briganti e lupi.

La guida mi aveva preparato ad affrontare questo lungo percorso di circa dieci chilometri senza luoghi di ristoro, nella solitudine dei boschi e in uno scenario selvaggio, ma l'esperienza diretta è, come sempre, un'altra cosa. Sono solo. Una forma di stare soli che facilita la totale connessione con noi stessi e con la natura in cui siamo immersi. Quindi, non sono veramente solo, perché oltre ad avvertire la massima consapevolezza di essere Riccardo con Riccardo, avverto anche la presenza degli amici uccelli, delle amiche piante, dei compagni sassi, della madre Terra e dell'aria che respiro.

Un lieve giramento di testa mi spinge a fermarmi e fare un break con banana e frutta secca, il carburante del pellegrino. Riprese le forze, mi accorgo che sono già due ore che cammino in questo straordinario luogo perso nel nulla che facilita, sembra un controsenso, l'introspezione profonda e l'ascolto delle mie sensazioni.

Il Camino visto dall'inizio della lunga discesa che porta a San Juan de Ortega sembra una cicatrice che scorre ondulata tra le masse muscolose di un gigante verde. Ma dove mi porterà? Riuscirò ad attraversare questo territorio ignoto? Di nuovo mi assalgono dubbi che provano a minare la fiducia nelle mie capacità e la convinzione di fare qualcosa che merita tutto l'impegno e la fatica richiesti. Ho bisogno di ritrovare concentrazione ed energia. Respiro a occhi chiusi, come mi ha insegnato la mia insegnante di yoga, e prendo consapevolezza del mio respiro, che è la mia vita. Dopo un lasso di tempo che non saprei quantificare, inizio a sentirmi inebriato dalla purezza dell'aria e, quando apro gli occhi, anche dalla brillantezza della luce, che carica e satura tutti i colori della natura.

Sono pronto a riprendere il Camino quando al mio fianco si materializza una signora che, sembrando uscita da un libro di Agatha Christie, non può che essere inglese. Infatti Helene, così si presenta, proviene dall'Inghilterra del Sud ed è in Camino perché vuole ringraziare il divino per essere guarita da una grave malattia virale e, *last but not least*, vuole recuperare un buon stato di forma, non solo fisica, ma anche spirituale. Il Camino ha quindi captato di nuovo un mio bisogno di compagnia in quella circostanza e lo ha prontamente soddisfatto.

Insieme a Helene camminiamo per gli ultimi chilometri che ci separano da San Juan, dove ci fermiamo per una sosta con caffè, *bocadillo e piedi nudi al sole*! Mentre apprezzo i confort della modernità, penso a quale emozione potevano provare i pellegrini nel Medioevo quando, dopo chilometri e chilometri nella selva sul sentiero di allora e dopo avere evitato lupi e briganti, arrivavano salvi in questa oasi di pace e sicurezza.

Così come nella sala dei Maestri del Castello di Montségur, anche nel monastero di San Juan de Ortega gli architetti medievali progettarono con maestria straordinaria una finestra in modo che, il 21 marzo, giorno dell'equinozio, un raggio di sole, passando esattamente attraverso la cornice, illuminasse l'unico capitello originale romanico rimasto sulla parete opposta. Ancora oggi è possibile ammirare questo fenomeno che qui chiamano "il miracolo della luce". Ma come diavolo facevano, con le conoscenze e le tecnologie dell'epoca? E le piramidi allora? Mah. La grandezza dell'uomo! Oggi saremmo in grado di replicare tutto questo con gli strumenti e gli arnesi dell'epoca medievale? Ne dubito.

Visito il monastero sobrio e austero con le sue volte gotiche, per le quali provo un'attrazione assimilabile a quella per le curve di una bella donna. Sarò stato una specie di Guglielmo di Baskerville in una delle mie vite passate? Senza vincolo di voto di castità però!

Una sera, durante uno dei seminari presso la Città della Luce, il maestro Umberto ha proposto come attività volontaria di praticare il rito per scoprire quanto antica è la nostra anima, contando le vite vissute. Incuriosito, ho partecipato. Funziona così: ci si siede formando un cerchio e, uno alla volta, si sceglie il proprio rappresentante, che inizierà a girare avvicinandosi progressivamente al centro del cerchio. Il maestro facilitatore conta il numero di vite in base a quanti giri fa il rappresentante e a quanto tempo impiega, quindi, per arrivare al centro e fermarsi. La mia rappresentante Serena ha girato innumerevoli volte e, alla fine, il maestro ha contato circa 2.450. Sono un'anima molto antica. Ma è possibile che non abbia ancora completato il processo di comprensione richiesto per poter diventare essere di luce, liberato dagli oneri della vita materiale? Quante altre vite devo vivere ancora? Qualcuno penserà che, camminando, abbia fumato erba andata a male. Francamente non me ne importa niente. Rispetto chi la pensa diversamente, ma credo nella reincarnazione, che mi sembra coerente con la legge della conservazione della massa – legge fisica della meccanica classica – che prende origine dal cosiddetto postulato fondamentale di Lavoisier, uno scienziato del '700, iniziatore della chimica moderna che è il seguente: "nulla si crea, nulla si distrugge, tutto si trasforma". Tutto questo ben prima di Einstein e addirittura intuito già da Eraclito, come da reminiscenze del Liceo, con la famosa sintesi – non del tutto corretta rispetto al suo pensiero – attribuitagli da Platone: "panta rei".

Quindi, perché mai la nostra anima dovrebbe dissolversi con la morte del corpo fisico? Con questo bel domandone mi preparo per ripartire. Scarponi allacciati, zaino in spalla, credenziale del bar Marcela apposta sul passaporto del pellegrino, occhiali da sole, bastoncini e via con Helene, che vuole continuare la conversazione e approfondire la conoscenza. Nelle due ore che seguiranno, parleremo delle nostre esperienze passate, condividendone gioie e dolori. Helene è la classica signora inglese, confessa con un minimo di civetteria che ha superato i sessanta da un po' e che dopo 41 anni di matrimonio si è separata perché: «I simply did not love him anymore», semplicemente non lo amava più. Mi descrive il marito, impigritosi e spentosi una volta andato in pensione, ricordandomi Andy Capp, il personaggio dei fumetti che ironizza sulle caratteristiche tipo dell'uomo medio inglese. Lei piena di interessi, le piace viaggiare, andare a teatro e giocare a golf, a un certo punto ha avuto il coraggio di dire basta e di andare contro il parere di parenti e amici, che cercavano di dissuaderla dalla decisione di separarsi a quell'età e di rinunciare alla sicurezza di una situazione consolidata ma insoddisfacente. Come se ci fosse un'età sì e una no per prendere certe decisioni.

«Brava Helene», le dico con sincera ammirazione, «che hai avuto la forza di uscire dalla tua area di confort e di non fare come la rana della metafora: "immaginiamo un pentolone pieno d'acqua fredda nel quale nuota tranquillamente una rana. Il fuoco è acceso sotto la pentola, l'acqua si riscalda pian piano. Presto diventa tiepida. La rana la trova addirittura più gradevole e continua così a nuotare. La temperatura sale. Adesso l'acqua è calda. Un po' più di quanto la rana apprezzi. Si stanca un po', tuttavia non si spaventa. L'acqua adesso è davvero troppo calda. La rana la trova molto sgradevole, ma si è indebolita, non ha la forza di reagire. Allora sopporta e non fa nulla. Intanto la temperatura sale ancora, fino al momento in cui la rana finisce, semplicemente, morta bollita"».

Se la stessa rana fosse stata immersa direttamente nell'acqua a 50° avrebbe dato un forte colpo di zampa e sarebbe balzata subito fuori dal pentolone. Questo esperimento, che non può non suscitare l'indignazione degli animalisti, mostra che, quando un cambiamento si effettua in maniera sufficientemente lenta, sfugge alla coscienza e non suscita, per la maggior parte del tempo, nessuna reazione, nessuna opposizione, nessuna rivolta.

Ho spesso usato questa metafora nelle mie presentazioni in azienda per stimolare i collaboratori a considerare i rischi derivanti dal crogiolarsi nelle proprie aree di confort, che ostacolano il cambiamento, la crescita personale e ci annebbiano la vista al punto da non percepire quanto critiche e pericolose possano essere certe situazioni apparentemente favorevoli. La metafora della rana è un esempio emblematico di come spesso non riusciamo a vedere il pericolo causato da alcune persone o da un insieme di circostanze che, a poco a poco, determinano un deterioramento dello scenario e della situazione in cui siamo. Crediamo sostanzialmente che tutto vada per il meglio, che stiamo bene, ma in realtà non è così, siamo ciechi o ce la stiamo raccontando.

A questo proposito, avendo letto molto sull'Olocausto, perché interessato a capire come possiamo arrivare a compiere verso altri uomini azioni di tale efferatezza, crudeltà, violenza, disprezzo, quasi impossibili da descrivere, mi ha sempre colpito come la maggior parte degli ebrei tedeschi non fossero fuggiti dalla Germania quando ancora sarebbe stato possibile. Hitler aveva anticipato molto chiaramente la sua linea politica e il suo piano di azione nel suo *Mein Kampf*, pubblicato nel 1925. Nonostante i diversi provvedimenti sempre più restrittivi e discriminanti via via emessi e attuati dal partito nazista, la maggior parte di loro preferì continuare a credere che nulla potesse cambiare radicalmente e a vivere come sempre.

Adesso parlo a me stesso e ripeto che, come provato nella mia vita ante il Camino, cercare di accontentare gli altri non è certamente la strada migliore per stare bene con se stessi, anzi, e vale per tutte le relazioni sia personali che professionali: essere troppo accondiscendenti non fa bene né a noi stessi né a chi ci sta intorno. Mi risuona in testa il motivo: *"go ahead Big White, go ahead"*.

Helene mi richiama alla realtà e mi propone di fermarci per pranzo, perché nel frattempo siamo entrati in un paesino dove notiamo un locale dal nome intrigante, *El alchimista*, che sembra promettere molto bene. È ricavato in una costruzione del '400 e amorevolmente curato e gestito da una coppia molto simpatica che mi ricorda, per come battibeccano i due, Sandra Mondaini e Raimondo Vianello.

Tra un boccone e l'altro, racconto a Helene degli studi di Francesca e di Asia. Si meraviglia che Asia frequenti una scuola inglese a Milano e aggiunge, senza ironia, che così potrà stare alla pari con l'inglese molto buono del papà. Molto fiero per l'inaspettato complimento – nonostante anni in multinazionali e un anno a Bruxelles l'inglese non è mai stato il mio forte – le chiedo di dirlo ad Asia. La chiamiamo e, dopo i convenevoli di turno con Helene, la sento ridere a crepapelle. *Nemo profeta in patria!* Vale sempre come principio.

L'arredamento del locale è un mix di pezzi vintage scelti con gusto. La toilette è un bijoux con il tocco un po' lezioso del lavandino in pietra a forma di cuore, che però fotografo e invio a Giulia con dedica. Dopo pranzo Helene mi saluta perché, sentendosi molto affaticata, ha deciso di andare a Burgos in taxi. Mi prendo ancora qualche minuto di relax, rinfrescando i piedi nell'acqua fredda di un antico lavatoio in pietra.

Quando sono pronto a partire, panico, non trovo più il telefono. Guardo dappertutto, nelle tasche, sul prato dove mi sono sdraiato. Niente. Allora chiedo a un pellegrino che arriva in quel momento di chiamarmi, ma non sento squilli e una voce metallica mi dice in spagnolo che il telefono è staccato. Panico al quadrato quando, per prendere un fazzoletto da una delle tasche, mi ritrovo il telefono in mano. Penso sia un altro miracolo del Camino, ringrazio e mi preparo per ripartire verso il punto più spettacolare della tappa, la punta della Sierra de Atapuerca (1.060m slm), dove una grande croce di legno segna il punto da cui si abbraccia con lo sguardo tutto l'altopiano di Burgos.

L'incontro con Helene mi fa riflettere sulle mie relazioni passate e mi conforta sulle decisioni prese. Ricercare la propria felicità è ritenuto nella nostra morale – che definirei catto-comunista – una scelta egoista e riprovevole. Come ho già ricordato, nella Costituzione americana il diritto alla felicità è addirittura sancito mentre da noi si dovrebbe, al contrario, ricercare sempre e principalmente la felicità altrui.

Non vogliamo capire e vogliamo accettare il principio che siamo noi e soltanto noi stessi gli artefici della nostra felicità e anche – principio ancora più difficile da accettare – della nostra infelicità. Separarsi non è indolore, specie se ci sono figli, ma una relazione finita e mantenuta in vita artificialmente, seppure per ragioni che possono risuonare ragionevoli e sensate, è comunque una finzione. Una recita che costa cara a tutti. Se fatta in nome dei figli, carica loro della responsabilità di tenere in vita un rapporto tra i genitori altrimenti finito. Ho spesso sentito dire: "L'ho fatto per i figli", che equivale a dire loro: "Guarda che ho deciso di rinunciare al mio benessere, alla mia felicità per te", senza rendersi conto che in questo modo si sentiranno con tutta probabilità la causa della nostra sofferenza e colpevoli di esistere. Se amiamo noi stessi e i nostri figli abbiamo il dovere e il diritto di prendere la decisione migliore per noi, avendo al contempo l'attenzione e la cura massima nella gestione del processo, essendo trasparenti e autentici. In questo modo, soffriranno per la separazione ma comprenderanno e integreranno il messaggio che ognuno, anche il loro genitore, ha il diritto-dovere di perseguire la propria felicità nella relazione di coppia, senza che questo infici e condizioni il ruolo e la responsabilità di genitore. L'amore incondizionato per il proprio figlio va alimentato, ma non a scapito del proprio equilibrio emotivo. E un domani varrà anche per loro.

La penso così, anche se in passato, specie con Francesca, non sono riuscito a essere così comprensivo delle sue difficoltà e capace di comunicare con il cuore anziché sempre con il raziocinio. Ma ciò che è stato è stato. Non posso più fare niente per cambiare il passato. Posso invece pensare al futuro costruendolo dal presente. Guardo la strada davanti a me e mi perdono per i miei errori, ripromettendomi di ascoltare con più attenzione i sentimenti profondi miei e degli altri, in primis dei miei cari, così come ascolto e seguo con attenzione l'andamento dei miei passi e il *tic* e *tac* dei bastoncini che ritmano il cammino, metafora, peraltro, della vita stessa.

Supero due turisti italiani senza farmi riconoscere come connazionale – non sono proprio nello stato d'animo per parlare – e arrivo di slancio ai piedi della grande croce, da dove lo sguardo vaga all'infinito sull'immensa pianura castigliana. Riprendo fiato.

Burgos è ai miei piedi, prima meta più che significativa del Camino. Dietro di me ho lasciato montagne, colline, paesi, fiumi, letti, camerate, ponti, facce, sorrisi, saluti, abbracci, momenti di euforia e di sconforto, domande e risposte, paure e sicurezze. Soprattutto ho lasciato una parte di me che, *qui e ora*, fatico a immaginare potesse appartenermi e caratterizzarmi, anche se sono consapevole che non sarei quello che sono ora, senza le esperienze vissute e senza il mio passato. Davanti a me si estendono le *mesetas* che, in questa stagione, ricordano un mare verde increspato per il soffio di un vento costante e che sono da scoprire e attraversare, come il futuro che mi aspetta. Futuro da vivere respiro dopo respiro e costruire passo dopo passo.

"Burgos arrivo!", urlo a squarciagola, battendomi sul petto alla moda dei nativi americani. Alla fine della discesa dalla punta della Sierra de Atapuerca, il Camino corre lungo la piccola provinciale. Mancano sette chilometri e la stanchezza a questo punto incomincia a farsi sentire, accentuata dal fastidio di dover camminare sull'asfalto.

Mi fermo per un ultimo break della giornata a Castanares e osservo il sole che incomincia a calare, sorbendo un tè verde. Riprendo il Camino con passo appesantito e la mente che inizia a correre per conto suo, sognando un letto comodo dove sdraiarsi a piedi nudi, una doccia calda e una fresca *cerveza*.

A pochi chilometri dall'arrivo agognato, in prossimità dell'aeroporto di Burgos, mi aspettano al varco cavalcavia e strade a scorrimento veloce che, vincendo le resistenze del mio lato pellegrino puro, decido di fare in autostop. Il tempo di togliermi lo zaino dalle spalle doloranti e di girarmi indietro che spunta una furgonetta rossa che, al mio cenno, si ferma per farmi salire. Grazie Camino, ancora una dimostrazione di come tutto scorre fluido quando ci affidiamo completamente al corso degli eventi, senza ansie da controllo dei tempi e delle modalità.

Il *driver* è un arzillo vecchietto di ben 101 anni! Me lo sono fatto ripetere per ben tre volte da Emanuel, così si chiama, perché non ci volevo credere e pensavo scherzasse. Sua moglie è più giovane, dice ridendo, perché di anni ne ha solo 98 ed è di origine italiana. Suo nonno era infatti un ingegnere genovese che venne in Castilla per costruire strade e vi rimase; cervello in fuga in tempi non sospetti.

Ovunque si vada in giro per il mondo, un italiano emigrato o un discendente di emigrati lo si incontra. Perché allora oggi, quando discutiamo dell'arrivo nel nostro Paese di uomini e donne disperati, che scappano da situazioni spaventose, ce ne dimentichiamo? Perché non ricordiamo che il più grande esodo della storia moderna è stato quello degli italiani? A partire dal 1861, nell'arco di un secolo circa, sono emigrati più di ventiquattro milioni di italiani, l'equivalente della popolazione residente al momento dell'Unità d'Italia, che partivano per destinazioni lontane ed esotiche, alla ricerca di condizioni di vita e di un futuro migliori[1].

Lascio queste tristi considerazioni e riprendo la conversazione con Emanuel, che mi restituisce ottimismo sull'umanità. Ha tre figli che gli hanno regalato sette nipoti. È venuto in Italia per visitare i luoghi icona del nostro Paese, ma non ci vivrebbe perché, a suo dire, siamo troppo nevrotici e stressati. A proposito di stress, ammetto che a ogni rotonda incrocio le dita perché Emanuel le affronta senza timore e, soprattutto, senza curarsi troppo di chi stia arrivando. Mi chiede come mai sono in Camino e annuisce in segno di assenso alla mia spiegazione.

Dopo una decina di giorni vissuti a camminare principalmente in percorsi "fuori strada" provo una strana sensazione a stare in auto e a osservare il traffico diventato metropolitano. Mi gira la testa e, quando Emanuel mi informa che sono arrivato, provo sollievo all'idea di ritornare alla mia dimensione di pellegrino, anche se mi dispiace dover interrompere bruscamente la sua conoscenza. Saluto il primo centenario conosciuto in vita mia e lo vedo ripartire tutto fiero sulla sua furgonetta Renault color rosso Ferrari.

Alle 18 e 30 sono nel centro di Burgos, il primo luogo che, da quando sono partito, mi riporta alla dimensione di vita alla quale sono

1. Gli italiani all'estero, secondo le stime del Ministero per gli Affari Esteri, erano 5.115.747 nel 1986, di cui il 43 per cento nelle Americhe e il 42,9 in Europa. L'entità delle collettività di origine italiana ammonta invece a decine di milioni, comprendendo i discendenti degli immigrati nei vari Paesi. Al primo posto troviamo l'Argentina, con 15 milioni di persone, gli Stati Uniti con 12 milioni, il Brasile con 8 milioni, il Canada con un milione e l'Australia con 540.000. Fonte: www. emigranti.it; rielaborazione dati Istat in G. Rosoli, *Un secolo di emigrazione italiana 1876-1976*, Roma, Cser, 1978.

abituato. Conciato come sono da pellegrino mi sento però come un marziano nella folla che, peraltro, è assolutamente indifferente al mio passaggio. Sono evidentemente abituati alla vista di pellegrini in transito sul Camino di Santiago che, anche qui, è opportunamente segnalato con le ormai famose conchiglie gialle su sfondo blu posizionate sul marciapiede.

Prima di arrivare alla pensione ho il tempo di assistere a una rissa tra scalmanati che, intuisco, stanno litigando per una questione di parcheggio. Benvenuto nella civiltà!

Rimessomi in sesto, esco alla ricerca di un locale per cenare e dove trasmettano la semifinale di coppa tra Real Madrid e Manchester City che, con visibile disappunto della rumorosa *claque* locale, sarà deludente e noiosa. Per fortuna al mio tavolo chiede di sedersi Juan, imprenditore in pensione che ha fatto due volte il Camino.

Così, in mezzo al frastuono di urla varie, parliamo dei massimi sistemi e di geopolitica per arrivare a concludere, riferendosi alla situazione politica ed economica spagnola, chiosa Juan, che gli «spagnoli sono stupidi e si lamentano solo!». Amen, mi sembra di essere in un bar italiano a discutere della situazione italiana. Gira e rigira ogni mondo è paese.

Torno alla pensione girovagando per il centro medievale, illuminato da calde lampade che creano un'atmosfera molto suggestiva nella fresca notte castigliana. I trenta chilometri fatti oggi si fanno sentire ma, la bellezza della notte e il piacere di camminare con le coreane, senza calze e senza il peso dello zaino, mi fa comunque gustare appieno questo momento. Respiro una bella energia. Grazie Burgos.

Prima di addormentarmi rileggo i messaggi scambiati sulla chat e ripenso alle emozioni ed esperienze vissute oggi, che ho condiviso con i miei amori e i miei amici, tra cui c'è anche Paolo, che ha fatto il Camino l'anno scorso e mi ha dato preziosi consigli:

> 17:09 – Paolo: Biancone mi ricordo questo posto. Quando arrivi a Burgos, prima di entrare in città, stai lungo il fiume altrimenti ti becchi uno stradone tipo Forlanini Linate che ti fai due balle così. *Buen Camino.*
>
> 17:12 – Biancone: Grazie Paul.
>
> 19:49 – Biancone: Oggi superato ampiamente i 30 km. Sono piuttosto provato alle gambe ma molto soddisfatto. Tappa molto impegnativa ma stupenda sino all'ingresso di Burgos. Sono a più di un terzo del Camino! Quasi quasi fatico a crederci. Ho camminato

per 275 km sinora, ho visto posti bellissimi e conosciuto persone da tutto il mondo. Mi sembra ieri che sono partito da St. Jean-Pied-de-Port. Auguro a tutti una splendida serata. PS: celebrerò la giornata con una bella *cerveza* a vedere il Real con gli ispanici.

19:52 – Biancone: PS: Dimenticavo. Alla periferia di Burgos facevo autostop e dopo un secondo si ferma Emanuel, su una furgonetta rossa, e chiacchierando scopro che ha 101 anni! Sì ho ben capito! Gliel'ho fatto ripetere 3 volte. E sua moglie, con nonno italiano, 98...

20:41 – Ester: Wow, due ragazzini...

21:07 – Monica: Che bello Riccardo... Goditi questo viaggio momento per momento! Buona serata.

Seconda Parte

LA MATURITÀ

da Burgos a León

Tappa 14: "Per sapere dove andare devi conoscere da dove vieni"

Da Burgos (h. 13.00) a Rabé (h. 18.00) – 13,5 km

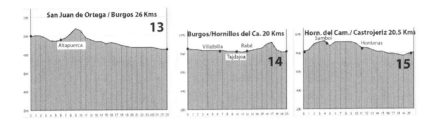

Oggi il progresso nel mio cammino di crescita e di guarigione sarà messo duramente alla prova perché alle 11 dovrò collegarmi in *conference call* con l'azienda in cui ho lavorato negli ultimi sei anni, per partecipare al Consiglio di Amministrazione, essendone ancora formalmente Amministratore Delegato sino all'approvazione del bilancio 2015. Mi sento tranquillo ma temo che, risentire certe voci e discutere di temi che sino a ieri erano sotto la mia responsabilità, possa fare emergere emozioni e sentimenti di frustrazione e rabbia non ancora del tutto elaborati.

Alle 9 sto già camminando, ancora in coreane, per una Burgos deserta, indeciso se tenere spento il telefono per non farmi trovare, quando noto un segnale turistico che indica *"Iglesia San Nicolas de Bari"*! Ancora tu, ancora Bari che mi richiama a Francesco. Un chiaro segno che non posso scappare come un pavido di fronte all'impegno che mi aspetta. Il ritornello di una delle mie canzoni preferite di Lucio Battisti mi risuona in mente e mi aiuta a trasformare il rigetto e, forse, anche la paura in presa di consapevolezza del mio ruolo e responsabilità, non solo verso il CdA ma soprattutto verso me stesso:

> Ancora Tu, non mi sorprende lo sai.
> Ancora Tu, ma non dovevamo vederci più?
> E come stai? Domanda inutile
> Stai come me e ci scappa da ridere…

Ho deciso e sono pronto: alle *once de la mañana* ci sarò! Nell'attesa vado a visitare la cattedrale, che conferma la fama di essere una delle più belle d'Europa. Sono letteralmente affascinato per la ricchezza degli arredi delle diverse cappelle e l'arditezza degli archi gotici che, come sapete, sono la mia passione e che si suppone abbiano beneficiato dell'influenza dello stile gotico francese dato che, nel XII e XIII secolo, lo stile non era ancora presente in Spagna. Unico neo, il dover pagare per entrare. Ben sette euro, che sono scontati a tre e mezzo per i pellegrini in possesso della Credenziale.

Penso a come potremmo valorizzare in Italia il nostro immenso patrimonio artistico che, se non ricordo male, rappresenta circa il cinquanta per cento di quello mondiale. Siamo un popolo di ingrati, che non si rende conto della ricchezza a nostra disposizione rappresentata dal paesaggio, dai monumenti, dalle città d'arte, dal clima, dal cibo e dalla cultura. Ci piangiamo addosso e ci lamentiamo che i nostri giovani non trovano lavoro, invece che rimboccarci le maniche e metterci al lavoro per sfruttare al meglio – possibilmente con un approccio sostenibile di lungo termine, anziché speculativo di breve come fatto negli anni passati – le nostre risorse naturali e artistiche per attrarre non solo turisti visitatori ma anche investitori. Ecco che mi sono fatto di nuovo agganciare dai soliti pensieri recriminatori. "Lascia andare tutti questi pensieri che ti intossicano lo spirito e goditi *qui e ora* la potente energia che si avverte in questo luogo" mi dico, mentre osservo incantato le vetrate colorate, che filtrano la luce creando effetti speciali, riflessi sulle pietre scure delle colonne e del pavimento.

È famoso il riferimento di Proust nei suoi scritti alle vetrate delle cattedrali gotiche, in particolare alla famosa vetrata di Chartres:

> «*Et quand vous me parlez des cathédrales, je ne peux pas ne pas être ému d'une intuition qui vous permet de deviner ce que je n'ai jamais dit à personne et que j'écris ici pour la première fois: c'est que j'avais voulu donner à chaque partie de mon livre le titre: Porche, Vitreaux de l'abside, etc..., pour répondre d'avance à la critique stupide qu'on me fait de manquer de construction dans des livres où je vous montrerai que le seul mérite est dans la solidité des moindres parties*».

> "E quando mi parlate di cattedrali, non posso fare a meno di commuovermi di fronte a un'intuizione che vi consente di indovinare quello che non ho mai detto a nessuno e scrivo qui per la prima volta: io alle varie parti del mio libro, avevo pensato di dare titoli come Portico, Vetrate dell'abside, ecc., per rispondere anticipatamente alla critica stupida che ritiene privi di costruzione i miei libri, nei quali invece mostrerò che il loro solo merito è nella solidità di ogni minima parte".

Proust aveva una vera passione per le cattedrali, alle quali dice addirittura di ispirarsi per "costruire" i suoi libri. Le cattedrali gotiche erano infatti per Proust veri e propri "libri di pietra", che nel Medioevo si credeva rappresentassero il cammino simbolico dell'uomo verso Dio. Mi ha sempre affascinato Proust ma non ho ancora trovato la forza per leggere la sua *Alla ricerca del tempo perduto*. Forse è arrivato il momento per farlo.

Immerso in queste riflessioni, giungo davanti alla tomba di Rodrigo Díaz conte di Bivar (1043-1099), meglio conosciuto come *El Cid Campeador*. È stato un famoso condottiero e cavaliere medievale spagnolo, la cui biografia è molto interessante perché si potrebbe definire un leader moderno, capace di unire la motivazione dei suoi fedeli, propria dei coach di oggi, a un sano pragmatismo, che gli permise di attraversare tempi burrascosi indenne e stimato da tutte le parti in causa. Poiché all'epoca, come già toccato con mano in altre situazioni lungo il Camino, i contatti tra cristiani e musulmani erano piuttosto frequenti e le questioni di fede erano spesso messe in secondo piano rispetto ai problemi della politica, El Cid riuscì a offrire i suoi servigi sia ai cristianissimi conti di Barcellona che al signore musulmano di Saragozza, al-Muqtadir, tributario del regno di Castiglia, contando sulla sua reputazione di condottiero invincibile a capo di un esercito composto da uomini indomiti e leali tra cui, incredibile, anche musulmani. El Cid operava in modo innovativo e imprevedibile. Si confrontava apertamente con i suoi uomini, organizzando quelle che oggi si chiamerebbero sedute di *brainstorming*, per raccogliere spunti e contributi originali e per condividere le tattiche da applicare poi in battaglia. Ma non solo: per prepararsi al meglio, prima di una battaglia, faceva leggere libri di autori classici romani e greci di soggetto bellico.

Di nuovo la storia con la "s" maiuscola che ci ricorda che l'evoluzione umana è un *continuum* e che, in molti casi, ciò che crediamo innovativo e moderno, non è altro che una rivisitazione di quanto già fatto e visto in passato. Come diceva Jean-Yves Tadié: «*La mémoire, explorant le passé, prépare l'avenir tout en identifiant le présent*». Senza sapere da dove arriviamo non andiamo da nessuna parte.

A questo proposito, rido ripensando a una presentazione del budget annuale fatta da Amministratore Delegato di Spontex Italia. Poiché il Presidente era sempre molto poco disponibile ad ascoltare le premesse alle cifre proposte, che motivavano la prudenza nel pianificare aumenti di ricavi e utili, vista l'endemica situazione di stagnazione dell'economia italiana e, in particolare, dei consumi delle famiglie, mi sono inventato una frase attribuendola, con grande divertimento dei miei collaboratori presenti, all'esploratore Umberto Nobile: "Per sapere dove andare, devi conoscere da dove vieni". In tutta onestà, ammetto che non servì più di tanto allo scopo, perché alla fine il nostro Presidente ci suggerì, o meglio, ci impose come sempre di aumentare sia il fatturato che l'utile, però il tutto divertì moltissimo ed entrò nei nostri annali.

È ora, mancano pochi minuti alle 11 e sono teso. Mi dirigo all'uscita, recupero lo zaino e i bastoncini dal deposito della cattedrale e in pochi minuti raggiungo il bar con i tavolini all'aperto sotto i portici, che ho adocchiato nella Plaza Mayor mentre passavo questa mattina per visitare la cattedrale. Alle 11 precise sono seduto comodamente con *bocadillo* e *cerveza* sul tavolino, confortato dal sole che, obliquo da ovest, riscalda il viso, e attendo la chiamata che arriva con molti minuti di ritardo. "Cominciamo bene" penso. Riconosco le voci delle persone che in questi ultimi sei anni hanno segnato momenti molto critici e impegnativi della mia esperienza professionale in ISEM ma che, da questa piazza, risuonano come voci di fantasmi che resuscitano da un passato lontano. Sono trascorse solo due settimane e già mi sembra che appartengano a una vita fa.

Il nuovo Amministratore Delegato associato, nonché rappresentante del fondo di *private equity*, sciorina tutta una serie di fatti mirabolanti per cui, in appena un mese, la situazione sarebbe già radicalmente cambiata grazie al suo portentoso intervento. Cambiata ovviamente in meglio. Non nomina mai il sottoscritto, ma si riferisce a me quando non può proprio farne a meno, come la "gestione precedente". Sento per un attimo la giugulare gonfiarsi e la rabbia montare per l'ingratitudine, la disonestà intellettuale, il *voltagabbanismo* – neologismo inventato per l'occasione –, l'ambizione smisurata, la presunzione e per il fatto che immagino che tutti gli altri consiglieri stiano ascoltando e annuendo come i cagnolini che si usavano una volta nel lunotto posteriore delle auto. Poi mi chiedo quanto sia veramente importante per me tutto ciò in questo preciso istante e decido, finito di gustarmi il panino e la birra, di continuare a seguire questa triste sceneggiata camminando, in modo da non perdere inutilmente tempo.

Camminare si conferma la miglior medicina per la mente e lo spirito. Ho appena iniziato il percorso che attraversa il parco lungo il fiume che mi condurrà fuori Burgos che le voci si sono come affievolite e trasformate in una specie di ronzio che, seppur non particolarmente piacevole, non è neanche così fastidioso da impedirmi di godere del paesaggio e della camminata. Unico neo è che, dato che non ho pensato di portar le cuffiette, devo tenere il telefonino costantemente attaccato all'orecchio, raccogliendo così gentili sguardi di solidarietà da parte dei pellegrini che mi sorpassano. Come avranno fatto a capire? Due ore. Mi sono sorbito due ore di *bla bla bla* che mi hanno riportato per un momento alla realtà appena lasciata, aiutandomi al contempo a comprendere che un ciclo lungo e importante della mia vita si è proprio concluso.

Terminata la *conference call* ho come un momento di vuoto. Mi gira la testa e vedo tutto ruotarmi intorno. Ho bisogno di sedermi un attimo. Mi attraversano immagini legate a sentimenti, emozioni e pensieri diversi e anche contraddittori. La voglia di vendetta e il desiderio di lasciarmi tutto alle spalle definitivamente; il rammarico per la perdita del ruolo e dello status collegato e il sollievo per la libertà riconquistata; la paura per la perdita delle certezze economiche e l'eccitazione per il futuro professionale da reinventare. Su tutto, sono consapevole di essere in un momento molto importante della mia vita, sia di svolta che di trasformazione, che il Camino sta accompagnando e supportando con grande generosità. Non è un caso che proprio oggi abbia avuto il primo assaggio di *mesetas*. La guida, che ormai è diventata l'inseparabile compagna di viaggio, mi aveva preparato all'impatto che hanno sul pellegrino e sul significato simbolico che sottintende attraversarle. Vedremo.

Il percorso fuori Burgos non è particolarmente attraente, dato che si snoda tra strade e cavalcavia. Il cielo si è coperto e sembra che possa piovere da un momento all'altro. A un bivio dove, causa lavori in corso, non si capisce bene come proseguire, incontro un altro pellegrino che, come me, sta cercando di orientarsi con una cartina geografica in mano. Lo saluto, gli chiedo lumi e iniziamo a parlare.

Si chiama Stephen, ha trent'anni, arriva da Postdam dove ha lasciato moglie e due bambini piccoli perché a fare il lavoro che stava facendo dice, testuale: «la testa mi stava scoppiando e volevo capire cosa fare da grande». Sorrido e provo immediata empatia. Camminiamo così per un po' di chilometri, parlando delle nostre reciproche esperienze sino al primo paese che incontriamo, dove faccio una sosta perché sono veramente provato dalla giornata, che sta però volgendo al termine. È vero che ho fatto solo circa la metà dei chilometri che mi sono abituato a fare giornalmente da quando sono partito, ma il peso dell'elaborazione di quanto provato questa mattina nel CdA e l'ora tarda mi spingono ad accettare l'invito dell'insegna dell'*Hostal La Fuente* e a entrare per chiedere ospitalità per la serata. Abbraccio Stephen, scambio il bene augurante auspicio di "buon Camino" e lo seguo per un attimo con lo sguardo, mentre si incammina verso il suo destino.

Nell'*Hostal La Fuente* c'è anche il ristorante, così non dovrò fare più di due passi per andare a cena. Si trova nel centro del villaggio di Rabé de las Calzadas, in una casa restaurata da più di 200 anni, di fronte a un bel palazzo di pietra che apparteneva ai conti di Villarejo del XVIII secolo e vicino all'antica fontana della città, da cui prende il nome. Mi sento come a casa. Dopo cena faccio due chiacchiere con una coppia che sta facendo il Camino insieme. L'uomo, di cui non ricordo purtroppo più il nome, è francese, mentre lei è tedesca, più giovane di vent'anni e stanno insieme da più di cinque. Penso istantaneamente a Giulia e ai nostri diciannove anni di differenza, ai quali anche io non ho mai dato troppo peso, e sorrido immaginando la reazione di Giulia quando leggerà queste pagine.

Altro brindisi con i nuovi amici della serata e via con altre condivisioni. Ha sessantatré anni e, dopo un infarto, ha lasciato la posizione di CEO di una grande società tedesca che ha gestito per cinque anni e ha fatto per la prima volta il Camino partendo dalla Francia, arrivando sino a Finisterre. Trova che il Camino stia diventando per molti una meta turistica più che un viaggio spirituale alla ricerca di se stessi. Sincronicità. Proprio oggi incontro un pellegrino che ha più o meno i miei anni, è stato CEO per più o meno lo stesso periodo mio, ha una relazione con una donna più giovane, di più o meno gli stessi anni che mi dividono da Giulia, ed è in Camino per capire cosa fare da grande della sua vita. Concludiamo la serata con un ultimo bicchiere e una pregunta, una domanda condivisa: *"può il Camino contaminare il modo attuale di fare business o il modo di fare business contaminerà il Camino?"*.

Torno nella camera molto contento per avere passato un'altra bella serata con pellegrini incontrati apparentemente per caso – ma sappiamo che il caso non esiste –, apprezzando il lusso gratuito di una piacevole conversazione con persone con le quali, grazie all'intento condiviso di camminare verso Santiago, si prova subito empatia e facilità di comunicazione.

Scrivo sul taccuino di viaggio gli appunti della giornata e vado alla chat, dove trovo un messaggio del mio maestro reiki Umberto, che mi fa enormemente piacere, perché mi ricorda l'esperienza del percorso del *Viaggio dell'Eroe*[1], vissuta presso la Città della Luce: tre settimane che hanno cambiato la mia vita. È stato come fare anni e anni di psicanalisi e il mio tramite verso l'inizio del percorso di guarigione.

> 20:25 – Umberto: O Biancone, ma che bel viaggio stai facendo... noi qui alla Città della Luce abbiamo appena concluso il Viaggio dell'Eroe...

Non posso non chiudere con una battuta per sdrammatizzare e lasciare andare via le ultime scorie della giornata:

> 22:49 – Biancone: Oggi per la cronaca ho partecipato a CdA in *conference call*. Potrei dire proprio un CdA da pellegrini, ma sarebbe una battuta troppo ovvia.

---

1. Il *Viaggio dell'Eroe* è un seminario intensivo residenziale, durante il quale si esplora a fondo la dimensione dell'Io e si intraprende un vero e proprio viaggio dentro noi stessi. Alla base del lavoro del Viaggio dell'Eroe c'è la Teoria degli Archetipi di Jung, secondo la quale nel nostro inconscio agiscono delle strutture psichiche formatesi nel corso dei secoli, a partire dalla comparsa dell'uomo sulla Terra. Essi appartengono all'inconscio collettivo e possono essere ritrovati in tutti i miti, le leggende, i sogni e i racconti di tutti i popoli della Terra. Archetipo significa infatti "modello originario" (dal greco *archè*, origine, principio, e *typos*, modello, marchio, esemplare) in opposizione allo stereotipo (*stereos* in greco significa solido, rigido), che significa "copia", "duplicazione", "riproduzione". Gli Archetipi, quindi, sono i principi primi, fondamentali e perfetti comuni a tutti gli uomini: ognuno di noi ha, dentro di sé, 12 archetipi, 12 modelli originari di comportamento. Come il corpo fisico è un unico organismo composto da vari organi e apparati, altrettanto la nostra psiche è regolata da questi 12 organi intrapsichici, ognuno dei quali governa specifiche funzioni della nostra personalità. Nel corso della nostra vita solo alcuni di essi sono attivi e, a volte, ci possono essere degli squilibri o delle identificazioni che portano a stati di disagio. Il Viaggio dell'Eroe ci permette di ricontattare i nostri archetipi, di rimetterli in funzione, se necessario, e ritrovare in questo modo l'armonia interiore. Attraverso il Viaggio ritroveremo il nostro vero Sé, scoprendo e destrutturando tutte le convinzioni e i condizionamenti familiari, sociali e culturali che ci hanno allontanato da noi stessi. Impareremo a riconoscere la voce del nostro vero Io che ci aiuta nella scoperta dei Misteri dello Spirito. Il seminario è suddiviso nelle tre fasi principali del Viaggio, in ciascuna delle quali cui si esploreranno i relativi archetipi: i preparativi del Viaggio – Innocente, Orfano, Angelo Custode e Guerriero; il Viaggio – Amante, Cercatore, Creatore e Distruttore; il Ritorno – Mago, Sovrano, Saggio e Folle.
Fonte: www.lacittadellaluce.org/it/corso/il-viaggio-delleroe.

Tappa 15: "Scegli il tuo cammino e mettici il cuore"

Da Rabé (h. 08.30) a Hontanas (h. 16.15) – 20 km

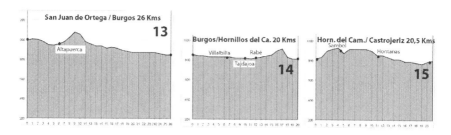

Nonostante una bella dormita in camera singola – ogni tanto un piccolo lusso fa bene allo spirito – mi sveglio con un leggero mal di testa e con la preoccupazione per la bolla al piede che è ancora aperta. Mi tira su il morale leggere il messaggio che Giovanna mi ha spedito stanotte:

> 23:17 – Giovanna: Scegli il tuo cammino e mettici il cuore... Perché se lo fai con il cuore sei arrivato ancor prima di partire.
> Bear Heart-Cuore d'Orso-Muskogee-Creek. Ciao Riccardo! Ti sto seguendo silenziosamente.

A colazione scambio due parole con l'*hostelero*, che ha sposato una dominicana e con lei ha avuto due figli che lavorano nella piccola impresa famigliare. Sul Camino si incontra il mondo e si tocca con mano l'integrazione tra persone provenienti da mondi lontani e situazioni molto diverse.

Parto sotto un cielo plumbeo che promette pioggia, che puntualmente inizia a cadere non appena metto piede fuori da villaggio, nel nulla assoluto della *meseta* che mi si apre davanti agli occhi. Inauguro la mantella comprata per l'occasione e divento uno dei punti colorati della fila in lento movimento lungo la strada bianca, che asseconda l'andamento ondulato dell'altopiano.

Oggi non ho voglia di parlare e conoscere pellegrini, preferisco godermi una beata solitudine, ascoltando i suoni della natura che accompagnano la camminata e captando i segnali che arrivano dal mio corpo. Il percorso è duro e il vento contrario lo rende ancora più faticoso. Avevo letto che il tratto lungo circa 200 chilometri, da Burgos a León, dove si attraversano le famose o meglio famigerate *mesetas*, è famoso per mettere a dura prova la determinazione dei pellegrini, sia per le condizioni climatiche che si possono incontrare sia per la monotonia del percorso, che si dipana in un vasto paesaggio senza alcun punto di riferimento. Non si vedono infatti segni di presenza umana, alberi o costruzioni sino all'arrivo in uno dei pochi paesi dislocati lungo il Camino che, scoprirò con grande sofferenza, si vedono all'ultimo perché posizionati in profondi e stretti avvallamenti dell'altopiano. Come sempre c'è però una grande differenza tra la conoscenza teorica e la pratica. È veramente dura!

La pioggia che si sta intensificando e il vento forte rendono patetico l'effetto della mantellina. La strada si sta trasformando in una pista fangosa scivolosa e il passo diventa più pesante a causa del fango che si attacca alla suola. Come in tutte le situazioni c'è però il lato ludico che aiuta a distrarmi, perché lo spettacolo dei pellegrini con scarpette da jogging o peggio con sandali stile francescano, che scivolano e imprecano in varie lingue, è francamente divertente, anche se riderne, mi rendo conto, è un atteggiamento poco mistico. *Ops!* Provo a immaginare cosa può essere attraversare le *mesetas* in estate con il clima torrido, le temperature che superano i 40 gradi e il sole che picchia senza pietà, con l'impossibilità di trovare rifugio nell'ombra, per chilometri e chilometri. Capisco adesso perché i pellegrini hanno l'abitudine di partire all'alba, anche se, come avevamo commentato con Tyrone, lo psicanalista canadese, è ben comprensibile nei mesi caldi, ma lo è meno in questo periodo, quando le giornate sono più corte e la temperatura è, come oggi ad esempio, intorno ai quindici gradi.

Una folata impetuosa mi coglie all'improvviso e mi polverizza la mantellina antipioggia di Decathlon. Altro insegnamento del Camino: quel poco che hai e che ti serve deve essere della migliore qualità, perché quando ti trovi in una situazione come questa puoi solo contare su te stesso e sulla tua attrezzatura. Ecco provata l'efficacia del detto "più spendi meno spendi". Pochi minuti di pioggia che, nel frattempo si è intensificata, bastano per superare la difesa del giaccone leggero antipioggia e bagnarmi completamente i pantaloni ma, così come esploso improvvisamente, il temporale passa e rispunta il sole.

Benvenuti al *Magic Mesetas Weather Show!* È la variabilità del tempo nelle *mesetas* che, essendo come un oceano di terra aperto e senza ostacoli di colline o monti, sono soggette a queste manifestazioni improvvise e anche violente, seguite da rapide schiarite che riportano il sereno. Altra metafora della vita, imprevedibile e varia. Come disse Tolstoj: "*tutta la varietà, tutta la delizia, tutta la bellezza della vita è composta d'ombra e di luce*".

La strada bianca è diventata una striscia di terra fangosa, scura e scivolosa, dove camminare è diventato arduo e molto faticoso. I piedi battono contro gli scarponi e, a ogni passo, aumentano i dolori in diverse parti del corpo. Stringo i denti. Non posso fare altro che avanzare verso la meta che, in questo nulla, mi sembra essere come un'oasi dispersa nel deserto.

Inizio a parlare con il Camino chiedendogli di farmi arrivare a un paese quanto prima e di aiutarmi a non mollare adesso. Sogno di incrociare un trattore a cui chiedere un passaggio.

Mi guardo intorno per trovare conforto da un segno di vita qualsiasi, ma sono proprio solo nel nulla del verde, immobile e infinito. Terra e cielo si toccano. Non ci sono confini e lo sguardo spazia senza limiti. Senso di angoscia o di libertà assoluta. Siamo così abituati a subire e a imporci delle limitazioni che quando ne siamo privi ci sentiamo quasi come persi, come bambini che cercano la mano della mamma.

Sono in contatto con i miei limiti e le resistenze, che voglio però superare, senza forzare ma sciogliendoli come insegna a fare la pratica dello yoga. Lascio andare lo sconforto che mi sta assalendo per la paura di non farcela e di non arrivare da nessuna parte, concentrandomi sulla respirazione per sincronizzarla con il ritmo dei passi.

Passo dopo passo, anche se ho ancora la sensazione di essere fermo per la fissità e immensità del paesaggio circostante, ritrovo fiducia nelle mie capacità e, soprattutto, il piacere di vivere questa straordinaria esperienza di vita. Quante volte ci troviamo di fronte a situazioni che appaiono insuperabili e irrisolvibili? Quante volte dubbi e paure rischiano di bloccarci, rendendoci impotenti di fronte alle situazioni critiche?

Il Camino è una lezione di vita. Puoi sempre andare avanti, basta muovere le gambe con il tuo ritmo, con il tuo passo, ma puoi comunque farcela sempre. Non a caso il tempo è cambiato. Adesso in un cielo terso splende un sole che scalda e che inizia ad asciugare la terra e gli indumenti. A un bivio trovo finalmente un cartello che indica Hontanas, 5 chilometri. Sento che la parte più dura è passata e che sono vicino alla meta.

Dopo una curva, da dove la strada inizia a scendere, segno che il paese non è lontano, ritrovo i due coreani che mi avevano superato di gran passo questa mattina. Uno si è tolto le scarpe e sta gridando verso l'altro che, a un certo punto, inizia a inveire, così almeno mi sembra, anche se non capisco il coreano, dal tono alterato della voce e dal viso rosso di collera. Mi viene da ridere ma, rimanendo serio a fatica, chiedo loro se necessitano di aiuto. Passano dalle urla agli inchini di ringraziamento chiedendomi se, per caso, avessi dei cerotti che, mi spiegano, avrebbe dovuto portare quello a piedi scalzi. Anche i pellegrini possono perdere il controllo, penso prima di chiedere perché sono sul Camino. Sono due manager che hanno preso un mese di ferie per fare l'esperienza del Camino, che in Corea fa curriculum. Rimango di stucco a questa notizia e non posso non fare un immediato paragone tra come l'esperienza del Camino qualifichi un manager in Corea e come probabilmente lo dequalifichi in Italia, nel senso che possa essere interpretato come un segnale di "dissociazione" tra il *modus vivendi* di un manager "sul pezzo" e i suoi veri bisogni personali. Provo grande ammirazione e un pochino di invidia, perché sono convinto che se vogliamo costruire una società più giusta, dove le ricchezze non sono concentrate nelle mani di pochi e la ricerca del profitto non va a scapito della sostenibilità del tutto, per il pianeta e per gli umani, dobbiamo rivedere la scala dei nostri valori. Non capisco perché la ricerca della performance e del risultato non possa andare d'amore e d'accordo con il rispetto dell'essere umano e la ricerca anche del suo benessere e della qualità della vita, sua e di tutti quanti. Conta solo il profitto, il guadagno.

Propongo al coreano senza scarpe una carta dal mazzo del Camino; accetta con entusiasmo e gli arriva: "*A very human carries in itself everything he needs for a happy life, many simply forgot*".

"Un essere umano porta in sé tutto ciò di cui ha bisogno per una vita felice, molti semplicemente lo hanno dimenticato" è quanto riporta la carta estratta dal mazzo.

Direi che, vista la situazione, è una ottima sintesi delle nostre riflessioni. È ora di andare. I soliti saluti e via per l'ultimo sforzo, rinfrancato dalla sosta.

Il tetto del campanile sbuca finalmente in fondo alla strada sterrata. Cinquecento metri garantisce l'ultimo cartello e già mi vedo a raffreddare i piedi doloranti sulla pietra. L'ultimo tratto è una discesa pendente come quella di un parcheggio sotterraneo, forse anche di più. Le ginocchia urlano e le cinghie dello zaino mi stanno segando le spalle. Ho visioni mistiche, dove passo da momenti di felicità assoluta, perché immagino di rotolare lungo la discesa per non camminare più, a momenti di disperazione pura, perché non trovo la soluzione per lo zaino. Non può rotolare e, se lo tengo sulle spalle, mi blocca al primo giro su me stesso. Copro quindi gli ultimi metri che mi separano dalla fontana in pietra circondata di pellegrini, stravolti anche loro dalla fatica, strisciando gli scarponi sulla terra per limitare il dolore provocato ormai da ogni impatto con il terreno.

Sono vivo, con i piedi nell'acqua gelida ma rigenerante. Ce l'ho fatta! Sono felice.

Hontanas è il primo paesino, o meglio raggruppamento di poche case, che si incontra dopo un lungo tratto di altopiano e che è risorto con la rinascita del Camino, che ha spinto al recupero delle abitazioni trasformate in ostelli, Bed&Breakfast e locali di ristoro. In uno di questi sorseggio una *cerveza* fresca con un gruppo di tre pellegrini tedeschi che, mentre svuoto il mio boccale, si scolano due bottiglie di vino rosso dando sfogo, chiassosamente, a tutta la loro allegria per la fine della tappa. Sono Hans, Mathias e Lothar, come Lothar Mathaus che nel 1989 fece vincere all'Inter la sfida con la Juventus con un grandissimo goal. Come ricordo il grande Lothar, il suo omonimo vuole che lo riprenda in posa di festeggiamento con le due bottiglie in mano. Chi lo avrebbe mai pensato che il Camino offrisse questi momenti di svago in puro stile *Animal House*, un film per me *stracult* del 1978, di John Landis e con l'indimenticabile John Belushi.

Al nostro gruppo si aggregano i primi pellegrini italiani con cui scambio due parole sul Camino: Giorgio e Pier. Giorgio ha 64 anni e, con mia grande invidia, è in pensione da sei. Altro che la Fornero. Poi si parla di diritti acquisiti per chi ce li ha, ma i diritti di coloro che invece acquisiranno diritti con meno diritti? Lasciamo perdere che ci avveleniamo il sangue. Pensare alle iniquità di trattamento in Italia mi ha distratto e mi ha riportato per un attimo alle logiche del vecchio mondo, dove ognuno è bravo a lamentarsi delle ingiustizie e delle disparità quando lo toccano direttamente, mentre diventa immediatamente comprensivo e avanza giustificazioni quando gode di situazioni a suo favore, seppur improprie. Il campione tipo più rappresentativo di questo atteggiamento è proprio il pre-pensionato, specie se, scandalosamente, baby pensionato.

C'è un detto Navajo, che bisognerebbe riportare sulle carte d'identità, che dice: *"noi ereditiamo la terra dai nostri avi e la prendiamo in prestito dai nostri figli"*. La generazione che ha governato dopo la guerra ha contribuito sì al boom economico, ma ha anche creato le condizioni per scaricare i costi di un sistema assistenziale e previdenziale iniquo sulle generazioni future. La mia, ammetto, sta secondo me a metà. In parte ne beneficia e in parte si aggrega al carro degli intoccabili, protetti anche dall'articolo 18 e non solo.

Pier, per fortuna, mi distrae da queste tristi considerazioni, invitando tutti i presenti con un gran sorriso a un brindisi alla vita e al Camino. Poi condivide la sua esperienza del Camino, che è la seconda volta che fa per ringraziare Dio della vita ricevuta e vissuta sinora. Si avvicina allora un ometto con un barbone grigio da santone e un sigaro tra i denti che mi chiede «*Where are you from?*». Si chiama Ralph e, avendo voglia di parlare, inizia a raccontare la sua storia che è veramente straordinaria. Ha la mia età, è di origine messicana, vive in Carolina e ha alle spalle 35 anni di servizio nel corpo dei Marines, con il quale ha partecipato a tutte le guerre, note e meno note, nelle quali sono stati coinvolti gli Stati Uniti, dal 1974 al 2009. Ma quello che più mi colpisce è che è nipote di un rivoluzionario che ha combattuto con Pancho Villa ed è sul Camino da mesi perché vuole ripulire il corpo e lo spirito dai veleni delle guerre. Mi mostra il suo biglietto da visita con il suo nuovo ruolo: Ralph Guerrero jr USMC Retired. Visto il suo cognome – *cognome omen* – era proprio un predestinato! *Peace and love* e gli cadono delle lacrime sul viso mentre ci abbracciamo forte per salutarci. Incredibile l'umanità che si incontra sul Camino.

Hontanas è troppo affollata e rumorosa per i miei bisogni del momento e decido di proseguire sino a Castrojeriz. Sono solo dieci chilometri circa ma salgo al volo sull'unico taxi disponibile perché i miei piedi, e non solo quelli, dopo chilometri di *mesetas* sotto la pioggia sono provati e hanno bisogno di una pausa, tanto è vero che sto anche pensando di prendermi una giornata di riposo totale. Vedremo. Nel breve tragitto, che a piedi avrebbe richiesto almeno tre ore, do un'occhiata alla chat.

> 12:18 – Vittorio: Che dire Ric, forse dal tuo taccuino di appunti uscirà un libro interessante, perché tu sei uno di quelli che osservano molto prima di parlare o criticare, evitando di cavalcare i populismi dell'ultima ora. "Orme agnostiche sul cammino di Santiago" sarebbe un titolo interessante…

Chissà, penso in quel momento e allora ricordo che la psicologa, con la quale feci qualche seduta durante la fase dell'ultima separazione, predisse che, essendo molto creativo, sarei diventato uno scrittore. Vedremo, *lo scopriremo solo vivendo*, come cantava Lucio Battisti. E il ritornello mi risuona in mente quanto mai attuale, visto il momento che sto vivendo:

> Chissà, chissà chi sei
> Chissà che sarai
> Chissà che sarà di noi
> Lo scopriremo solo vivendo
> Comunque adesso ho un po' paura
> Ora che quest'avventura
> Sta diventando una cosa vera…

Poi inizio a chattare:

> 18:04 – Biancone: Nella *meseta,* terra e cielo si toccano. Non ci sono confini. Lo sguardo spazia senza limiti. Angoscia o senso di libertà assoluto? Il Camino ci regala anche l'emozione della sfuriata di acqua e grandine, che in pochi minuti trasforma la strada in fango.

> 18:09 – Biancone: Prime *faccedacammino* italiane (foto). Giorgio, del '52, in pensione da 6 anni e Pier. Hanno fatto tutti i principali cammini almeno 1 volta.

> 18:11 – Biancone: *Faccedacamino* Ralph, 35 anni da Marine. Ha fatto dal '74 tutte le guerre USA. Nipote di un rivoluzionario messicano che ha combattuto con Pancho Villa. Ma non è fantastico?

> 18:12 – Vittorio: Onore a quelli che sono riusciti ad andare in pensione presto! L'uomo non è nato per lavorare, ma lo fa per necessità.

Gli amici, la nostra vera ricchezza. Quanti sono quelli veri che, anche se incontriamo dopo molto tempo, ci salutano come se ci fossimo visti ieri? Quelli che capiscono al volo, senza bisogno di chiedertelo, se c'è qualcosa che non va e che trovano la parola giusta per darti conforto? Quelli che non ti massacrano con tutte le loro sventure e che, quando li chiami, non ti aggrediscono con un "non ti fai mai sentire!". Ho dei cari amici che sono delle belle persone. Grazie!

I segnali che il mio corpo invia, forti e chiari, mi inducono a prendermi un giorno di relax in questo posto che m'ispira. Cerco quindi una sistemazione confortevole per due notti, che trovo nell'hotel *La Cachava*, dall'atmosfera coloniale, con i pavimenti di cotto antico lucidati a specchio, i mobili pesanti di legno scuro, le poltrone di cuoio invecchiato dal tempo e una bella biblioteca a disposizione degli ospiti. La chiave della stanza sembra quella di un antico forziere da quanto è grande e pesante e per arrivarci attraverso un bel giardino. Anche questa volta il Camino ha risposto al meglio ai miei desideri. C'è anche un piccolo patio dove potrò leggere, riposare e, semplicemente, osservare il volo delle rondini.

A cena vado in un bel locale storico tipico spagnolo; mentre aspetto la prima paella ordinata da quando sono in Spagna, ripenso alle emozioni vissute oggi. Il Camino mi sta mettendo a nudo con me stesso, spingendomi a togliere le diverse maschere indossate nel tempo per nascondere, anzi proteggere, il mio vero sé. Mi sta portando a confrontarmi con i miei limiti, con i blocchi e le resistenze. Solo in mezzo al nulla, nel fango, sotto la pioggia e sferzato dal vento, la mia motivazione è stata messa duramente alla prova. La mente prova a sedurmi come una sirena con il suo canto, invitandomi a mollare tutto e a tornare a casa, ma il cuore controbatte e pompa energia ai muscoli, spingendo il corpo a proseguire nel suo percorso verso la guarigione. Il tempo e lo spazio in questa situazione si dilatano e influenzano anche la relazione con se stessi. Chi sei veramente? Dove stai andando e cosa stai diventando o, meglio, come ti stai ritrovando? Domande su domande si susseguono silenziose. Perché il Camino? Cosa ti chiama e ti spinge a lasciare tutto e venire in questa terra semplicemente per camminare?

L'arrivo della cameriera, carina, con un'invitante piatto fumante, interrompe il flusso dei pensieri e mi riporta a uno dei massimi piaceri della vita. Jean Brunhes, geografo francese che scrisse un'opera rivoluzionaria, *La géographie humaine* (1910; 4ª ed., 1934), nella quale elaborò una concezione della geografia umana come disciplina che studia le tracce che l'uomo imprime sulla Terra con la sua vita e la sua attività, disse: *"il mangiare, è incorporare un territorio"*. Bene, grazie alla paella incorporerò tutto il sapore della terra di Spagna, che mi ha accolto e mi sta ospitando con generosità!

Quanto rimane di una paella memorabile merita una foto da condividere con il gruppo:

19:53 – Biancone: Ciò che resta di una memorabile paella (foto).

20:44 – Luca: Un pellegrino 4.0! Bravo Riccardo, buon week. Cosa fai domani per cambiare, cammini? Sempre avanti!

20:52 – Max: Ciao Rik, vedo che procedi bene nonostante le fatiche. Quanti km fatti in totale?

21:06 – Biancone: Con oggi 318.8 km.

21:09 – Max: Bene, ti avvicini...

23:11 – Massimo: Vai alla grande…

Tappa 16: "Prendi il tuo tempo"

Castrojeriz (0 km)

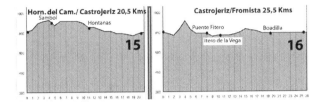

Provo una strana sensazione. Dalla finestra vedo passare i pellegrini nelle loro mantelle colorate antipioggia mentre finisco di gustare un'abbondante colazione con molta calma, perché questa mattina non sarò dei loro.

Dopo quindici giorni e più di 300 chilometri con il peso dello zaino sulle spalle e il suono alternato dei bastoncini, mi sono preso del tempo per *cazzeggiare*, vincendo il senso di colpa che, solo per un momento, mi stava facendo cambiare idea.

A conferma definitiva della mia scelta, la condivido in chat:

> 10:47 – Biancone: Cari amici e amiche compagni di viaggio, oggi il Biancone si prende un giorno di recupero. Troppi segnali, dai piedi agli scarponi ancora bagnati e, *last but not least*, il posto dove ho dormito veramente accogliente. Buon week end e pace e bene.

Curioso tra i libri dell'hotel e una copertina con una foto in bianco e nero attira la mia attenzione o, meglio, mi chiama. È un libretto che, guarda caso, ha un titolo quanto mai sincronico: *Peregrino a Santiago, viaje al fin del mundo*, di Manuel Mandianes, antropologo e giornalista nato in Galizia nel '42, che scopro essere una personalità in Spagna.

Prendo il libro con l'idea di leggerlo dopo la visita di Castrojeriz, che si rivelerà un luogo interessante e degno di essere vissuto per meglio assorbirne lo spirito loci, che è tutto impregnato di Camino, tanto è vero che il paese si sviluppa lungo la *calle* principale, che non è altro che il Camino stesso.

Gironzolo per le antiche strade – la fondazione di Castrojeriz risale ai tempi dei Romani – con le coreane e a piedi nudi per far respirare la bolla e mi godo appieno la sensazione di libertà, che deriva dal non calzare gli scarponcini. Mentre sto osservando che in giro non c'è anima viva, noto un'insegna intrigante, l'*Hospital del Alma* – l'Ospedale dell'Anima – che invita a entrare in uno spazio che sembra una casa privata, ma che è evidentemente aperto a tutti. La grande sala che mi accoglie è in penombra e impregnata di profumo di incenso al limone. Altoparlanti ben nascosti diffondono in sottofondo Mozart, alle pareti ci sono belle foto in bianco e nero e frasi evocative, introdotte da un avviso che invita gli ospiti al rispetto dell'unica regola della casa: il silenzio. L'atmosfera è bellissima, si avverte un'energia potente, calda e accogliente.

Alcune frasi sono curiosamente in italiano e fotografo quelle che più mi colpiscono:

> "Non camminare dietro di me, non voglio essere la tua guida;
> non camminare davanti che non posso seguire il tuo passo.
> Cammina al mio fianco e saremo amici."
> (Albert Camus)

A proposito dell'*amicizia*.

> "La vita ci ha insegnato che l'amore non consiste nel guardarsi
> negli occhi l'un con altro ma guardare avanti nella stessa direzione."
> (Antoine de Saint-Exupéry)

A proposito dell'*amore*.

> "Non conosco una via infallibile per il successo, ma una per
> l'insuccesso sicuro: voler accontentare tutti" (Platone).

A proposito della *vita*.

> "*Quien non comprende una mirada, tampoco comprenderà una larga
> esplication*".
> Chi non comprende uno sguardo, non comprenderà neanche
> una lunga spiegazione.
>
> (Proverbio arabo)

Mentre rifletto sulle diverse frasi, arriva un signore che si presenta come Mao, il proprietario della casa che, avendo compreso dopo due parole in spagnolo che sono italiano, mi invita a seguirlo in giardino dove si può conversare liberamente. Mao, in effetti Maurizio, romano de Roma, ha lasciato l'Italia 30 anni fa dopo un'adolescenza turbolenta. Per uscire da brutti giri e ritrovare se stesso, ha camminato per anni in tutto il mondo, sino ad arrivare qui sei anni fa, a Castrojeriz, dove si è fermato e ha comprato una casa antica mezza diroccata, come ce ne sono ancora nel paese. L'ha ristrutturata da solo e l'ha trasformata nell'*Hospital del Alma*, casa aperta a chiunque voglia passare momenti in assoluto silenzio, anche dei giorni, a patto di aiutare nelle faccende domestiche e negli approvvigionamenti. L'Ospedale dell'Anima. Ma dove si può trovare nel mondo di oggi – dei centri commerciali, degli outlet, dei fast food, delle fashion blogger e influencer, delle catene che replicano i loro modelli su scala mondiale, dove tutto è dappertutto e tutto è drammaticamente uguale dappertutto, così da rassicurare il consumatore da spennare, *sorry* il Cliente da accudire –, un luogo come l'Ospedale dell'Anima, dove si può entrare, stare comodamente seduti per quanto tempo si vuole, sfogliare libri e riviste a disposizione, usufruire della toilette, magari prendersi anche una tisana a fronte di un eventuale *donativo* a propria discrezione? Dove lo si può trovare se non sul Camino?

Chiedo a Mao: «Sei felice?». «Qui sto bene» risponde.

Ha trovato il suo posto dove rappacificarsi definitivamente con le proprie radici e, quindi, con se stesso. Condivido la mia esperienza con le Costellazioni famigliari, che mi hanno aiutato a rimarginare le ferite dell'infanzia e a trasformare la relazione con i miei genitori, per i quali provavo rabbia e risentimento. Sento grande empatia e mi accorgo che, nonostante tutto il cammino fatto, Mao ha ancora tracce di sofferenza per le quali forse neanche nel suo Ospedale ha trovato la cura risolutiva.

Chiedo a Mao se posso prendere in prestito un libro di Castaneda *Il lato attivo dell'infinito*, che ho trovato nella sua biblioteca. Acconsente, a patto che mi impegni a rispedirlo una volta letto, cosa che farò spedendolo all'*Hospital del Alma*, C/Real de Oriente 25, Castrojeriz (Burgos) insieme a un altro libro che amo molto, *Il Profeta di Gibran*, in segno di ringraziamento per l'esperienza vissuta insieme.

Nel momento del commiato realizzo che Mao mi ricorda mio fratello Vittorio, un'altra anima disperata e sofferente che non è ancora riuscita a trovare il modo per affrontare l'origine delle proprie ferite e iniziare un percorso di trasformazione per rappacificarsi con se stesso, con le sue radici e per accettarsi pienamente con le sue debolezze e fragilità. Siamo in tanti ad aver sofferto da piccoli per non essere stati accettati in qualche modo per come eravamo e quella ferita ci condizionerà per anni, portandoci da adulti a ricercare continuamente l'approvazione e il riconoscimento degli altri, quando l'unico vero riconoscimento e apprezzamento che vale è quello nostro per noi stessi, per come siamo. Punto.

Sincronicità: anche Mao è mancino come me e anche Mao, come il sottoscritto, è stato vittima della superstizione che ancora negli anni Sessanta spingeva i genitori e i maestri a correggere il mancinismo. Che orrore, che disastri in nome di presunti precetti religiosi sempre applicati per il nostro bene! Lascio l'*Hospital* con un sentimento di vaga melanconia come quando, finite le vacanze, si salutano luoghi e persone che ci hanno fatto passare un buon tempo.

A poche decine di metri c'è il Museo del Pellegrino, che non posso non visitare. È uno spazio recentemente dedicato all'evoluzione della figura del pellegrino nel tempo, con diverse istallazioni dove sono stati ricreati momenti diversi di vita nel pellegrinaggio, con figuranti con abito e strumenti vari, che rimandano alle diverse epoche. Mi sento parte di un tutto molto più grande di me, un tutto che parte da lontano e prosegue verso l'infinito.

Semisdraiato comodamente su una poltroncina nel patio, accarezzato da un timido sole che sbuca finalmente dalle nuvole, che per tutta la mattinata hanno innaffiato i campi con una pioggerellina sottile e intermittente, inizio a leggere il libro dell'antropologo spagnolo che mi fa fare un balzo indietro al tempo di Carlo Magno e dello scontro epocale tra cristiani e musulmani per il dominio di una parte di quel mondo conosciuto allora, che diventerà poi l'Europa.

Di nuovo lui, dopo Roncisvalle, e la grande storia.

Secondo la leggenda aurea, dopo la sua decapitazione per opera di Erode nell'anno 42, le spoglie mortali di Giacomo, il primo Apostolo di Gesù a essere martirizzato, furono portate dai suoi discepoli in barca da Gerusalemme sino in Galizia, per evitare che venissero disperse. Il sepolcro contenente le sue spoglie sarebbe stato scoperto molti anni dopo, nell'anno 813 dall'eremita Pelagio che, dopo una visione, avvisò il vescovo di Iria Flavia, Teodomiro, che giunto sul posto scoprì i resti di tre corpi, tra cui riconobbe quelli di Giacomo perché aveva la testa mozzata e conteneva la scritta: "Qui giace Jacobus, figlio di Zebedeo e Salomè".

Dopo la scoperta dei resti di Giacomo, che nel frattempo, era già stato proclamato patrono della Spagna, come riportato nei Commentari dell'Apocalisse – meglio conosciuti con il nome generico di *Beatos* che, peraltro, non avevo mai sentito! Quanto siamo ignoranti nel senso letterale del termine –, in quello stesso luogo si sarebbero verificati eventi miracolosi quali segnali angelici e apparizioni di luci celesti, che avrebbero originato l'interpretazione più suggestiva del toponimo *compostella*[1], come derivante da *campus stellae*, e cioè il "campo della stella". Ad esempio la sua apparizione alla guida delle truppe cristiane nella famosa battaglia di Clavijo, avvenuta nell'anno 844, e in altre imprese belliche vittoriose sui musulmani, tanto da meritargli, nella fantasia popolare altomedievale, il soprannome di *Matamoros* (Ammazzamori), che tuttora permane. La tomba divenne così sempre più meta di grandi pellegrinaggi, tanto che il luogo prese il nome di Santiago di Compostela e, nel 1075, fu posta la prima pietra della basilica che gli venne poi dedicata. Da quel momento iniziò anche l'espansione della città stessa di Santiago che divenne, nel tempo, la meta di milioni di pellegrini.

Fatti realmente avvenuti ed eventi leggendari si mescolano ad arte per creare una storia, oggi si direbbe uno *storytelling*, che diventa la nostra storia. Ma che rilevanza può avere, a distanza di secoli, distinguere il confine tra fatti storici documentati e non, quando il nostro presente è frutto di quegli eventi e la nostra identità, la nostra cultura, il nostro pensiero, le nostre abitudini sono collegati a quel lontano passato con un fil rouge che si dipana come la fila dei pellegrini sul Camino? La lettura mi rapisce e l'immaginazione mi porta intorno all'anno 1000, quando il Camino diventa l'asse di sviluppo e di ponte tra regioni diverse, riconosciuto ai tempi nostri anche come asse di sviluppo dell'identità europea.

Oggi abbiamo *Google maps* e altre applicazioni per ottenere indicazioni di viaggio, mentre all'epoca i pellegrini potevano contare sulla prima guida contenuta nel *Libro di San Giacomo* (*Liber Sancti Jacobi*) che codificava le basi del culto dell'Apostolo e forniva tutte le indicazioni disponibili sul percorso e su come affrontarlo. Il Camino era sì un atto di fede per assecondare un bisogno di ricerca spirituale o compiere una penitenza ma, al contempo, il passaggio di migliaia di pellegrini stimolò lo sviluppo di attività commerciali e di maggior presidio del territorio, tanto da farne uno dei percorsi relativamente meno rischiosi anche per il commercio. Sono come folgorato. È sempre la stessa storia.

L'interesse economico, soprattutto, anima le azioni dell'uomo. In

---

1. Il toponimo *compostella* ha dato origine a diverse interpretazioni etimologiche. Oltre a quella già riportata, si è ipotizzato che possa derivare da *composita*, "terra ben composta", oppure dal verbo latino *componere* nella sua accezione di "seppellire", per cui il participio *compositum* significherebbe *compostellanum*. Da *Guerra Campos: Apendice sobre la etimologia de Compostela* in *Compostellum XVI 1971*, pp. 709-712.

particolare la nostra storia è permeata di questa commistione tra potere religioso e potere economico, che sono sì alla base della nostra civiltà ma che, al contempo, mettono in luce gli aspetti meno nobili della nostra morale religiosa e civile.

Sorrido pensando a quei pellegrini "integralisti", di cui parlavo con Tyrone, che affrontano oggi il pellegrinaggio con quello che pensano essere lo spirito medioevale e criticando la "commercializzazione" del Camino, ignorando che all'epoca era diffusa la possibilità di pagare un pellegrino perché effettuasse il pellegrinaggio per conto proprio: il pellegrino *per delega*. Fantastico.

Cariche ecclesiastiche, indulgenze e anche reliquie disponibili nel grande emporio della Chiesa, con la benedizione, ovviamente, di Dio. Chiesa che si dimostrava flessibile anche con l'Inquisizione, comminando pene che prevedevano l'obbligo di fare un pellegrinaggio penitenziale, con destinazioni e modalità diverse a seconda della gravità del peccato e del censo del peccatore. Mandianes riporta che la pena più grave prevedeva di camminare praticamente nudi e con le caviglie strette in catene, riducendo così quasi a zero le probabilità di sopravvivenza. Una pena di morte mascherata *in itinere*. Scopro anche l'origine della Compostela così come è ai giorni nostri. Dalle pene ai premi il passo è infatti breve e anche qui sorprende la capacità di *problem solving* della Chiesa romana. Preso atto che lungo il Camino si era sviluppato il commercio di conchiglie raccolte da intraprendenti furbacchioni in riva all'oceano e poi vendute ai pellegrini più disinvolti, che potevano così tornare a casa con la prova di avere raggiunto Santiago senza tuttavia fare tutto il percorso, la Chiesa decise di introdurre un certificato che provasse il raggiungimento di Santiago. Nasce così la *Compostela*, un documento *ad personam* difficilmente falsificabile. Storia o leggenda che sia, la ricostruzione risuona attendibile e attraente.

A proposito dei catari, anche nel libro vengono menzionati in quanto i domenicani, ai quali il Papa Gregorio IX appena eletto assegnò la gestione dei tribunali dell'Inquisizione tra il 1227 e il 1231, utilizzarono il pellegrinaggio penitenziale nel quadro della lotta all'eresia catara, ritenendolo un buon sistema di redenzione.

La libertà di fede e di pensiero ha sempre fatto paura al potere centrale di turno, difensore della dottrina a uso di gestione e controllo delle masse. Condivido il pensiero di Marx che sosteneva che: *"La religione è il singhiozzo di una creatura oppressa, il sentimento di un mondo senza cuore, lo spirito di una condizione priva di spirito. È l'oppio dei popoli*". La religione è l'oppio dei popoli. Già!

Mi accorgo del tempo che è passato perché il sole sta tramontando e lo stomaco reclama attenzioni. Ho finito di leggere questo libretto meraviglioso e illuminante. La sosta per riposare mi ha regalato l'opportunità di approfondire la conoscenza delle radici storiche del Camino, fornendomi molti spunti di riflessione che avrò tempo e modo di elaborare nei giorni a venire. Grazie Manuel Mandianes.

A cena leggo i messaggi nella chat. Uno dei tanti ricevuti, inviato da Paolo M., che mi mette in copia conoscenza del messaggio di Paolo K, mi fa morire dal ridere.

> 16:47 – Paolo M. da Paolo K.: guarda che l'amico li ha superati i 300 km... preparati.

Vengo così scoprire che gli "infami" avevano scommesso su un mio possibile ritiro prima di aver percorso 300 chilometri e che, entrambi, sono quindi miei debitori di una cena. Non male!

Tappa 17: "La legge dello zaino"

Da Castrojeriz (h. 9.00) a Boadilla del Camino (h. 16.00) – 19 km

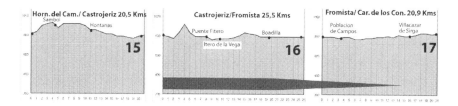

Domenica 8 maggio, festa della mamma. Invio i miei auguri a tutte le mamme e chiamo dopo giorni la mia per un saluto speciale. Grande madre, per lei sarò sempre "capoccione", il mio soprannome da piccolo, per cui stare in pena fino al ritorno da uno dei suoi innumerevoli viaggi di piacere o lavoro.

Gli indumenti, che ho lavato approfittando della giornata di sosta, sono ben asciutti e ordinati sul letto, pronti per essere rimessi nello zaino, che aspetta fiero di essere riempito. Ancora una volta ringrazio di avere portato con me lo stretto necessario. Quando si vive per giorni e giorni in compagnia di uno zaino si comprende come ben rappresenti una metafora dei pesi di cui ci carichiamo nella vita. Se integrassimo nei nostri comportamenti e nelle nostre scelte *"la legge dello zaino"*, e cioè eliminare tutto ciò che è superfluo perché richiede energia e sforzo senza produrre benefici, vivremmo sicuramente meglio. Così come possiamo fare a meno di molti degli oggetti e degli indumenti che accumuliamo in modo compulsivo nel tempo, possiamo fare a meno di pensieri che ci riportano al passato, di ansie che ci proiettano nel futuro, di relazioni che ci succhiano energie, di attività che non ci danno soddisfazioni e tutta una serie di obblighi che non ci appartengono più.

Do ancora una volta un ultimo sguardo alla camera che per due giorni è stata la mia "casa dolce casa" con emozioni contrastanti, perché sono al contempo eccitato per il nuovo a cui vado incontro e dispiaciuto di lasciare una situazione molto confortevole. È interessante appurare come gli esseri umani siano capaci di costruirsi velocemente zone di confort per risolvere, attraverso le abitudini che si vengono a creare, le ansie e le paure legate al futuro, ignoto e imprevedibile, che ci aspetta dietro l'angolo. Ma siccome *il miglior modo di predire il futuro è inventarlo,* come dice Alan Kay, uno dei padri dell'informatica, è ora di mettersi in movimento e di lasciare Castrojeriz.

Sono le nove del mattino e dalla finestra della sala della colazione vedo passare un bel numero di pellegrini, come al solito molto più mattinieri di me. Assaporo l'ultimo sorso di un tè dal gusto intenso e, una volta salutata la signora che mi augura il *buen Camino* di pragmatica, mi infilo nel flusso dei pellegrini, un poco titubante all'idea di camminare di nuovo con gli scarponcini dopo un giorno a piedi nudi con le coreane. Un leggero dolore ai due mignoli mi fa pensare a come dei piani, anche molto ambiziosi, possano saltare per dei piccoli dettagli. Chi pensa mai ai mignoli dei piedi anzi, ai mellini, come sono chiamati correttamente, e a cosa servono? È sicuro che anche loro servano per la stabilità e l'equilibrio e che con il loro gonfiore e arrossamento vogliano attirare la mia attenzione. Mi riprometto che, alla prima sosta, cercherò su Internet il significato associato loro nella medicina cinese.

È domenica e, a parte i pellegrini che mi precedono, nella via centrale non c'è altro segno di vita. Ripasso davanti all'Ospedale dell'Alma, che è ancora chiuso, e gli invio un silenzioso saluto di addio.

Appena fuori del paese incontro una lapide posta in memoria di un altro pellegrino deceduto lungo il Camino: "*Manuel Picasso Lopez che il 25 settembre 2009, a soli 25 anni, ha lasciato il cammino in Terra per proseguirlo in Cielo*". Morire a 25 anni, prima che il tempo e le esperienze inizino a scavare solchi nel volto e a portare via pezzi di anima, ma, come recita una citazione di Menandro, prolifico commediografo greco, poi ripresa da Leopardi: "*hon oi theoi philusin apothnēskei neos*" e cioè "muore giovane colui che gli dei amano".

A me viene da pensare che muore giovane chi pensa di avere esaurito il suo percorso in vita o non trova la forza di portare avanti la sua missione in questa dimensione. Mi aspetto che molti di voi, o forse quasi tutti, non saranno d'accordo e risponderanno che è la sfortuna o la malasorte. È infatti difficile accettare che il nostro destino sia completamente nelle nostre mani, compreso il momento più temuto ma, se ci pensiamo bene, anche in un incidente c'è sempre una nostra responsabilità, così come una malattia è un'anomalia che nasce dal nostro corpo, dal nostro sistema immunitario che non fa il suo dovere, quindi, in ultima analisi, è originata sempre da noi. Questi pensieri fanno da accompagnamento alla mia entrata nella *meseta,* che si apre in fondo a una discesa, resa molto fastidiosa dai mellini che battono sulla punta degli scarponi ma che dura poco, per fortuna, e che conduce a un ponte famoso, il Puente Fitero, di epoca medievale, con sette arcate, che in passato sembra fossero addirittura undici.

Al vento forte che fa ondeggiare il verde dei campi si aggiunge improvvisa la pioggia.

L'*Ermita de San Nicolas*, gestita dai perugini della Confraternita di San Jacopo, è purtroppo già chiusa e quindi per proteggermi dalla pioggia non posso fare altro che affidarmi alla mantella di Decathlon, mezza distrutta dal primo temporale e ricomposta alla bell'e meglio. Mi fermo bagnato fradicio al primo caffè che incontro, l'*Hostal Fitero*, che accoglie i pellegrini all'ingresso del paesino di Itero de la Vega. I nomi dei paesi spagnoli sono molto evocativi. Il calore del locale e i due caffè mi riscaldano il corpo e lo spirito, mentre fuori viene giù il diluvio universale. Su Internet leggo che il quinto dito del piede, il mellino, è quello in cui termina il meridiano della vescica che, guarda caso, è il meridiano dell'eliminazione dei liquidi organici e cioè degli "antichi ricordi":

> "quando urtiamo questo dito, cosa estremamente dolorosa, cerchiamo di eliminare vecchi ricordi o antichi schemi rela-zionali. Tentiamo di cambiare inesorabilmente antiche abi-tudini, modalità di relazione con il mondo e con l'altro che non ci soddisfano più. Attraverso il trauma o la sofferenza (corpo, ferita, distorsione, etc.), stimoliamo le nostre ener-gie per facilitare l'eliminazione di queste antiche modalità al fine di poterle rimpiazzare con altre"[1].

Direi che il messaggio delle quinte dita è piuttosto chiaro. Sono in-fatti sul Camino proprio per fare tutto questo. Voglio lasciar andare ricordi e traumi e fare spazio per il nuovo che arriverà! Sono fiducioso.

Esco che ha smesso di piovere e il lungo rettifilo della strada ba-gnata di pioggia, così come è illuminata dal sole attraverso le nuvole, sembra un nastro argentato che taglia il verde brillante dei campi che sfumano all'orizzonte. Cammino in totale solitudine al ritmo del *tic* e *tac* dei bastoncini. Il lamento dei piedi è finalmente cessato e lo pren-do come un segnale ben augurante del Camino.

Sento delle voci dietro di me; sono i tre francesi che ho conosciuto al bar che mi raggiungono, salutano e superano. Provo a tenere il loro passo ma, giunto in cima a una collinetta, di fronte allo scenario in-

---

1. Michel Odul, *Dimmi dove ti fa male e ti dirò perché*, Ed. Il punto d'incontro, 1994.

cantevole che si presenta davanti ai miei occhi, mi fermo per nutrirmi di questa bellezza. I francesi sono adesso tre punti nello spazio vuoto che si apre a 180 gradi, composto dal verde dei campi e dall'azzurro del cielo, alternato al bianco delle nuvole. Non c'è segno di altra presenza umana e all'orizzonte, in direzione di Fromista, si nota una sola costruzione che dovrebbe essere il campanile della chiesa di Boadilla del Camino. Ricorda un faro che indica la direzione del porto ai naviganti.

Nella leggera discesa prendo un bel passo che è sincronizzato ai pensieri che, così come arrivano, fluiscono via. Sono in pace con me stesso e sono felice. È uno stato psicofisico di assoluto benessere che ho provato raramente, forse solo quando ero nella pancia di mia madre. È strano, in teoria dovrei faticare, soffrire a camminare nel nulla senza uno scopo tangibile e, invece, cammino, respiro e sto bene, anzi benissimo.

Verso le *tres de la tarde* entro in Boadilla. Sembra una *ghost town*. Un cielo tornato plumbeo copre come una cappa di piombo le poche case, attutendo ogni suono o rumore che rimandi alla presenza o attività di umani. Dal nulla appare un gatto con il pelo arancione macchiato di bianco che si avvicina amichevole, facendo volare via un passerotto che da un po' di tempo mi seguiva. Mi siedo su una panchina e il gatto mi sale in braccio facendo le fusa. Lo prendo come un segno che mi invita a fermarmi, anche se è un po' presto. Fatti pochi passi arrivo nella piazza deserta della cattedrale e, di fronte, noto l'insegna di un *albergue*. Mi fermo qui, in questa dimensione che sembra sospesa nel nulla del mare della *meseta*. La reception è in fondo a un giardino delimitato da un muro dipinto con graffiti e ornato di opere artistiche concettuali e colorate. Mi piace e condivido:

> 16:00 – Biancone: Finalmente Casa! Dopo più di 20 km, di cui un bel po' sotto un diluvio.

Il ragazzo spagnolo che mi dà il benvenuto è uno dei tanti *hospitaleros voluntarios* che prestano servizio gratuitamente presso uno dei circa 500 *albergues* dislocati lungo il Camino, normalmente per una stagione. Mi conduce al posto letto assegnato in una camera con tre letti a castello, dove incontro un gruppo di quattro scalmanate sessantenni americane. Con la scusa della doccia mi libero dall'assedio di domande e, una volta arrivato il mio turno, mi godo l'acqua fresca che scorre rigenerante sul corpo stanco.

La giornata è stata intensa, non solo sul piano fisico ma anche e, soprattutto, su quello emotivo. Il senso di solitudine e di abbandono che si vive nella *meseta*, il tempo mutevole, la fatica di procedere in uno spazio infinito senza punti di riferimento sono "tanta roba". Mancano due ore alle sette, alla cena del pellegrino, e ho la testa troppo carica per poter leggere.

Dato che la camera è presidiata dalle americane dello Utah vogliose di parlare e che, nel frattempo, il cielo è divenuto di un azzurro intenso, senza una nuvola, decido di uscire e fare un giretto per la *ghost town*. Dopo cinque minuti, avendo terminato il *tour* turistico, inclusa la visita della cattedrale, mi siedo su una panchina a rimirare il cielo, avendo così l'opportunità di vedere planare elegantemente una cicogna su un enorme nido seminascosto dietro un parapetto. Il suo arrivo risveglia la vita nel nido e una nidiata di cicogne spunta fuori agitando i becchi per prendere il cibo portato dal genitore, sotto il controllo dell'altra cicogna – la mamma? – che apre le ali in segno di protezione. Meraviglioso. Continuo a seguire come rapito da tanta bellezza ed eleganza i movimenti delle cicogne e scopro che sul tetto ci sono altri due nidi. Nel mentre, il tempo scorre così veloce che è solo per lo stomaco che reclama cibo che mi accorgo che è quasi arrivata l'ora della cena. Impiego il tempo rimanente postando foto delle cicogne in chat e nel frattempo ricevo un primo segnale di disapprovazione da Giovanna:

> 18:25 – Giovanna: Questo non è un pellegrinaggio, è un reportage fotografico. Concentrati!

> 18:32 – Biancone: Pellegrino Biancone segue solo le ispirazioni e i messaggi del Camino.

> 18:44 – Paolo: Ho capito dove sei. Fra poco dovresti arrivare al monumento di metà Cammino.

Ormai in preda ad allucinazioni da fame, invio un ultimo messaggio per condividere le riflessioni sul *qui, ora e adesso* che non so, con il senno del poi, quanti abbiano compreso fino in fondo:

> 18:53 – Biancone: Bisogna lasciare andare. Fare saltare i ponti. Ci sono solo 2 giorni che non esistono. Ieri perché è morto e domani perché non è ancora nato.

A cena mi ritrovo seduto vicino a Donato, irpino, e a Keith e Susanne, londinesi.

Sincronicità uno: Donato e Keith sono entrambi neo pensionati in cammino per riflettere sul cambio di vita.

Sincronicità due: Keith, 62 anni e tre matrimoni con figli alle spalle – mi batte! – e Susanne, 48 anni. Si sono fidanzati da poco tempo e sono sul Camino per conoscersi meglio e superare alcune criticità comuni legate alla differenza di età e a delle resistenze di lei derivanti dal non essersi mai sposata. Racconto la mia storia e mi prendo la licenza di scherzare sulla loro differenza di età, dando dello *junior* a Keith visto che, quella tra me e Giulia, è di vent'anni. Ascoltano con grande attenzione e tra di noi si viene a creare una grande empatia per le esperienze vissute, che ci accumunano non solo per i dolori provati, le delusioni, i sensi di colpa, i momenti di tristezza e solitudine ma anche per le gioie, le nuove persone incontrate e, soprattutto, per le rinascite! Niente è per caso. Ci serviva incontrarci e conoscerci per poterci specchiare l'uno con l'altro e tirare fuori sentimenti ed emozioni trattenute.

Giulia. È la prima volta che il Camino mi porta a pensare intensamente a lei, perché sinora gli incontri hanno richiamato soprattutto le tematiche legate al lavoro e alle relazioni professionali. Forse non è neanche questo un caso, perché oggi è il giorno della donna.

Giulia ti penso intensamente e ti sono grato per non avermi ostacolato e avermi invece incoraggiato a partire e a prendere questo tempo per me. Siamo due anime che si sono incrociate in passato e che, finalmente, si sono incontrate e abbracciate. Ti amo.

In camera la luce è spenta e le americane sono già a letto. Uso la luce della pila per non disturbare e, prima di sprofondare nel sonno, vado in chat rimanendo di sasso nell'apprendere che Giovanna, la mia a questo punto forse ex insegnante di yoga, ha abbandonato il gruppo:

19:41 - Giovanna ha abbandonato.

Mi domando perché mai? Sarò libero di vivere e interpretare il Camino come mi pare? Perché dovrei distrarmi dal mio percorso di ricerca spirituale condividendo immagini e sensazioni con persone che mi sono care? Non sono venuto qui per staccarmi dal mondo ma per lasciare andare bisogni, abitudini e relazioni non più in sintonia con quello che sto diventando o, meglio, con quello che sto scoprendo essere il mio vero Sé. Sono qui per smontare l'immagine proiettata all'esterno e supportata da maschere modellate nel corso degli anni, per rispondere ai condizionamenti sociali e famigliari di una vita. Pirandello, il maestro di *Uno, nessuno e centomila*, scrisse: *"imparerai a tue spese che nel lungo tragitto della vita incontrerai tante maschere e pochi volti"* e che c'è *"una maschera per la famiglia, una per la società, una per il lavoro. E quando stai solo, resti nessuno"*.

Non capisco quindi perché mai sia fuori luogo condividere questi momenti in una modalità consentita dalla tecnologia senza diventarne dipendente. Giovanna con questa sua decisione mi sembra contraddire quanto insegna nelle lezioni di yoga, quando invita i praticanti ad ascoltare i segnali del corpo per trovare i propri punti di resistenza su cui appoggiarsi, per mantenere poi la posizione nel modo più confortevole e prima di scioglierli senza forzare. L'invito è quindi di praticare secondo le proprie capacità, senza guardare cosa e come lo fanno gli altri. Ho imparato che non vi è un modo giusto o sbagliato di praticare una posizione, vale il modo che va bene per ognuno di noi, che è sicuramente diverso da quello di tutti gli altri. È così che interpreto il Camino, seguendo l'ispirazione del momento e accordando conseguentemente le modalità con coerenza rispetto alle capacità psicofisiche del momento stesso. Interpreto quindi la decisione di Giovanna come un segno a fare a meno di maestri e a ricercare la propria verità attraverso il confronto con il proprio maestro interiore.

Grazie Giovanna e grazie all'Universo per questo momento, che neanche il russare pesante di una delle arzille signore americane riesce a turbare.

Buona notte Riccardino, sogni d'oro e a domani.

Abbraccio il cuscino e sprofondo in un sonno ristoratore.

Tappa 18: "Lasciare impronte di pace e di serenità"

Da Boadilla del Camino (h. 08.15) a León (h. 16.30) – 7 km

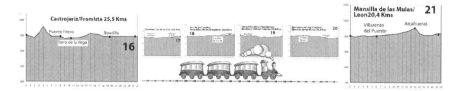

Notte infernale, che mi ha riportato alla prima vissuta sul Camino a Orisson, in balia di quel famigerato gruppo di francesi. Una delle cariatidi dello Utah – che lo spirito del Camino mi perdoni – si è mossa tutta la notte nel letto e ho contato almeno cinque sue uscite dalla camera, per andare non so dove. Come se non bastasse hanno messo la sveglia alle 5, per partire poi pochi minuti prima di me, verso le 8.

Il saluto delle cicogne che, alla mia uscita dal passo carraio, si innalzano in volo dal tetto della cattedrale, emettendo il loro tipico suono prodotto battendo il becco, mi fa tornare il buon umore. In pochi minuti ho lasciato il paese alle mie spalle e ho imboccato il percorso indicato dalle conchiglie e che, poco dopo, affianca il Canal de Castilla, lungo il quale cresce una vegetazione che appare lussureggiante per chi si è abituato al panorama privo di alberi della *meseta*. In alcuni tratti mi richiama il giardino di Giverny, che ispirò un quadro famoso di Claude Monet, *Lo stagno delle ninfee*, che ho avuto la fortuna di ammirare al Musée d'Orsay a Parigi.

Splende il sole ma l'aria è frizzante, condizioni ideali per camminare.

Dopo quindici giorni di cammino e più di trecento chilometri comprendo meglio le parole di Thich Nhat Hanh, monaco e maestro zen vietnamita, che ho conosciuto grazie alle letture che mi ha consigliato Giovanna.

> "Meditazione camminata significa gustare la camminata, camminare non per arrivare, ma semplicemente per camminare. Lo scopo è radicarsi nel presente e, consapevoli di respirare e di camminare, gustare ogni passo. Perciò dobbiamo scrollarci di dosso ansie e preoccupazioni, non pensare al futuro, non pensare al passato, ma solo gustare l'attimo presente. Possiamo farlo tenendo per mano un bambino. Camminiamo un passo dopo l'altro, come se fossimo le persone più felici del mondo. Noi camminiamo continuamente, ma di solito lo facciamo correndo, e in questo modo lasciamo sulla Terra im-

pronte di ansie e di dolore. Quando camminiamo, dovremmo farlo in modo da lasciare solo impronte di pace e serenità. Tutti possiamo farlo, a patto di volerlo davvero"[1].

Anche io voglio imparare a gustare l'attimo presente, essere nel *qui, ora e adesso* e lasciare impronte di pace e serenità al mio passaggio su questo pianeta.

Dopo poco meno di due ore di camminata in splendida solitudine lungo il canale che mi condurrebbe a Santander se proseguissi dritto, il Camino mi obbliga a girare a destra, per attraversare un ponte e giungere a Fromista, la prima tappa della giornata dove devo decidere come proseguire. Fatto il calcolo dei chilometri che mancano per arrivare a Santiago e dei giorni disponibili sino alla data del rientro – entro il 28 maggio, per poter presenziare alla Cresima di Asia – e valutate le caratteristiche del percorso a venire, dritto nel mezzo della *meseta* con molti tratti sull'asfalto e spesso a fianco della statale o dell'autostrada, scelgo di saltare il centinaio di chilometri che mi si parano davanti e di prendere un bus sino a León.

La biglietteria degli autobus è chiusa e il motivo appare presto evidente. Nessun bus sino a domani! Inizio allora a camminare con scarsa motivazione in direzione di Carrión de Los Condes ma il lungo nastro grigio scuro, che si srotola davanti all'infinito appena uscito da Fromista, mi fa tornare sui miei passi a cercare una soluzione alternativa. La ricerca su *Google maps* – ebbene sì, sono un pellegrino 4.0 – indica che il modo migliore per arrivare a León è quello che prevede un percorso più lungo che, passando da Palencia, capoluogo della Castilla y León, permette di arrivarci via treno. Unico mezzo però per arrivare a Palencia è l'autostop e quindi… vada per l'autostop, come quando ero ragazzo e insieme a Giorgio, uno dei miei migliori amici del Liceo, viaggiammo da Londra sino a Inverness, in Scozia, per vedere il mostro del lago di Loch Ness!

La strada è pochissimo trafficata e la prima auto che passa, dopo una decina di minuti che siedo su una panchina a prendere il sole, non si ferma. La seconda sì. Ovidio, così si chiama il guidatore, ha una *tienda* di alimentari a Fromista e sta proprio andando a Palencia per acquisti presso un Cash&Carry che si trova, guarda caso, a pochi passi dalla stazione. Deduco che il Camino autorizzi la mia scelta e che tutto stia procedendo come meglio non potrebbe.

---

1. Thich Nhat Hanh, *La pace è ogni passo*. Ubaldini Editore, 1993.

Ovidio è un appassionato di calcio, tifa per il Siviglia e si compiace quando scopre che sono tifoso del Toro e anti juventino. Passiamo una mezz'ora a discutere quale, tra Messi e Ronaldo, sia il miglior giocatore e alla fine, per uscire dall'impasse, cito Maradona e sul *pibe de oro* troviamo finalmente l'accordo. Una bella differenza tra l'universo maschile e quello femminile: gli uomini hanno alcuni – pochi – argomenti universali che aiutano la comunicazione, lo scambio e l'empatia. Il calcio, le auto, le moto e le donne. Soprattutto il calcio è un linguaggio ormai universale con uno *story telling* che evolve ogni domenica per il campionato od ogni mercoledì per le coppe. Le donne non hanno argomenti similari che le aiutino nel rompere il ghiaccio e trovare facilmente punti in comune, se non quello dei bambini che poi, ahimè, crescono! Una vocina maligna mi suggerisce un altro argomento: il lamento sui mariti o compagni. Lascio andare e mi dirigo verso la biglietteria.

Il treno ad alta velocità spagnolo non è proprio tale, perché è arrivato con una buona ora di ritardo. Ad ogni modo la cosa, non avendo impegni prefissati né vincoli d'orario, non mi turba minimamente. Dal finestrino vedo scorrere la pianura piatta e vasta della Castilla y León.

All'orizzonte si scorge un fronte nuvoloso nero, che dopo poco copre il sole e scatena un temporale torrenziale sul treno e sulla campagna circostante. Seguono tuoni e fulmini che illuminano la pianura. Non posso non pensare ai pellegrini, che stanno procedendo sotto questo diluvio senza poter trovare riparo, e a quanto mi sia andato più che bene tagliare queste quattro tappe. Spero per loro che abbiano delle mantelline antipioggia migliori di quelle di Decathlon. Sfrutto la comodità del tavolino per prendere gli appunti della giornata sul mio taccuino e fare il calcolo del percorso fatto e di quello da fare.

Sono fiducioso e sereno. Sto lasciando andare tanti residui del passato e sto lasciando che sia nel *qui, ora e adesso*.

Chi mi ammazza! L'impatto con la stazione di León è brutale anche se la periferia, con i suoi casermoni rettangolari, mi aveva in qualche modo preparato al ritorno alla civiltà: la folla che scende dal treno affrettata, il rumore che rimbomba nella volta, che copre binari e attività commerciali. Sono come stranito, anzi straniero, nel senso di estraneo a tutto questo. Ho bisogno di qualche minuto per abituarmi di nuovo ai ritmi e ai suoni della modernità prima di mettermi in movimento per raggiungere l'hotel che ho prenotato e che si trova in centro, vicino alla cattedrale. Il temporale si è ridotto a una pioggerellina che promette di cessare a momenti. Nell'attesa siedo al tavolo di un bar per prendere un caffè, osservando il via vai di viaggiatori. Abituato da giorni a incontrare prevalentemente pellegrini, mi colpisce notare che non ve ne è traccia e che molti mi osservano con curiosità. In effetti il Camino arriva a León da El Burgo Ranero, non passando da Palencia quindi, e vi entra una volta attraversato il ponte sul rio Torio, che è in un'altra parte della città rispetto alla stazione.

Ritemprato, mi dirigo in direzione del centro città, ritrovando così le frecce gialle del Camino, che mi indirizzano al ponte sul fiume Torio, che scorre sottostante impetuoso e limaccioso per le piogge abbondanti e che attraverso mentre il sole vince la resistenza delle ultime nuvole e inizia ad asciugare uomini e cose.

Il centro di León è molto carino e animato; di buon passo procedo sino alla celeberrima cattedrale di Santa María de Regla, che è ancora chiusa. Dimenticavo che in Spagna gli orari sono molto diversi che da noi e sino alle *seís de la tarde* il sacrestano sarà in *siesta*!

La pensione si trova in una *calle* romantica a pochi passi dalla cattedrale, per cui appena sbrigate le incombenze di routine – svuotare lo zaino, lavare gli indumenti e farsi una doccia corroborante –, esco per visitarla, curioso di ammirare le sue 125 vetrate tra le più rinomate d'Europa. Entro da uno dei tre magnifici portali medievali e rimango incantato. Le alte volte gotiche e le migliaia di vetri colorati creano effetti di luce e di chiaroscuro fantasmagorici. Avverto il senso della storia, di nuovo della storia europea con la "S" maiuscola che si dipana lungo il Camino. La sua costruzione è iniziata nel 1205, per volere dell'Infanta Urruca – e chi la conosce! – figlia di Re Ferdinando I, sul sito del tempio eretto da Ordoño II, detto El Magno, a sua volta costruito su rovine romane come ringraziamento per la vittoria riportata sugli Arabi, nella battaglia di San Esteban de Gormaz, e dove fu incoronato re Alfonso V nel 999. Nella storia le sconfitte e le distruzioni sono stati momenti di transizione, prodromi di tempi nuovi di progresso ed evoluzione, di cui però dimentichiamo il prezzo pagato in termini di lacrime e sangue degli sconfitti dalla storia stessa. Amen.

Scaccio dalla mente l'immagine delle colonne gotiche che grondano del sangue di Arabi e Romani ed esco respirando a pieni polmoni l'aria tersa del tramonto.

Mi è venuta l'idea di comprare un paio di sandali, di quelli orribili che i tedeschi portano con i calzini corti, da usare nei tratti pianeggianti. In un negozio di *calzados*, stile anni Settanta da noi, trovo quanto volevo, anche se vi anticipo che, per un motivo o per un altro, non li userò mai sul Camino ma alla sera, una volta arrivato alla fine della tappa, e solo per visitare il paese di turno. In compenso, sulla via del ritorno alla pensione, girovagando tra i vicoli, mi ritrovo davanti a un manichino che indossa una bellissima mantella rossa antipioggia con, addirittura, la sagoma dello zaino in modo da coprire sia il pellegrino che il suo prezioso bagaglio. Metto a tacere *T-rex*, la manina corta, come la chiama mia figlia Francesca, e la compro, nonostante il prezzo non proprio economico, sperando, a dispetto del mio confort di viaggio, di doverla usare almeno una volta. Il colmo sarebbe infatti che non incontrassi più momenti di pioggia! Il negoziante mi sorride, complice forse del mio travaglio, e mi augura *buen camino*!

> 17:02 – Biancone: Arrivato a León. Ho preso il treno per recuperare i 2 giorni di sosta e saltare km di cammino lungo la strada. A oggi ho camminato per 359 km e, da domani, camminerò per gli ultimi 310. Un abbraccio a tutti.
>
> 17:02 – Luca: Bravo!
>
> 17:03 – Vittorio: Bravo bro. Ascolta i tuoi limiti.

Senti da che pulpito! Mio fratello non perde mai occasione per fare il predicozzo!

> 17:32 – Monica: Grande Riccardo.
>
> 17:43 – Alberto: Vai Riccardo, ormai è tutta in discesa!

"Magari!", penso.

> 21:38 – Biancone: *Semana de lluvia*... ahi ahi ahi.
>
> 21:39 – Max: Bravo. Buon proseguimento, non mollare. Dai, da domani sei sotto i 300 km.
>
> 23:17 – Ester: Tappe bagnate ma direi splendide! Bellissime foto...

Terza Parte

LA VECCHIAIA

da León a Santiago de Compostela

Tappa 19: "Take interest in your life. You are the only one that can make something of"

Da León (h. 09.05) a Villavante (h 16.46) – 31 km

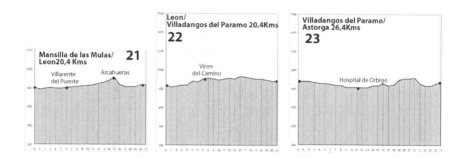

10/05/2016

08:57 – Biancone: Parto. Sento che c'è un mood diverso. Al momento non piove. Meglio. Ma comunque prendo quello che viene con il miglior spirito. Grazie per tutti i bei messaggi di amicizia e sostegno. Buen Camino anche a voi nel vostro andare.

La giornata inizia bene perché trovo un bar aperto dove fare colazione, proprio vicino alla fermata del bus, che prendo per uscire da León e risparmiarmi i tre chilometri circa di percorso cittadino, quindi asfaltato, sino al santuario della Virgen de Camino, all'estrema periferia ovest di León, da dove il Camino diventa di nuovo uno sterrato in mezzo alla campagna. Sul bus conosco due adorabili neo pensionate di Portland, nel lontano Oregon, Marykate and Beth. Scendiamo alla stessa fermata davanti al santuario, offro loro un caffè e, nel mentre, mi raccontano le ragioni che le hanno portate sino qui a chiedere aiuto alla Virgen de Camino. Propongo loro di prendere una carta del Cammino per avere una divinazione e Beth ne sceglie al volo una il cui messaggio, asserisce, le risuona perfettamente e sorride felice. Basta così poco per fare sorridere una persona e, comunque, la carta risuona anche a me.

La frase della poetessa tedesca Else Pannek, *"prenditi interesse per la tua vita. Tu sei l'unico in grado di fare qualcosa"*, ci richiama alla responsabilità che ognuno di noi ha di assumersi il comando della direzione da dare alla nostra vita o, meglio, al nostro cammino in questa vita, perché nessun altro lo può fare al nostro posto e nessun alibi o giustificazione potrà mai restituirci il tempo perduto e la possibilità di vivere le esperienze mancate.

Il santuario è una anonima costruzione degli anni Sessanta posta dove sorse l'originale, nel 1505, in seguito all'apparizione della Madonna a dei pastori. Entro con scarso *pathos*, ma un richiamo sottile mi spinge ad andare sino in fondo alla lunga navata moderna e a entrare nella cappella, dove il sacerdote, che sta celebrando messa, vedendomi entrare, mi saluta con un caloroso *"bienvenido peregrino!"*, attirando su di me lo sguardo curioso dei presenti, per lo più anziane signore vestite di scuro. Non so perché, ma sento montare un moto di grande commozione e alcune lacrime di gioia profonda scorrono lungo le guance. Ho bisogno di uscire all'aria fresca e l'entrata con immediata uscita di due pellegrini mi permette, accodandomi a loro, di uscire dalla cappella senza disturbare e farmi notare troppo.

Prima di uscire dal santuario accendo una candela di ringraziamento e gratitudine per quanto sto vivendo e appongo la credenziale al mio passaporto del pellegrino che, con quest'ultimo, è quasi completato come un album delle figurine, dove anziché le foto dei calciatori sono collezionati i timbri dei diversi posti dove mi sono fermato per ristoro o per pernottare. Meno male che nella cattedrale di Burgos ne ho preso un altro di riserva, in previsione di completare il primo ritirato a Saint Jean solo diciotto giorni fa, tempo che sembra ora un'eternità.

Sono in forma e voglioso di procedere verso Astorga. La temperatura è fresca e il cielo è coperto, le condizioni meteo sono ancora le migliori per camminare, nonostante una velata minaccia di pioggia che non mi preoccupa, dotato come sono della super mantella da pellegrino professionista!

L'attraversamento della nuova autostrada della Galizia, deserta in quel momento, fa uno strano effetto perché richiama una ferita in un corpo. Sarà sicuramente utile per il PIL e per la mobilità nella regione, ma le quattro corsie d'asfalto, che hanno piallato le curve delle colline, stonano violentemente nel paesaggio rispetto al percorso sinuoso della vecchia provinciale, che invece lo rispetta e vi si adatta.

Poco dopo il ponte, incrocio una lapide che recita: *"a pesar de todo me fui de aqui haciendo lo que mais me gustaba... el Camino de Santiago"* – "nonostante tutto me ne andai da qui facendo quello che amavo di più... il Camino di Santiago" – posta in memoria di Miquel Albarioliver, pellegrino catalano, che ha lasciato questo mondo il 7 luglio

2007 a 59 anni, solo uno più di me, penso con compartecipazione e inviandogli un saluto silenzioso. È la settima lapide in memoria che incontro sul Camino.

Il suono del telefono, lasciato per errore acceso, mi riporta al *qui e ora*:

> 09:56 – Daniela: Io cammino, cammino, inciampo, cado, mi sollevo e cammino verso domani godendo la strada di oggi. È bello perché in questo percorso cammino spesso con te. Grazie.
>
> 09:57 – Costanza: Che begli amici che hai Ric!

Cammino per quindici minuti pensando a quante persone della mia età, o persino più giovani, che ho conosciuto e che ci hanno già lasciato ed ecco che, lungo il ciglio, noto una composizione di pietre e vecchi scarponi che sembra un monumento alla caducità umana. Ci pensa, non per caso, il Camino ad aiutarmi a uscire da questo stato elegiaco, diventando più vario e decisamente più trafficato uscendo dalla *mesa* e obbligando, in alcuni tratti, a camminare sull'asfalto della provinciale.

Proprio quando inizio a sentire il bisogno di una sosta con caffè, spunta la tenda-negozio di Juan, che accoglie i pellegrini offrendo ristoro a fronte di un *donativo* discrezionale. Dopo i convenevoli di presentazione, chiedo a Juan perché mantenga ancora la tradizione del *donativo* anziché quella ormai più comune del classico listino prezzi da bar. Juan ha ricevuto la chiamata di mettersi al servizio dei pellegrini dopo avere vissuto l'esperienza da pellegrino più volte in passato. Vive la sua attività non come un'attività economica ma come una missione finalizzata a contribuire al benessere degli altri, che lo ripagano in base a quanto possono, dandogli così la possi-

bilità di vivere dignitosamente. Chiedo se tutti i pellegrini lasciano un *donativo* o se ci sono dei furbacchioni che, magari dotati di attrezzature da trekking costose, lasciano poi *donativi* miseri. Juan sorride mite e, allargando le braccia, risponde che: «non tutti lasciano un *donativo* e capita che alcuni se ne approfittino visibilmente. Ma», continua, «siamo esseri umani e come tali pieni di debolezze, che vanno comprese e accolte perché questo fa parte del percorso di crescita spirituale proprio di ognuno di noi».

Interessante e fa riflettere. Scambio ancora due parole con Juan e, scattato il selfie insieme per la collezione di *"faccedacamino"*, riparto non prima di avere lasciato, nel raccoglitore dei *donativi*, il mio.

Cammino per un'oretta tutto fiero della mia nuova mantella rosso fiammeggiante, che sta facendo al meglio il suo dovere, riparandomi da una pioggerellina insistente.

Durante la discesa che conduce al paesino dal nome curioso di Oncina de la Valdoncina, pensando di essere solo mi viene da cantare a squarciagola l'inno di Mameli. Una risata fragorosa alle mie spalle mi blocca e mi spinge a voltarmi imbarazzato e conosco così Amos, un ragazzo ventitreenne di Piacenza, che inizia a raccontarmi la sua storia. Suo padre è un ex alcolista che ora fa il volontario per la Caritas, mentre la madre deve soffrire di depressione, perché la coglie spesso a piangere in un angolo. È molto abbacchiato, perché ha scoperto che la sua fidanzata, Chiara – sincronicità uno perché la seconda ex moglie si chiama anche lei Chiara – lo ha tradito proprio con il suo migliore amico, Diego – anche lui un nome con cinque lettere; sincronicità due, ma sono un gentiluomo e non voglio infierire.

Potrei essere suo padre o potrebbe rappresentare il Riccardo ventenne. Condivido un pensiero del mio maestro Umberto, quando sostiene che il dolore che proviamo per una separazione è la misura della distanza con l'amore per noi stessi, mentre l'invidia è la misura della distanza con la nostra grandezza.

«Grande!» dice e mi abbraccia tutto felice.

Ci rispecchiamo l'uno nell'esperienza dell'altro, al di là delle differenze di età e di vissuto, e ci confrontiamo sul tema della fiducia e del tradimento e da quest'ultimo a quello centrale, del discernimento. Le delusioni vissute nelle relazioni vanno trasformate in lezioni di vita. La fiducia negli altri rispecchia la fiducia che abbiamo in noi stessi e il tradimento subito segnala una carenza di discernimento, tema più volte affrontato nelle mie sedute con Francesco, il terapista tuinista. Riuscire a ringraziare il traditore è un passaggio molto difficile, perché la pulsione primitiva sarebbe quella di vendicarsi – occhio per occhio dente per dente – ma, attraverso l'atto del perdono, possiamo fare tesoro di quanto vissuto, trasformando le emozioni di sofferenza e rabbia in gratitudine per avere appreso un'importante lezione di vita, lasciandoci così il tutto alle nostre spalle. Ogni esperienza negativa, ogni ferita subita ci porta, se vogliamo, a riflettere sulla nostra capacità di discernimento e su come migliorarla. Certo che è più facile a dirsi che a farsi, ma è l'unico modo per stare meglio e smettere di soffrire. La rabbia e la vendetta sono veleni che alla fine fanno male soprattutto a noi. Vero, ma delle volte un bel pugno in faccia non sarebbe proprio liberatorio darlo?

Gli chiedo dei suoi sogni, di come e dove si vede tra cinque anni e i suoi occhi brillano mentre disegna il suo scenario, con parole che arrivano dal profondo del cuore. Confida le sue paure e le sue incertezze, tipiche di questa generazione a cavallo tra la *old economy* e gli algoritmi delle *learning machine,* che stanno operando un cambio epocale dei paradigmi del mondo del lavoro classico. Basti pensare che si stima che entro il 2022, che è domani, nel mondo verranno creati circa 133 milioni di nuovi posti di lavoro che richiedono nuove competenze mentre, al contempo, ne verranno cancellati circa 75 milioni di quelli tradizionali e che, per adattarsi al nuovo mondo, si stima che ognuno di noi debba investire in questi anni 101 giorni in formazione[1].

Forse non avrei dovuto descrivergli questo scenario, soprattutto per la parte relativa alla formazione che comporta tanto studio, penso maliziosamente, perché per qualche minuto rimane in un silenzio pensoso.

Le ore passano veloci nonostante il percorso non sia particolarmente attraente e, senza quasi accorgermene, tra una confessione e una condivisione, arrivano le quattro del pomeriggio. Sono provato; per certi versi è come se avessimo fatto tutta una serie di Costellazioni famigliari camminando e, quindi, vivo il momento di scarico di energia tipico di quando si costella e si interpreta un ruolo. Il Camino, comprensivo del mio stato, fa apparire il bivio per il villaggio di Villavante con l'indicazione dell'*Albergue Santa Lucía*, dove decido di andare con la speranza fiduciosa di un posto letto.

Amos vuole invece proseguire per Astorga e ci salutiamo quindi come fratelli che si sono ritrovati dopo tanto tempo, abbracciandoci commossi e augurandoci *"buen Camino"*. Mentre procedo in direzione dell'*Albergue* mi volto a sinistra e, vedendo la figura rossa di Amos procedere spedita verso il suo destino, non posso fare a meno di pensare come sono fantastiche le relazioni sul Camino. Ci si saluta, ci si conosce, ci si commuove e si ride insieme, si entra in empatia profonda in poco tempo e poi ci si separa senza problemi, ognuno rispettoso della scelta dell'altro, senza obblighi, senza insistenze o peggio prevaricazioni. Ognuno libero nelle sue scelte, nel rispetto del proprio bisogno del momento. Io mi fermo qui, tu invece procedi. Ciao, buon

---

1. Fonte: World Economic Forum.

Camino e via! Come sarebbe più semplice e piacevole se funzionasse così anche nella vita normale, da cui proveniamo tutti e dove torneremo dopo Santiago.

All'entrata, un bellissimo cacatua verde mi accoglie con un *bon día* strillato che fa accorrere la *señora* che mi accompagna all'ultima camera disponibile. Ebbene sì, questa sera mi concedo il lusso di godere di tutte quelle comodità che diamo per scontate o, peggio, per dovute. Un letto, una camera con bagno esclusivo dove fare la toilette in beata solitudine, prendendoti tutto il tempo che vuoi, l'acqua calda, le lenzuola pulite, in definitiva uno spazio tutto per te che, dopo giorni di condivisione di spazi con orari regolamentati, hai modo di apprezzare con spirito nuovo e grato.

A cena conosco Reiner, tedesco di Friburgo, in cammino perché aveva bisogno di tempo per sé dopo una vita passata a correre per il lavoro e la famiglia. In Germania, dice con una lieve nota di sarcasmo, fare il Camino è diventato *cool*, di moda, ragione per cui cerca di evitare i pellegrini tedeschi. Come ci possono condizionare i nostri pregiudizi anche sul Camino! Quando già avevamo chiesto il bis del minestrone, arriva un pellegrino che mi chiede di sedersi nel posto libero alla mia destra. È un ungherese dal nome incomprensibile, con l'aria triste dei maschi adulti dell'Est che hanno vissuto il trauma della caduta del Muro e con poca voglia di parlare. Mi dedico allora al bollito con patate dal profumo appetitoso appena portato a tavola.

Dopo cena, guardo velocemente la chat e leggo i messaggi di oggi:

> 16:24 – Biancone: Avrà senso tutto ciò?
>
> 16:59 – Paolo: Vai Biancone, questa è la parte più dura, poi da Astorga è tutta in discesa!
>
> 18:28 – Biancone: Ma Paolo: che cammino hai fatto? Dopo Astorga c'è la Cruz de Herro e poi il punto più alto del cammino a 1.521 metri...
>
> 18:52 – Paolo: Il cammino cambia la vita... Quando sali sui monti è discesa... Quando cammini su strada asfaltata è la vera salita...
>
> 20:21 – Mara: Ciao Riccardo, buona serata ristoratrice. Le tue gambe saranno più pesanti ma senz'altro la tua anima più leggera!

È vero: anche a chilometri di distanza Mara ha espresso con poche parole, e come meglio non avrebbe potuto, il mio stato *qui, ora e adesso*. Il Camino mi ha fatto entrare in un'altra dimensione. La potenza alchemica del semplice atto di camminare, respirare e niente altro mi ha, a mano a mano, anzi passo dopo passo, distaccato da tutti quei pensieri che si ammassano nella mente quotidianamente per indirizzarci alla nostra routine. Sento una profonda trasformazione in corso, che sfugge completamente al mio controllo e alla mia volontà. Ho Santiago come meta, ma non come obiettivo, perché lo scopo è camminare e non arrivare.

Mentre cammino l'attenzione è naturalmente portata al momento che sto vivendo, ascolto i suoni della natura in tutta la loro armonia, vedo i colori in tutta la loro intensità, sento l'odore della terra bagnata dalla pioggia riempire le narici, sono sintonizzato con le sensazioni che arrivano dal corpo e seguo il ritmo dei passi e dei bastoncini senza pensare ad altro. Se la magia del momento viene interrotta da pensieri che richiamano al passato, che attivano sensi di colpa e rimpianti o che alimentano paure per il futuro professionale tutto da ridefinire all'alba dei sessant'anni, chiudo gli occhi, immagino che questi pensieri siano delle bolle nere che lascio andare via, espirando sino all'ultimo soffio d'aria.

Tappa 20: "Perciò o noi risorgiamo adesso come collettivo, o saremo annientati individualmente..."

Da Villavante (h. 09.00) a Santa Catilina de Somoza (h. 18.45) – 25 km

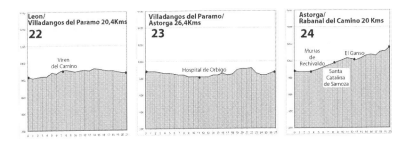

11/05/2016

08:15 – Biancone: E dopo l'ultimo saluto a Coco vado. Buona giornata a todos.

08:47 – Max: Ciao Ric, ti sento in forma. Buona giornata anche a te.

Ventesimo giorno di Camino. Tempo nuvoloso ma non piove. Esco dalla locanda salutato da Coco, il pappagallo che saluta se gli sei simpatico e insulta se gli sei antipatico, e attraverso il paese talmente deserto che mi sembra di essere immerso in un quadro metafisico di De Chirico.

Anche Villavante, se non fosse attraversata dal Camino, sarebbe diventata un'altra *ghost town*. Un chilometro di distanza dal Camino fa la differenza tra la rinascita di un paese e il suo definitivo spopolamento, tra la vita e la morte, ricordandomi così uno dei miei film *cult* con una delle frasi più memorabili che ho spesso usato nei miei momenti di formazione. In *Ogni maledetta domenica* Tony D'Amato, il coach degli Shark, la squadra di football americano di Miami, interpretato da un immenso Al Pacino, nel corso dell'intervallo della finale per il Super Bowl recita un discorso che porterà la squadra a ribaltare l'andamento della partita e a vincere la sfida.

Alla prima sosta, dopo circa un'ora di cammino su una strada agricola, resa fangosa e scivolosa dalle piogge abbondanti, con una tazza di caffè nero bollente che spande un piacevole profumo, cerco su Google la frase del film che avevo in mente. Nel rileggerla trovo richiami alle riflessioni fatte in questi giorni, seppur l'invettiva recitata magistralmente da Al Pacino sia fortemente condizionata dalla cultura e dai valori americani.

«Non so cosa dirvi davvero. Tre minuti alla nostra più difficile sfida professionale. Tutto si decide oggi. Ora noi o risorgiamo come squadra o cederemo un centimetro alla volta, uno schema dopo l'altro, fino alla disfatta. Siamo all'inferno adesso signori miei. Credetemi. E possiamo rimanerci, farci prendere a schiaffi, oppure aprirci la strada lottando verso la luce. Possiamo scalare le pareti dell'inferno un centimetro alla volta. Io però non posso farlo per voi. Sono troppo vecchio. Mi guardo intorno, vedo i vostri giovani volti e penso "certo che ho commesso tutti gli errori che un uomo di mezza età possa fare". Sì, perché io ho sperperato tutti i miei soldi, che ci crediate o no. Ho cacciato via tutti quelli che mi volevano bene e da qualche anno mi dà anche fastidio la faccia che vedo nello specchio.

Sapete, con il tempo, con l'età, tante cose ci vengono tolte, ma questo fa parte della vita. Però tu lo impari solo quando quelle cose le cominci a perdere e scopri che la vita è un gioco di centimetri, e così è il football. Perché in entrambi questi giochi, la vita e il football, il margine di errore è ridottissimo. Capitelo. Mezzo passo fatto un po' in anticipo o in ritardo e voi non ce la fate. Mezzo secondo troppo veloci o troppo lenti e mancate la presa. Ma i centimetri che ci servono, sono dappertutto, sono intorno a noi, ce ne sono in ogni break della partita, a ogni minuto, a ogni secondo. In questa squadra si combatte per un centimetro, in questa squadra massacriamo di fatica noi stessi e tutti quelli intorno a noi per un centimetro, ci difendiamo con le unghie e con i denti per un centimetro, perché sappiamo che quando andremo a sommare tutti quei centimetri il totale allora farà la differenza tra la vittoria e la sconfitta, la differenza fra vivere e morire.

E voglio dirvi una cosa: in ogni scontro è colui il quale è disposto a morire che guadagnerà un centimetro, e io so che se potrò avere un'esistenza appagante sarà perché sono disposto ancora a battermi e a morire per quel centimetro. La nostra vita è tutta lì, in questo consiste. In quei 10 centimetri davanti alla faccia, ma io non posso obbligarvi a lottare. Dovete guardare il compagno che avete accanto, guardarlo negli occhi, io scommetto che ci vedrete un uomo determinato a guadagnare terreno con voi, che ci vedrete un uomo che si sacrificherà volentieri per questa squadra, consapevole del fatto che quando sarà il momento voi farete lo stesso per lui.

Questo è essere una squadra signori miei. Perciò o noi risorgiamo adesso come collettivo, o saremo annientati individualmente. È il football ragazzi, è tutto qui. Allora, che cosa volete fare?»

La chiusura di Tony mi risuona moltissimo. L'egoismo generalizzato della nostra società, che potremmo definire di narcisi, dove la ricerca dell'interesse e del benessere individuale, la difesa della propria area di confort e dei privilegi va spesso a scapito dell'interesse collettivo e del benessere del pianeta – non voglio adesso annoiarvi con temi quali l'inquinamento, l'iper consumo delle risorse naturali e la distribuzione iniqua della ricchezza globale, dove otto ultra ricchissimi ne possiedono la metà[1], di cui tutti discettano ma che pochi vogliono veramente affrontare e risolvere – sta portando il pianeta e, quindi tutti noi, al disastro. Poiché tutto è connesso e tutti siamo connessi, o proviamo ad applicare quanto Tony esorta a fare ai suoi giocatori e, quindi, risorgiamo come collettivo, insieme, o saremo tutti annientati individualmente!

Un bel respiro per lasciare andare via tutti questi pensieri e, di nuovo, in marcia con lo zaino in spalle al ritmo dei bastoncini. Rimugino che, dalla distanza dal Camino, che può significare sviluppo economico anziché abbandono, sono arrivato alla diseguaglianza a livello globale tra i pochi ricchi e i tantissimi poveri e lascio la descrizione della tappa alla sintesi riportata nella Guida al Cammino di Santiago, che è la mia Beatrice in questo passaggio della mia esistenza: "*Tappa lunga nell'altopiano leonense e quasi divisa in due da Hospital de Horbigo e dal suo famoso ponte: nella prima parte si cammina ancora in piano, poi gli ultimi 15 chilometri sono di saliscendi e dolci strappi, quasi che il Cammino ci dovesse riabituare piano piano ai passi in salita. Stanchezza e gratitudine si mescolano a sera*".

Sino a Hospital de Horbigo, incontro solo mucche e vitelli che, insieme al paesaggio bucolico, mi riconciliano con la vita e lasciano andare i pensieri bui. Il ponte famoso composto da ben venti arcate, che attraversano in leggera diagonale il fiume e le sue larghe sponde, appare all'improvviso in coincidenza con il primo raggio di sole caldo che si incunea tra le nuvole che si stanno diradando. Una vichinga bionda, con un retro raro tra le pellegrine, che mi supera con passo veloce e felpato, mi richiama la leggenda legata a questo ponte di origine romana – sempre loro – e ricostruito intorno all'anno 1000.

---

1. Nel mondo 8 uomini, da soli, posseggono 426 miliardi di dollari, la stessa ricchezza della metà più povera del pianeta, ossia 3,6 miliardi di persone. Ed è dal 2015 che l'1% più ricco dell'umanità possiede più del restante 99%. L'attuale sistema economico favorisce l'accumulo di risorse nelle mani di una élite super privilegiata ai danni dei più poveri (in maggioranza donne). E l'Italia non fa eccezione se, stando ai dati del 2016, l'1% più facoltoso della popolazione ha nelle mani il 25% della ricchezza nazionale netta. Sono alcuni dei dati sulla disuguaglianza contenuti nel rapporto *Un'economia per il 99%* della Ong britannica Oxfam, diffusi alla vigilia del World Economic Forum di Davos, in Svizzera.

La storia narra di un cavaliere, un certo Don Suero de Quinones che, innamorato non corrisposto di una dama che non poteva che essere molto bella, si lanciò in un'impresa – assolutamente stupida – per conquistarla, dimostrandole quanto fosse forte e coraggioso. Chiamò a raccolta dieci amici cavalieri, ancora più stupidi di lui, e proclamò che avrebbe impedito a chiunque di attraversare il ponte per un mese. La sfida venne raccolta da cavalieri, avventurieri, soldati e banditi, ma nessuno riuscì a passare e Don Suero, in segno di riconoscimento, si recò a Santiago, ma non si sa se riuscì nell'intento di conquistare la donna delle sue brame. Da quel lontano 9 agosto del 1434 il ponte venne chiamato *puente del paso honroso* che significa "ponte del passaggio d'onore".

Ma quanto siamo stupidi noi uomini? Come diceva qualcuno tira più un pelo di f... che un carro di buoi. Quante cose facciamo, come ci travestiamo, quali maschere indossiamo, come tradiamo noi stessi per conquistare una donna? E quanto dura tutta questa farsa iniziale?

Nel film *Eccezziunale veramente*, Donato Cavallo, il Cavaliere, interpretato da un fenomenale Diego Abatantuono, tifosissimo del Milan e capo degli Ultras, giura a Loredana, la Dama irraggiungibile che odia il calcio, di non seguire più le partite salvo tenere poi la radiolina nascosta al cinema per ascoltare "90° minuto". All'inizio della relazione, a conquista calda, siamo disposti a rinunciare: a non andare a sciare, se lei odia la montagna e preferisce il mare; a non andare in moto, anche a costo di sorbirci ore di coda per tornare in auto dalla Liguria; a uscire con le amiche che hanno organizzato una cena speciale per noi proprio il giorno di una delle semifinali di Champions League e così via sino a quando, a poco a poco e piano piano, iniziamo a ritrovare pezzi smarriti di noi stessi sentendoci quindi dire, anzi rinfacciare: «Sei cambiato, sei come gli altri, primitivo e tanto altro».

Una terrazza di un bar sulla sinistra alla fine del ponte mi invita a una sosta a base di caffè, croissant e vista mozzafiato del ponte e della sua vallata. Sfrutto il Wi-Fi inviando in chat la foto scattata alla pellegrina mentre attraversava il ponte:

11:01 – Biancone: Faccia cioè c... da camino!

Recuperate le energie riparto con Astorga nel mirino, un nome che risuona evocativo. Avrò vissuto in quella città una delle mie circa 2.500 vite?

Come descritto dalla guida, il percorso da pianeggiante diventa più vario, con un'alternanza piacevole di salite e discese. Due cicogne volteggiano eleganti sopra la mia testa, disegnando traiettorie ampie in un cielo azzurro ripulito dalle nuvole. A fianco del percorso scorre acqua trasparente in bellissime canaline di pietra e, ai lati, delle lumache sembrano contemplare il tutto indifferenti al passaggio di noi pellegrini. Le saluto per educazione e proseguo sorridendo tra me e me. Tranquilli non ho preso un colpo di sole né fumato erba, mi sento semplicemente in totale armonia e connessione con tutti gli esseri senzienti che incontro nel mio cammino.

A un certo punto incrocio un'altra istallazione curiosa: un manichino che ricorda uno spaventapasseri a guardia di quello che sembra un cimitero simbolico con una croce, lapidi, una scultura in ferro arrugginito, che rappresenta due uomini avvinghiati tra loro, e pietre come nei cimiteri ebraici.

Il Camino è come una successione di quinte teatrali, ricche di simboli evocativi che sorprendono e suggestionano anche se, in questo caso, fatico al momento a trovarne un significato.

> 11:01 – Biancone: Ho iniziato a parlare con le lumache...
>
> 11:02 – Luca: Guarda che ti rallentano, bisogna sempre tenere il proprio passo! Un abbraccio, Luca.
>
> 11:13 – Loredana: Forse tutto lo sforzo del cammino aiuta ad avvicinarsi a Dio.
>
> 12:07 – Vittorio: ...o, molto meno metafisicamente, al lato B della bionda pellegrina immortalato da Ric.

12:09 – Maurizio: Quale? Me lo sono perso! Finora ho visto solo chiese, cicogne e sentieri fangosi...

13:21 – Massimo: Anche a me è sfuggito...

Bugiardi!

La brezza leggera mi porta un profumino di zuppa, che riscalda il cuore e l'anima; chiudo gli occhi e, come un segugio che segue la selvaggina, mi lascio guidare dall'olfatto sino a quando arrivo di fronte a una capanna, che scoprirò essere da sei anni l'abitazione molto spartana – addirittura senza acqua corrente ed elettricità – di David e Sue.

David è spagnolo, di Valencia; un quarantenne che, dopo una vita molto intensa e usurante da imprenditore, con un'attività nel mondo delle moto GP, venti dipendenti, sempre in trasferta e dedito al consumo di cocaina per tenere il ritmo richiesto da quel mondo, ha deciso, di punto in bianco, di lasciare tutto ai suoi collaboratori per venire sul Camino e, dopo diversi mesi, ha sentito la chiamata di questo posto abbandonato, dove si è fermato.

Con il tempo ha creato questo rifugio e sistemato quello che era il cortile della piccola fattoria, piantando alberi e creando un giardino dell'armonia e dell'amore, dove c'è un grande cuore tracciato con tante piccole pietre. Vive di *donativi* ed è convinto che, "*se la tua mano è aperta, dai e ricevi*". La sua casa è aperta a tutti quelli che vogliono fermarsi anche per la notte o per più giorni. Così è andata con Sue, una bellissima ragazza trentenne australiana, che da mesi convive con David e che mi porta, con un sorriso smagliante, una tazza fumante di zuppa che gusto mentre discorro con David, che mi racconta della sua nuova filosofia di vita.

Siamo tutti connessi e quindi le barriere, le porte sono inutili. Penso alle villette in Brianza con cancelli, inferriate, telecamere e quant'altro possa servire per alimentare la nostra ansia di protezione e sicurezza e vedo, al contrario, quanta pace e serenità trasmettono gli occhi azzurri di David che, dopo lunga peregrinazione, ha finalmente trovato il suo posto in questa vita e in questo spazio. Conclude la sua riflessione con "*la propiedad le quita la libertad*", "La proprietà toglie la libertà!".

Vero e penso a come le discussioni legate alla "roba" abbiano tirato fuori il peggio di noi nelle discussioni per le separazioni. In tutte e due le occasioni mi sono inevitabilmente trovato ad affrontare situazioni e richieste antipatiche, che hanno evidenziato aspetti del carattere delle due ex mogli che non avevo compreso o voluto vedere e comprendere. Senza possesso di cose, di immobili e di cose diverse, sei invece libero di andartene in punta di piedi, senza rumore e senza recriminazioni. Grande lezione di vita. Grazie David. Un lungo abbraccio e ci salutiamo.

Senza accorgermene sono passate quasi due ore, ma che importanza ha? Sono libero, non ho tabelle di marcia e orari da rispettare e momenti come questi sono tra i regali più preziosi del Camino.

In lontananza inizio a scorgere la catena montuosa dei Montes de León, che attraverserò nei prossimi giorni per entrare finalmente in Galizia, altra magistrale metafora del Camino, che si trasforma e rinnova di tappa in tappa. Realizzo ora che il panorama piatto e senza punti di riferimento delle *mesetas* è ormai alle mie spalle, così come il mio passato. La montagna che mi aspetta con la sua saggezza millenaria mi trasmette fiducia in me stesso, ancoraggio con le mie radici e consapevolezza che il cammino può essere impervio, faticoso, ma il raggiungimento della vetta opera contestualmente la trasformazione della nostra montagna interiore, ci avvicina alla luce, a Dio e, quindi, al nostro Sé.

Dopo l'attraversamento di campi intervallati da boschi, arrivo al Crucero de Santo Toribio, posto su un'altura da cui si vede svettare in lontananza la cattedrale di Astorga. Immagino che la vista dei campanili per i pellegrini del Medioevo fosse ancora più emozionante e soprattutto tranquillizzante, poiché significava avere superato rischi, ostacoli ed essere prossimi a un ricovero per la notte.

Foto ricordo e via verso Astorga. Dopo una ripida discesa mi aspetterebbero due chilometri di statale, che evito con grande sollievo dei miei piedi grazie a Maria, che ferma prontamente la sua Citroën alla mia richiesta di un passaggio. Maria è un'infermiera che lavora con gli anziani, innamorata dell'Italia e appassionata di storia. Mi dà uno strappo sino in centro, lasciandomi alla Puerta del Sol, vicino a vestigia romane ben conservate, non prima di avermi sintetizzato la storia della città, l'antica Asturica Augusta, situata all'incrocio della via Traiana con la via della Plata – via dell'argento – e diventata poi un centro importantissimo lungo il Camino, arrivando ad avere sino a 25 *hospitales*.

I romani, di nuovo loro. Da Brindisi me li ritrovo di nuovo qui, nel centro della provincia di León, a 2.583 chilometri di distanza dalla famosa colonna nel porto, straordinari costruttori duemila anni fa di una strada pavimentata e segnata da cippi miliari che, in epoca longobarda, divenne poi parte della Via Francigena. Una Via attraversata dalla grande storia; una Via che, durante le crociate, fu percorsa da eserciti e fedeli in viaggio verso la Terra Santa; una Via facente parte del sistema delle grandi rotte di pellegrinaggio toccando numerosi centri religiosi longobardi, lungo il cui percorso i cavalieri Templari edificarono alberghi e ospizi per i pellegrini, assicurandone inoltre la sicurezza.

Scopro, leggendo su Google[2], che la via Traiana era percorsa in particolare dai pellegrini diretti al santuario di San Michele Arcangelo, situato a Monte Sant'Angelo sul Gargano. Che coincidenza! Un anno fa, girando con Giulia nel Gargano, che non conoscevo, scoprii la bellezza di Monte Sant'Angelo con lo stupefacente santuario. Costruito in parte in una grotta, dove si respira un'energia profonda e intensa, introduce il visitatore al cammino di San Michele, che unisce questo santuario all'abbazia di Mont San Michel e alla Sacra di San Michele, vicino a Torino, dove andavo in Vespa quando ero ragazzino.

Chiedo informazioni su come arrivare alla cattedrale a una signora anziana, che mi prende sottobraccio e mi fa cenno di seguirla. Nel mentre, inizia a raccontarmi di quando era giovane e girava in una Astorga senza auto e di quanto le piacesse uscire dalla città per camminare nelle strade di campagna. Mi chiede perché sono in cammino e dove sono intenzionato ad arrivare. Alla mia risposta il suo viso si illumina e mi chiede con pudore, una volta arrivato a Santiago, di recitare un Padre Nostro per lei e la sua famiglia. Il suo nome è Benigna, mi confida con un sorriso che la fa sembrare una ragazzina sorpresa in un momento intimo.

Come da orari spagnoli, la cattedrale è chiusa sino alle *seis de la tarde*. Saluto Benigna con la promessa di fare quanto mi ha richiesto e riprendo il mio cammino che, dopo una mezz'oretta, mi conduce all'*Ermita de Ecce Homo*, una chiesetta molto suggestiva dove una lapide riporta la frase in più lingue: "la fede è la salute dell'uomo". *Ecce Homo* che, dall'immagine del Cristo flagellato e coronato di spine, così come presentato da Pilato alla folla, richiama l'*Ecce Homo* di Nietzsche, la sua ultima opera, in cui si racconta e si descrive per comprendere come si diventa ciò che si è.

---

2. Alla voce "La via Traiana", sul sito *romaeredidiunimpero.altervista.org*.

Chi sono, come sono diventato ciò che sono: domande che risuonano nella mia mente, alle quali trovo risposta al momento, riprendendo semplicemente a camminare urlando al vento che sono Riccardo, vengo dal mio passato e sto andando verso il mio futuro. Un futuro che al momento ha le sembianze dei monti che si avvicinano e che mi ricordano le mie Alpi, che hanno marcato la mia visuale da quando sono nato, rappresentando un punto di riferimento, quasi di appoggio dello sguardo, donando sicurezza e stabilità, al punto da farmi sentire smarrito quando ho lasciato definitivamente Torino per trasferirmi a Roma, nel 1991. Ci rendiamo conto dell'importanza delle cose solo quando le perdiamo. A Roma mi capitava di guardarmi intorno alla ricerca della sagoma inconfondibile del Monviso e delle montagne che gli fanno da contorno. Ho provato la mancanza struggente della loro presenza, di un confine definito dell'orizzonte, di un punto di riferimento costante, metronomo dell'avvicendarsi delle stagioni ma mutevole nei colori a seconda della stagione stessa.

L'idea sarebbe stata di fermarsi a Murias de Rechivaldo, ma l'*albergue* è disgraziatamente al completo e non mi resta quindi che proseguire sino al paese successivo, Santa Catilina de Somoza, lontano cinque chilometri. Percorro un lungo sterrato in leggera salita protetto da un cielo di un blu rame che anticipa il tramonto, accompagnato da alcuni uccellini che sembrano darmi il passo e farmi da allegra avanguardia e, quando iniziano a cadere le prime gocce di pioggia che anticipano una seria perturbazione, entro di volata a Santa Catilina.

Ceno con Julio, cinquantaduenne di Madrid, e Mario Berto, settantenne veneto, un ex bancario filosofo, in cammino semplicemente perché ancora alla ricerca di verità, dopo avere già fatto tutto il Camino nel 2010. Il confronto con Mario viene facile, non solo per la lingua in comune ma anche per la caraffa di vino rosso che allieta la nostra conversazione. Julio aveva un'azienda che ha chiuso con la crisi ed è attualmente disoccupato. Si mostra molto preoccupato per il futuro delle due figlie, di sedici e diciotto anni. Doppia sincronicità: entrambi disoccupati e con due figlie.

Dopo avere affrontato vari temi economici, mi spiega che la fortuna del *donativo* è anche dovuta al fatto che è esentasse. Ecco perché in alcuni casi il comportamento dei gestori del locale dove si pratica il *donativo*, anziché applicare il classico listino prezzi, mi è risuonato poco autentico. Quei gestori non si sono messi al servizio dei pellegrini, ma esercitano un'attività commerciale sul Camino, "mascherata" per evadere le tasse. Non voglio cadere nella trappola del facile giudizio moralistico, ma non posso non riscontrare ancora una volta che il Camino ci mette di fronte a tutti i diversi aspetti della natura umana. È la vita e siamo umani.

> 21:25 – Biancone: Arrivatooooo! Il camino oggi mi ha testato. Non avendo trovato posto, ho fatto altri 5 km e si è divertito a piovere in modo che mi bardassi tutto quanto per poi smettere subito. Quando ho visto il paese è stato come arrivare in un'oasi dopo una traversata del deserto. Domani arriverò nel punto più alto del Camino, dove c'è la croce sotto la quale lascerò la pietra portata da casa, che rappresenta tutto quanto del passato è lasciato andare via. Buona serata.

> 21:29 – Paolo: Grande Biancone... Ormai discesa!

> 21:29 – Ester: Il destino ti mette alla prova ma tu sei più forte! Avanti così.

> 22:56 – Elisabetta: "...quando la tempesta sarà finita, probabilmente non saprai neanche tu come hai fatto ad attraversarla e a uscirne vivo. Anzi, non sarai neanche sicuro se sia finita per davvero. Ma su un punto non c'è dubbio. Ed è che tu, uscito da quel vento, non sarai lo stesso che vi è entrato...". Buonanotte. Preso in *Ecce Homo*.

Tappa 21: "Se camminassimo solo nelle giornate di sole non raggiungeremmo mai la nostra destinazione"

Da Santa Catilina de Somoza (h. 13.30) a Rabanal del Camino (h. 15.37) – 12 km

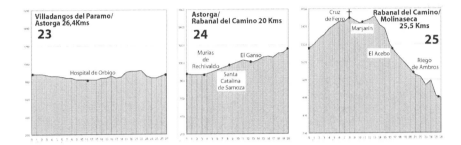

La scelta della camera singola è stata premiante, perché il diluvio in corso mi convince dell'opportunità di fermarmi e aspettare un tempo migliore per l'indomani. Piove così tanto che i pellegrini, che entrano nel locale dove sto facendo colazione, sono bagnati fradici nonostante mantelle e quant'altro. Bagnati sino alle mutande – non solo in senso metaforico ma anche letterale – come il pellegrino che, appena entrato, ha avuto l'idea di togliersi anche i pantaloni e di mettersi seduto di fronte al caminetto per asciugarsi e asciugare gli indumenti. Incredibile.

La pioggia che sembra diminuire di intensità mi fa venire il dubbio se partire anziché fermarmi. La mente inizia a elaborare diversi scenari, vado non vado, rimango non rimango; avverto una sensazione di estraniamento, causato da quel meccanismo infernale che ci rovina l'esistenza, basato sui perché non ho fatto-avrei dovuto-forse sarebbe stato meglio o sarebbe meglio... Decido di lasciare che sia l'istinto a prevalere: mi fermo! Senza esitazioni o ripensamenti ulteriori, mi dirigo risoluto alla reception, a bloccare la camera anche per la notte a venire, prima che qualche altro pellegrino infradiciato e infreddolito me la porti via.

Alle 8 e 30 sono di nuovo in camera, al caldo sotto le coperte, e lascio scorrere pensieri diversi che si interrompono, si avviluppano, si riprendono, si perdono, si scontrano come onde sul bagnasciuga. Senza accorgermene, cado in un sonno agitato da sogni che vedono per protagonisti i vampiri di energia a me più vicini, con i quali lotto eroicamente sino alla loro totale fuga dal mio campo. Sebbene i moderni neuroscienziati, quali ad esempio Tononi e Klein, vedano nei sogni una chiave importante per risolvere l'enigma della nostra coscienza, preferisco credere alla teoria freudiana per cui i sogni sarebbero espressione dei nostri desideri inconsci. Spiegazione che meglio si adatta, secondo me, a comprendere il senso di quanto ho vissuto questa mattina nella dimensione onirica. Tutti quelli che si lamentano perennemente si sentono incompresi e sfortunati, tutti quelli che scaricano il peso dei loro fallimenti sugli altri, tutti quelli che non è mai loro la responsabilità di quello che gli accade, tutti quelli che stanno sempre male e sono convinti che moriranno prima di te – così perlomeno ti rinfacciano – tutti quelli che non sono mai soddisfatti perché gli manca sempre qualcos'altro per essere felici: *via* dal mio campo!

Alle 12 e 30 mi sveglio e, con mia grande sorpresa, il tempo è decisamente migliorato. I nuvoloni neri carichi di pioggia sono scomparsi, sostituiti da nuvole più leggere che lasciano filtrare più luce e cadere una pioggerellina tipica primaverile. Arriva come un flash nella mente la frase di Paulo Coelho: *"se camminassimo solo nelle giornate di sole, non raggiungeremmo mai la nostra destinazione"* e decido in fretta e furia di partire per arrivare a Rabanal del Camino, che dista solo una dozzina di chilometri ed è una località che merita sicuramente di più una sosta rispetto a Santa Catilina e che mi permette di avvicinarmi alla salita per la mitica Cruz de Hierro. La signora della locanda mi abbuona gentilmente la metà del costo della camera restituendomi dieci euro e, tutto gasato perché ben coperto dalla mantellina antipioggia deluxe, parto con passo veloce, deciso a battere il record personale di camminata, per puro divertimento fine a se stesso.

Sebbene pioviggini ancora e il terreno sia fradicio, per la quantità d'acqua caduta in poche ore rendendo più faticoso il procedere, e sebbene la temperatura sia bassa, sono felice. Sto facendo quello che volevo fare, ascolto i suoni della natura, respiro il profumo della vegetazione bagnata e dei monti che si avvicinano; cosa posso desiderare di più in questo momento, se non godermi pienamente tutto ciò?

La frase di Coelho mi ricorda l'importanza di non fermarsi di fronte alle minime avversità, accettando quello che arriva e agendo comunque in sintonia con i nostri bisogni e obiettivi per non perdersi per strada. Quante volte posso avere rinunciato a una nuova opportunità perché la giornata era *nuvolosa*? Sempre nella metafora, quante volte ho mancato un'occasione per svoltare nella mia vita perché pioveva e sono rimasto a casa – nella posizione del momento – anziché uscire aprendo magari l'ombrello per ripararmi? La capacità di adattamento alle condizioni è propria di tutti gli esseri viventi ma l'uomo occidentale, diventato forse troppo dipendente dalla tecnologia, sembra averla dimenticata a favore della ricerca di certezze. Sarà per questo che siamo diventati schiavi delle previsioni meteo, delle previsioni del traffico, di tutte le app che ci permettono di pianificare e controllare ogni genere di attività?

Di nuovo Coelho mi viene in soccorso con una frase riportata da Giovanna durante una lezione di yoga: *"Un guerriero della luce non ha certezze, ma un cammino da seguire, al quale cerca di adattarsi in base al tempo"*.

Penso che Coelho si riferisse piuttosto al tempo che abbiamo a disposizione, ma la licenza di prenderla come spunto, anche per il tempo meteorologico, mi intrigava troppo!

Tempo che è diverso per ognuno di noi, perché ognuno cammina con i suoi tempi e le sue possibilità e ogni confronto porta solo alla frustrazione e all'invidia. Amen.

In due ore arrivo alla meta e, al terzo tentativo, trovo una cameretta libera in un *albergue* dislocato in un antico casone di montagna con un cortile lungo e stretto e un ballatoio di legno consumato dal tempo, a cui si arriva salendo una ripida scala di pietra. La temperatura è nel mentre scesa e la camera è molto fredda, come testimoniano le due coperte pesanti piegate sul letto. Stendo gli indumenti inumiditi dalla pioggia e scendo nello stanzone a disposizione dei pellegrini ospiti per uso cucina e relax, che è riscaldato da un bel fuoco in cui stanno bruciando grossi pezzi di legno stagionato. Sposto una vecchia poltrona proprio davanti al fuoco e mi perdo a seguirne le fiamme che fluttuano nell'aria.

Un pellegrino grande e grosso, stretto in una T-shirt nera, si siede a fianco e si presenta come Andrew, dalla Polonia. Alla domanda sul perché sia venuto sul camino appare prima sorpreso e poi perplesso sino a quando, dopo un bel sorso di *cerveza*, prorompe in un fiume di parole. Per la sua famiglia, per i suoi genitori soprattutto, per se stesso, per avere del tempo per sé e, infine, per conoscere questi posti. Interessante. Andrew è il primo pellegrino che incontro che non è sul cammino per una ragione particolare, legata a un evento critico, ma per vivere – in un certo senso – una vacanza. Bravo. In effetti anche a me sembra più una vacanza che un percorso tribolato.

16:06 – Biancone: 12 km in 2 ore. Record personale!

16:09 – Max: Però stai sbuffando, ma nonostante tutto... bravo.

16:31 – Paolo: Eh bravo, rivedo che l'indomito spirito "agonistico e combattivo" del Biancone riprende il sopravvento su quello "riflessivo e solidale del pellegrino" che emergeva negli ultimi tempi.

16:33 – Francesca: Ah ah, esatto.

16:35 – Biancone: Qui quasi inverno. In cima dove c'è la croce oggi ha nevicato!

16:37 – Biancone: Provate a pensare al pellegrino Biancone superato da tutti per 21 giorni...

16:38 – Francesca: Papi non c'è bisogno di pensarci troppo, è abbastanza intuitiva la risposta.

16:49 – Biancone: *Faccedacamino,* Andrew da Polonia.

17:16 – Max: Ti vedo soddisfatto del tuo Cammino bravo.

17:17 – Biancone: Alle 19 canti gregoriani con i monaci benedettini. Alle 21.30 benedizione dei pellegrini e delle pietre che lasceremo domani alla cruz.

17:41 – Biancone: Comunque, per tornare al tema della competizione... nella realtà i pellegrini sono iper competitivi, perché corrono per arrivare prima negli *albergue* e assicurarsi i posti migliori. Solo che sono sleali, perché se la giocano tra chi si sveglia prima!

18:16 – Ester: Mi stupisce che tu sia riuscito finora a resistere alla provocazione competitiva...

18:22 – Paola: *Unbelievable...* bravo!

Seguendo le indicazioni della guida, mi reco al Monasterio de San Salvador del Monte Irago, dove alle 19 due monaci benedettini intonano canti gregoriani. La chiesa è piccola, spartana e poco illuminata; le pareti in pietra e gli archi che poggiano su corte colonne riflettono le fioche luci delle candele, creando un'atmosfera molto suggestiva, che ispira al raccoglimento. Quando i monaci intonano le prime note mi vengono i brividi e mi commuovo provando massima gioia e gratitudine per questo altro grande dono del Camino. Sono come in uno stato di trance, parte attiva della scena e componente del tutto, sono il monaco, la candela, la pietra, la voce, la luce; sono io. È tutto perfetto e meraviglioso, non ci sono categorie, confini e limiti. La fine del canto mi riporta alla realtà e afferro le ultime parole del monaco che annuncia che più tardi, alle nove, dopo la cena, ci sarà la cerimonia di benedizione delle pietre cha abbiamo con noi da lasciare alla Cruz de Hierro.

Nei primi due ristoranti per pellegrini tre stelle per fortuna non c'è posto, così finisco all'*hostal El Refugio*, un posto *sgreuso* – rustico – come direbbe Giulia in perfetto stile pugliese, dove la coppia di gerenti sessantenni un po' in carne mi accoglie calorosamente e mi fa accomodare in un tavolo con altri due commensali, che subito riempiono tre bicchieri di vino e mi invitano a un brindisi ben augurante. Che benvenuto!

I due compagni di tavolo sono entrambi francesi. Jean, settantenne, di Nizza, e Francis, classe '58 come me, di Nantes. Sembrano amiconi da lunga data, ma in realtà si sono conosciuti l'altro ieri nel Camino e adesso stanno proseguendo insieme. Quando siamo giunti al terzo brindisi, l'oste ci chiede di ospitare al nostro tavolo altre due pellegrine, Beth e Nancy, dal lontano Canada inglese. Jean, che sembra uscito da un film sul clan dei marsigliesi, sfodera tutto il suo charme da gran seduttore e le pellegrine stanno simpaticamente al gioco, tanto che Nancy, cedendo alle sue insistenze, acconsente di farsi fare un massaggio ai piedi, qui, nel ristorante, ricambiando poi con un massaggio alle spalle.

Brindiamo al Camino, alla vita, alla bellezza dell'età matura – vietato usare la parola anziano! –, all'amicizia e, infine, a noi. Quanta empatia e complicità creatasi in pochi minuti tra quelli che poco prima erano perfetti estranei, oltretutto nonostante la barriera linguistica. Da non credere che mi sia trovato a fare il traduttore dal francese all'inglese e viceversa. Belli euforici per l'abbondante libagione, ci dirigiamo un pochino barcollanti nel buio della sera, calata con tutta l'energia del luogo, alla chiesa dove troviamo i monaci pronti a iniziare la cerimonia.

"The power of silence", il potere del silenzio, così inizia la riflessione nel silenzio assoluto del tempio; l'importanza delle pause, continua il monaco, perché non c'è musica senza la pausa e il ritmo e il *pathos* sono conseguenza dell'uso magistrale delle pause. Suono e pausa, pieno e vuoto, bianco e nero, Yin e Yang, attività e riposo, cammino e sosta; dalla contrapposizione si passa all'armonia, dalla dittatura della "o" si evolve verso la complementarietà della "e". Invita quindi tutti noi a vivere i momenti di riposo come momenti di riflessione per stare con noi stessi dopo la meditazione attiva, derivante dal camminare e dal ritrovarsi nel silenzio del corpo e della mente. Il monaco chiede allora di prendere la pietra in mano e di pensare al carico di emozioni e ricordi collegati, che lasceremo andare insieme ad essa. Recita l'orazione

benedicente, concludendola con il monito a ricordare sempre, in tutti i momenti della nostra esistenza, belli o brutti che siano, che noi siamo tutti parte di un tutto e che i nostri comportamenti, le nostre scelte, le nostre azioni e i nostri pensieri interagiscono con quelli di tutti gli altri esseri viventi e influenzano il mondo in cui viviamo *ora, qui e adesso.*

Nel Camino accadono cose che noi umani non possiamo immaginare prima di averle vissute di persona. All'uscita dalla chiesa mostro a Nancy il selfie che ho fatto questa mattina insieme a una lumaca e lei, invece di chiedermi in preda a quali visioni mistiche fossi, mostra a sua volta le foto che anche lei ha fatto a diverse lumache! Sincronicità.

Nel percorso di ritorno all'*hostal*, Jean mi racconta della sua vita e di come, una volta divorziato dalla moglie con la quale aveva vissuto per più di quarant'anni, abbia venduto tutte le sue proprietà e acquistato un camper, che è diventato la sua casa e che gli permette di girare per il mondo seguendo l'ispirazione del momento, senza obblighi, obiettivi e doveri.

La semplificazione è la chiave per vivere felici e la leggerezza è la chiave per vivere liberi. Jean conclude la sua riflessione a voce alta, sottolineando che la proprietà e il possesso ci tolgono la libertà. Questo concetto ritorna costantemente da un po' di tempo a questa parte. Abbraccio Jean che è arrivato al suo ostello e ci auguriamo reciprocamente *buen Camino.*

Mentre percorro i vicoli bui, sotto un cielo così terso che le stelle sembrano tanto vicine da poter essere colte come frutti, penso a quanti incontri, situazioni, sensazioni ed esperienze incredibili e inimmaginabili sino a ieri abbia vissuto in questi giorni. "*Ho visto cose che voi umani...*" mi arriva l'attacco del monologo dell'androide Roy in *Blade Runner*, uno dei film che metto nella mia top 10, il capolavoro di Ridley Scott ispirato al romanzo *Il cacciatore di androidi* di P.K. Dick, che ho anche provato a leggere senza successo, perché scritto in una forma pesante. Forse è venuto il momento di riprovarci.

Indosso il pigiama alla velocità della luce per non rimanere congelato e mi tuffo sotto le coperte, dove, nel tepore che lentamente mi avvolge e dopo un'ultima toccata e fuga in chat, cerco in Google tutto il monologo in originale, per rivivere l'emozione che provo ogni volta che cito quell'incipit indimenticabile:

> "Ho visto cose che voi umani non potreste immaginarvi: navi da combattimento in fiamme al largo dei bastioni di Orione e ho visto i raggi B balenare nel buio vicino alle porte di Tan-

nhäuser. E tutti quei momenti andranno perduti nel tempo, come lacrime nella pioggia. È tempo di morire».

È tempo di dormire......

21:55 – Biancone: *Faccedacamino*: da sinistra Beth dal Canada, Francis da Nantes, Nancy dal Canada e Jean da Nice. Cena memorabile. Il Camino è magico. PS. Biancone il pellegrino faceva da traduttore...

Tappa 22: "The power of silence"

Da Rabanal del Camino (h. 07.45) a Ponferrada (h. 17.15) – 34 km

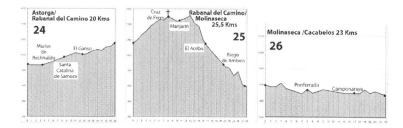

"In the silence we see the light, in the silence we see the moon and I am making my dream come true". Così recita Castaneda in un verso del suo libro, che ho preso in prestito all'*Hospital del Alma* a Castrojeriz.

Il freddo pungente e la luce che filtra dalle persiane mi hanno svegliano presto e mi sono preso qualche minuto per leggere, sino a quando sento che la toilette all'esterno, sul ballatoio, è finalmente libera. Alle 7 e 45 sono insolitamente già per strada, indossando tutto quanto a disposizione con beneficio delle spalle, che portano uno zaino meno pesante, e rimpiangendo di non avere con me un paio di guanti anche leggeri.

Il Camino affianca la provinciale asfaltata, che per alcuni tratti si è obbligati a percorrere e che si arrampica lungo il fianco della montagna, la quale, a mano a mano che si sale, diventa sempre più brulla e battuta da un vento freddo. Non vedo altri pellegrini e, nella totale solitudine di questa ascesa verso uno dei punti più evocativi e simbolici del Camino, mi accorgo allora che gli unici rumori sono quelli del vento e dei miei passi. L'atmosfera è come ovattata grazie alla nebbia che avvolge a tratti la valle e nasconde le cime dei Montes de León. Il potere del silenzio viene così fuori prepotentemente e mi tiene compagnia, solidale e comprensivo del momento che richiede massima concentrazione e totale connessione con l'Universo.

Nel vuoto di pensieri così creatosi, emerge dal profondo della coscienza una delle mie canzoni cult, *The sound of silence*, che mi riporta alla giovinezza, quando con la mia prima auto, una Mini Minor rossa, mettevo la cassetta *Greatest Hits* di Simon and Garfunkel. Audiola – ebbene si allora si usavano le cassette – nel mangianastri, che era estraibile per non farselo rubare lasciandolo in auto ed era l'accessorio inseparabile dei tempi come oggi lo è il telefonino:

Hello darkness, my old friend
I've come to talk with you again
Because a vision softly creeping
Left its seeds while I was sleeping
And the vision that was planted in my brain
Still remains
Within the sound of silence

Poi, il capolavoro di Paul Simon continua, ma gli altri versi rimangono nascosti in qualche angolo della memoria dove non riesco ad arrivare. Come per incanto il cinguettio di un uccellino mi riporta l'attenzione nel *qui e ora* dove, dal nulla, si materializza un gruppo di pellegrini che, con passo molto veloce, mi supera salutandomi. Funziona sempre allo stesso modo sul Camino. Sei solo, non avverti alcuna presenza umana, quando all'improvviso saltano fuori come da un uovo di Pasqua altri pellegrini.

Si cambia registro e vibrazione e punto all'Irago, dal nome potente che sembra annunciare passaggi perigliosi. Il sole fa per un attimo capolino tra la nebbia e le nuvole che sembrano volere trattenere, forse per compassione di noi pellegrini, l'acqua che trasportano sopra le nostre teste, guadagnandosi così la mia gratitudine. Senza accorgermene ho già percorso i primi cinque chilometri per arrivare alla frazione semi abbandonata di Francebon e, visto che ho le mani congelate, opto per una sosta nel primo posto di ristoro per un caffè caldo abbinato a un'invitante fetta di torta casalinga.

Il locale che accoglie i pellegrini provati dalla pendenza e dalla temperatura rigida – ieri ha addirittura nevicato – ha le caratteristiche di un nostro rifugio di montagna: tanto legno, pietra e un camino importante che scalda a meraviglia l'ambiente e gli ospiti. I muri sono tappezzati di frasi evocative e di post lasciati dai pellegrini in transito, il buffet è ricco e i gestori lo offrono – questi sì – a fronte di un *donativo* libero e discrezionale. Fotografo i messaggi che più mi colpiscono e poi, quando si libera un posto, mi siedo a un tavolone con un allegro gruppo di brasiliani: Cristine, suo fratello e altre due signore che hanno conosciuto nel Camino.

Cristine, dopo il 2015, che considera un *annus horribilis*, ha sentito la chiamata del Camino e ha convinto il fratello a venire con lei. Le piace stare in gruppo e quando ha incontrato i primi pellegrini brasiliani ha proposto loro di proseguire insieme. Le altre due signore, di cui non ricordo i nomi, parlano solo portoghese, ma una delle due riesce in qualche modo a condividere, parlando a nome di tutte e due, che non sanno perché sono qui, anche se lei ha letto il libro di Coelho che, peraltro, non trova molto corrispondente a quello che sta invece sperimentando direttamente lungo il Camino. *De gustibus non est disputandum!*

Saluto con il solito rituale gli amici dal Brasile e, prima di uscire, utilizzo per un breve messaggio il Wi-Fi.

> 09:36 – Biancone: Arrivato a pochi minuti dalla croce di ferro. Colazione con un gruppo dal Brasil e poi si va. Buona giornata my friends.

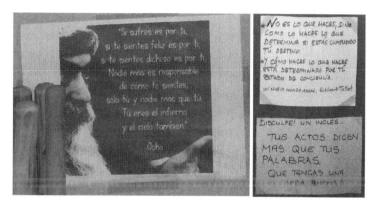

L'aria fredda colpisce le guance come uno schiaffo e la nebbia, che è di nuovo calata ad avvolgere case e cose, penetra nelle narici a ogni respiro. Mentre affronto l'ultimo tratto per la Cruz rifletto sui vari post letti. *"Tu eres el inferno el ciel tambien"* così Osho sintetizza che noi e solo noi siamo responsabili della nostra vita e del nostro destino. Il richiamo a prendersi in toto la responsabilità della nostra vita e di quello che ci accade è un leitmotiv nel Camino ed è probabilmente uno dei principali insegnamenti che si apprendono facendo il Camino stesso. Non importa tanto quello che facciamo, bensì come lo facciamo, perché è attraverso il come facciamo le cose, il come superiamo le situazioni critiche e risolviamo quelle problematiche che trasmettiamo il nostro stato di coscienza, come ci suggerisce l'anonimo postatore. Si dirà così?

El infierno, l'*Inferno* di Dante nella *Divina Commedia*: *"Nel mezzo del cammin di nostra vita mi ritrovai per una selva oscura chè la diritta via era smarrita"*. Nel seminario intensivo, il *Viaggio dell'Eroe* fatto alla Città della Luce, durante il quale si esplora a fondo la dimensione dell'Io e si intraprende un vero e proprio viaggio dentro noi stessi, il maestro Umberto Carmignani, che ci ha accompagnato in questo percorso, fece spesso riferimento proprio alla *Divina Commedia*, come allegoria e metafora della nostra esperienza terrena. Se non affrontiamo i nostri demoni, i nostri lati oscuri che rimandano agli istinti primordiali, se non mettiamo le mani nel nostro "merdone" che è l'inconscio, come potremo mai evolvere e conquistare il nostro stato di esseri divini e spirituali?

Mentre mi avvicino alla Cruz de Hierro ripenso ai miei primi quarant'anni di vita da adulto. Ho commesso azioni immorali e altre che secondo i comandamenti sarebbero peccati, azioni e comportamenti che oggi non sarei più in grado di compiere e tenere, non per rispetto di una morale o di una religione giudicanti, ma per totale mancanza di interesse e, soprattutto, di bisogno. Bisogno che nasceva dall'essere fuori dal centro della mia vita, il cui vuoto riempivo attraverso pratiche che nel tempo sono diventati vizi, se non dipendenze assimilabili a quei demoni rappresentati magistralmente da Dante.

Sento arrivare fortissima un'emozione che non trattengo, che è sia melanconica che gioiosa. Gli occhi si inumidiscono e sgorgano lacrime di commozione. Piango ma sono felice ed è allora che è come se esplodessero davanti ai miei occhi delle immagini. Vedo le mie radici uscire dalla terra e distaccarsi dagli alberi per trasformarsi nei miei avi: nonno Eusebio, nonna Rita, nonno Pietro, nonna Vittoria, papà Giulio e mamma Laura. Passo loro accanto e li saluto con amore e gratitudine e li vedo tutti felici e sorridenti benedire il mio cammino. Mi volto indietro e vedo che, a mano a mano che mi allontano, le loro presenze si smaterializzano sino a scomparire. Non ho il tempo di provare alcun sentimento che davanti a me appaiono Francesca e Asia, le mie figlie, che corrono mano nella mano e che mi chiamano spronandomi a star loro dietro. Ogni componente della famiglia è al suo posto e la famiglia è in armonia. Allora capisco il senso della vita, quel fil rouge che unisce le generazioni e che trasmette non solo il DNA ma anche i nodi, o chiamiamoli anche schemi, blocchi, condizionamenti, traumi, irretimenti alla base del nostro scopo o karma da affrontare e da "bruciare" per guadagnare la nostra libertà spirituale.

Ancora un rettilineo che si perde nella foschia e poi, dopo una curva, il palo di legno con la stella in ferro in punta, alla cui base cresce un cumulo di pietre di ogni dimensione, lascito dei pellegrini sulla falsariga di un rito millenario di richiesta di benevolenza in occasione del giudizio per l'ingresso nella vita eterna. Aspetto un attimo per avere la base libera da altri pellegrini e, nel preciso istante in cui sto per scattare la foto, appare il sole, proprio in punta alla stella. Che segno. Sarà poi la foto che metterò nel profilo di Facebook.

Così come repentinamente apparso tra la coltre di nubi, il sole viene di nuovo coperto, ma non importa, la sua apparizione per pochi istanti valeva la fatica di arrivare sino a qui.

Chiudo gli occhi e, dopo una serie di respiri, per trovare la giusta concentrazione prendo la pietra dalla tasca e la sistemo nel mucchio, lasciandola andare insieme a tutto il carico da novanta di sensi di colpa, rabbia, rancore e rimpianti che rappresenta.

Sono vicinissimo al punto più alto del Camino (1.530 metri) e sono ben oltre la metà del Camino stesso e la discesa che mi attende per Ponferrada ben rappresenta il senso di liberazione e leggerezza che sto vivendo in questo momento. Respiro a pieni polmoni, sono in contatto con me stesso, ho lasciato il mio passato e lascio che sia *qui e ora* l'inizio del mio futuro.

«Please». Mi giro e un ragazzo cinese mi chiede di scattargli una foto. Si chiama Zhen e viene da Francoforte, dove vive da alcuni anni. Quale miglior segno dall'Universo di un nuovo inizio rappresentato da un giovane che viene dal Paese più dinamico, più in divenire al mondo e al contempo ricco di tradizioni e di saperi antichi e cioè la Cina? Temporeggio ancora un attimo quando arriva un'orda di pseudo pellegrini – categoria che avrò modo di conoscere meglio nell'ultimo tratto del Camino – scesa da due pullman.

Il momento di sospensione e riflessione è bruscamente interrotto; è ora di lasciare la Cruz e di affrontare la discesa del monte Irago verso Ponferrada, temuta dai pellegrini perché molto ripida e sconnessa, tanto da assomigliare in alcuni tratti a un vero e proprio sentiero di alta montagna.

12:21 – Vittorio: Qui adunata nazionale Alpini ad Asti. Cammina Ric! A bere pensiamo noi!

13:46 – Biancone: La Cruz è vicina. Momento profondo. Zhen dalla Cina. Incontri tra oriente e occidente. Ying e Yang sotto la Cruz de Hierro sul Camino. Fantastico.

13:46 – Biancone: La Luz per una nuova vida. 222 km a Santiago.

14:08 – Monica: Chissà che emozione... Grande Riccardo!!

14:12 – Maurizio: Non è che sei dalle parti di Rovigo? A giudicare dalla nebbia... Non s'è capito se quella di stamattina era la tomba di qualcuno che ci ha lasciato le penne camminando...

In effetti il sentiero richiede la massima attenzione e concentrazione per evitare storte o cadute, anche con conseguenze serie, tali da mettere a rischio il proseguimento nel Camino, come mi racconta un residente di Molinaseca, il paese molto grazioso che si trova proprio alla fine della discesa infinita, pieno di locali affollati di pellegrini esausti, in uno dei quali mi sono fermato per una pausa ritemprante con panino e *cerveza* ristoratori.

Go ahead Riccardo, adelante! Sono motivato a raggiungere Ponferrada entro la serata, anche se gli ultimi chilometri sono veramente duri dovendo camminare in rettifili asfaltati con a fianco il passaggio rumoroso delle auto a cui non sono più abituato. È il prezzo che si paga alla civiltà. Poco prima delle 18, dopo avere fatto l'ultimo chilometro quasi sulle ginocchia, entro finalmente nella camera con bagno di un quasi lussuoso hotel tre stelle.

> 18:06 – Biancone: A destra Rudi, 50 anni. Voleva provare cosa significa camminare da solo. È tedesco, di Ulm. Caroline, 59 anni, dall'Australia per realizzare un sogno. Nancy 64, 4 figli e 4 nipoti, per stare da sola e mettersi alla prova.
>
> 18:07 – Maurizio: L'ultima foto sembra un villaggio del Centro America!
>
> 18:12 – Biancone: Dopo 34 km, 650 m di dislivello in salita e 1270 m di dislivello in discesa...
>
> 18:42 – Max: Ma oggi hai fatto 34 km!

Doccia, stretching per assorbire la fatica dei tanti chilometri fatti e sono pronto per il giro turistico di Ponferrada, che ha come attrazione principale il castello templare. Insieme al biglietto di entrata chiedo anche il *sello* del castello – il timbro – inaugurando così il secondo passaporto del pellegrino, che avevo opportunamente acquistato nella cattedrale di Burgos in previsione di completare il primo, ritirato una vita fa a Saint Jean-Pied-de-Port. Tanti timbri, tanti luoghi, tanti passi. Il Camino si misura anche così e ogni luogo lascia in te una traccia indelebile che rimanda a un momento e a un luogo evocativo di pensieri ed emozioni positive, rappresentato proprio dal timbro stesso.

In quello che forse è il suo miglior romanzo, *La macchia umana*, duro come un pugno nello stomaco, Philip Roth così descrive invece le tracce che lasciamo noi essere umani:

"...noi lasciamo una macchia, lasciamo una traccia, lasciamo la nostra impronta. Impurità, crudeltà, abuso, errore, escremento, seme: non c'è altro mezzo per essere qui. Nulla a che fare con la disobbedienza. Nulla a che fare con la grazia o la salvezza o la redenzione. È in ognuno di noi. Insita. Inerente. Qualificante. La macchia che esiste prima del segno. Che esiste senza il segno. La macchia così intrinseca non richiede un segno. La macchia che precede la disobbedienza, che comprende la disobbedienza e frusta ogni spiegazione e ogni comprensione. Ecco perché ogni purificazione è uno scherzo. Uno scherzo crudele, se è per questo. La fantasia della purezza è terrificante. È folle.
Cos'è questa brama di purificazione, se non l'aggiunta di nuove impurità?".

Con tutto il rispetto per uno dei miei scrittori preferiti, voglio credere che comunque ci sia una possibilità di redenzione per l'uomo, per elevarsi dai *basic istinct*, dalle pulsioni primitive e dalla cattiveria che Roth individua e descrive con mirabile capacità critica.

Entro nell'imponente struttura con i raggi del sole calante che allungano l'ombra delle mura nel cortile, ottenendo un effetto particolarmente suggestivo, accentuato dall'assenza di altre anime vive. A completare degnamente una quinta teatrale metafisica c'è un gatto nero che mi viene incontro per farsi accarezzare, cosa che prendo come segno benaugurante dell'Universo. In barba infatti alla credenza popolare che considera i gatti neri portatori di sfortuna, nella storia e nella maggior parte del mondo il gatto nero è considerato invece un vero e proprio talismano portafortuna. Penso, ad esempio, agli antichi Egizi, che lo tenevano in così grande considerazione da sceglierlo per incarnare Bastet, antica divinità della mitologia egizia raffigurata con corpo di donna e testa di gatto, che insieme al gatto nero rappresentavano la fertilità e la chiaroveggenza. O agli scozzesi, che credono che l'apparizione di un gatto nero porti prosperità. Chiaroveggenza e prosperità, non posso aspettarmi di meglio!

Il castello è un altro luogo topico, crocevia della storia europea. Fondato dai celti, divenne un importante centro romano a tutela delle vicine miniere d'oro; venne ulteriormente sviluppato dai Templari, che lo riempirono dei loro simboli per adattarlo all'uso contestuale di convento per i monaci guerrieri. Ci vorrebbe molto più tempo per visitarlo in lungo e in largo e, non avendolo perché la chiusura è prossima, serro gli occhi e mi accontento di immaginare l'andirivieni dei cavalieri Templari, bardati nella loro veste bianca con la croce rossa in sella ai loro destrieri, che dal XII secolo custodirono il luogo e offrirono protezione ai pellegrini per un centinaio di anni, sino allo scioglimento dell'Ordine, sentenziato da papa Clemente V nell'anno del Signore 1312 con bolla papale, *senza prove ma per legittima suspicione.* Amen e così sia!

Questa è un'altra bella storia edificante e istruttiva. Alla fine del XII secolo l'Ordine dei Templari era molto potente e ricchissimo, dato che faceva praticamente da banca, custodendo e prestando denaro anche ai sovrani. Furono tra l'altro anche i primi a usare le lettere di credito, create per permettere ai pellegrini di viaggiare senza denaro e di ritirarlo mostrando la pergamena di credito presso le case templari, assimilabili alle nostre filiali di banca. Uno dei suoi grandi debitori, Filippo il Bello si svegliò un giorno con la convinzione che, anziché restituire l'enorme debito accumulato con l'Ordine per finanziare le sue guerre contro Aragonesi, Inglesi e Fiamminghi, fosse più conveniente eliminare l'Ordine stesso e requisire tutti i suoi beni. Geniale no? Un precursore assoluto! A tal fine accusò l'Ordine dei Templari del più grave reato per l'epoca, quello di eresia, e nel 1307 istruì un processo farsa che durò ben sette anni e che, grazie a testimonianze di monaci espulsi a suo tempo dall'Ordine, portò alla sentenza di colpevolezza di tutti i monaci cavalieri sopravvvissuti e arrestati per avere presuntamente praticato riti satanici quali sodomia, idolatria e chi più ne ha più ne metta, tra i quali anche l'ultimo Gran Maestro, Giacomo de Molay, che venne giustiziato il 18 marzo 1314.

Tra l'altro, la storia riporta che il povero Giacomo avrebbe potuto evitare di farsi arrostire sul rogo, acceso su un ameno isolotto della Senna, insieme a Goffredo di Chamey, precettore di Normandia che pare custodisse la Sacra Sindone – ora nella mia Torino –, qualora non avesse ritrattato la sua confessione estorta sotto tortura. Preferì invece morire lanciando, secondo la leggenda, un'invettiva contro i due poteri che, alleandosi, avevano decretato la soppressione dell'Ordine, prevedendo che il Papa sarebbe stato convocato presso il Tribunale del Signore 40 giorni dopo di lui, mentre il Re entro l'anno. Leggenda o storia che sia, la santa alleanza tra potere temporale e spirituale non portò comunque affatto bene ai loro tenutari perché Clemente V morì il 20 aprile – 32 giorni dopo – e Filippo il Bello il 29 novembre dello stesso anno!

Quante volte questo schema si è ripetuto da allora ai nostri tempi. Quante rapine ed eccidi di minoranze con le motivazioni più diverse, quasi sempre con il supporto della religione del più forte, ma a fronte di un unico obiettivo: impossessarsi di territori, beni e ricchezze. Quante ingiustizie, violenze, soprusi commessi dagli uomini per saziare la propria avidità senza limiti. Gandhi disse: *"Nel mondo c'è quanto basta per le necessità dell'uomo, ma non per la sua avidità"*. L'uomo è avido, tradisce i soci, i colleghi, gli amici, non guarda in faccia a nessuno per accumulare ancora più ricchezze che, poi, dove si porterà? Nella tomba? Per essere il più ricco del cimitero? Quale soddisfazione può avere a lungo termine una persona il cui unico fine è arricchirsi a scapito del benessere altrui?

Il maestro Totò, grandissimo osservatore delle miserie e nobiltà umane, ben comprese e descrisse l'assurdità di certe pulsioni di fronte al passaggio inesorabile e definitivo che aspetta tutti noi, che relativizza tutti i nostri obiettivi materiali, in una delle sue poesie più significative, *A livella*:

> "Ogn'anno, il due novembre, c'è l'usanza
> per i defunti […]
>
> 'A morte 'o ssaje ched' 'e?… è una livella.
>
> 'Nu rre, 'nu maggistrato, 'nu grand'ommo,
> trasenno stu canciello ha fatt'o punto
> c'ha perzo tutto, 'a vita e pure 'o nomme:
> tu nu t'hè fatto ancora chistu cunto?
>
> Perciò, stamme a ssenti…nun fa' 'o restivo,
> suppuorteme vicino-che te 'mporta?
> Sti ppagliacciate 'e ffanno sulo 'e vive:
> nuje simmo serie… appartenimmo à morte!"

Parole definitive alle quali mi inchino, rendendo omaggio imperituro al grandissimo Totò, al quale mi ispiro per dirigermi a cena velocemente, perché affamato come lo sono generalmente i suoi personaggi nei suoi film più famosi. «Sposati il cuoco», diceva Totò a Pasquale il fotografo in *Miseria e nobiltà*! Anche in questo è stato un fine lettore dei costumi italici, perché i cuochi sono diventati oggi, ahimè, i nuovi vip, contendendosi con i calciatori il ruolo di sex symbol. Belli i tempi in cui i cuochi erano confinati, come naturale, nelle loro cucine, tra mestoli e pentoloni, e non andavano in giro a pontificare su tutti i temi più disparati.

La *sopa cocina* – zuppa di verdure e carne – e soprattutto il *pie de vaca* – zoccolo di mucca –, che se non è la specialità gastronomica del Bierzo più nota è sicuramente la più originale e farebbe inorridire anche il vegano meno integralista, mi riconciliano con la categoria dei cuochi. Il titolare è molto affabile ed essendo io l'unico pellegrino in sala mi riserva un trattamento speciale, che si conclude con l'offerta di un bicchiere di grappa del posto, che non posso rifiutare e che assaporo con molta calma e gratitudine.

21:00 – Max: Mah... il pellegrino... non deve fare digiuno?

21:04 – Ester: Alla faccia del menu del pellegrino!

21:05 – Biancone: E prima la "sopa cocina"... Avesse visto questo piatto un vegano mi metteva le mani addosso.

21:07 – Fabio: A occhio e croce domani andrai a propulsione.

21:10 – Biancone: Non capisco. Invito a un brindisi per una "lunga vita" tutti noi.

21:11 – Max: Cin cin.

21:19 – Francesca: Eeeh poi?

21:21 – Biancone: E poi nanna, testina.

21:21 – Francesca Bianco: Ahah, ti tengo d'occhio.

22:09 – Paola: Prosit... non farti mancare niente.... mi raccomando.

Tappa 23: "You are king and beggar, you are everything and nothing"

Da Ponferrada (h. 09.00) a Cacabelos (h. 15.00) – 15 km

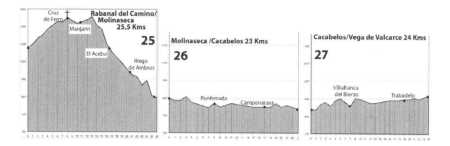

Mi sveglio svogliato e affaticato dai chilometri percorsi il giorno prima. Guardo fuori dalla finestra e un cielo grigio e freddo mi invita a tornare sotto le coperte, dove studio il percorso che mi aspetta sino a Santiago e valuto possibile fermarmi a Cacabelos, a soli 15 chilometri. Forse voglio inconsciamente ritardare il più possibile il mio arrivo a Santiago per gustarmi appieno tutta questa esperienza o forse è semplicemente un momento di impigrimento e stanchezza.

Prendo il mazzo di carte e quella che mi chiama recita: *"You are king and beggar, you are everything and nothing"*, "Tu sei sia re che mendicante, tu sei tutto e niente".

Un pellegrino ripreso di schiena con il suo zaino rosso è l'immagine correlata. Ma allora sono proprio io, il messaggio è rivolto a me come si conviene nell'esercizio di queste pratiche di divinazione e di ricerca di indicazioni sottili, di avvisi per i naviganti. Io sono sia re che mendicante, io sono tutto e niente. Ricordiamolo sempre quando siamo soggiogati dalle pulsioni del nostro ego, che ci vuole sempre seduti su un trono, con corona scintillante sul capo e scettro in mano, a dare disposizioni e ordini per soddisfare i nostri bisogni materiali e non. Non sono però sicuro di avere compreso il messaggio della carta. A quale mondo si riferisce, a quello materiale della realtà razionale ed esterna – *Matrix* – o a quella interiore, oscura e di luce?

Nanja Naisah, l'affascinante commessa del negozio di fronte dove mi sono rifornito di frutta secca e barrette energetiche, mi aiuta nella riflessione. Le sue lontane origini italiane le fanno facilmente dedurre dal mio spagnolo che sono italiano e inizia a raccontarmi la sua storia. È olandese, di Amsterdam, ha lasciato il Paese e la famiglia molto tempo fa, stanca e nauseata dalla società dei consumi e dell'arrivismo; si è convertita al buddismo cambiando nome e, dopo avere fatto il Camino, ha fatto l'*hostelera* per sei anni in un *albergue*, per poi venire e fermarsi qui, a Ponferrada, a gestire questo negozio di un amico, frequentato per lo più da pellegrini. Mi sembra che Nanja vorrebbe continuare la conversazione, ma i demoni del Biancone, il dover seguire il programma, il dover andare, hanno il sopravvento sulla voglia di rimanere e approfondire la conoscenza. Mentre raccolgo le mie cose nella camera e preparo lo zaino, continuo a pensare all'incontro con Nanja, a cosa possa rappresentare e comunicare e sento il bisogno di tornare nel negozio per conoscere le ragioni che l'hanno spinta a lasciare il Camino. Prima che possa farle la domanda per cui sono tornato da lei, vuole sapere le motivazioni che mi hanno spinto sul Camino. Le piace il mio riferimento al film *Matrix* e chiosa: «Noi non siamo in *Matrix*, è *Matrix* che è in noi».

Il discorso si fa interessante. La sua esperienza in anni di servizio ai pellegrini le ha fatto toccare con mano che possiamo portarci le nostre nevrosi e dipendenze, i nostri condizionamenti, pregiudizi e schemi mentali ovunque andiamo e ovunque siamo. Tema già affrontato con Tyrone. Abbiamo tante maschere da indossare per proteggere il nostro Sé che abbiamo perso per strada con l'adolescenza e possiamo indossare anche quella del pellegrino, che potrà ingannare abilmente gli altri ma non noi stessi, se avessimo il coraggio di ammettere le nostre paure, le nostre ferite primarie e decidessimo di affrontare i dragoni che ci perseguitano come fece il san Giorgio rappresentato nella cappella del castello di Peyrepertuse. La leggenda del giovane cavaliere Giorgio che uccide il drago, la quale risale al tempo delle Crociate e si confonde con la storia del martire Giorgio, ucciso nell'anno domini 303 per ordine dell'imperatore Diocleziano e da allora venerato come Santo, è assunta nel tempo a simbolo della lotta del bene contro il male.

Carl Gustav Jung, che, come avrete capito, considero uno dei miei più grandi maestri, scrisse in una sua opera intitolata *Il libro rosso*: "*Nutrite l'anima, perché la fame la trasforma in una belva che divora cose che non tollera e da cui resta avvelenata. Amici miei, saggio è nutrire l'anima, per non allevarvi draghi e diavoli in seno*".

Io e Nanja ci salutiamo abbracciandoci forte, mi augura buon camino e mi porge un foglio che ha scritto mentre la riempivo di parole, con l'invito a leggerlo appena uscito da Ponferrada.

Il mio umore sta migliorando in sintonia con il tempo che, da coperto con minaccia di pioggia, è ora sereno e con poche nuvole bianche sparse in un azzurro terso per la temperatura fresca. Attraverso il ponte sul fiume Sil, che una volta era in pietra e ferro, da qui il nome Ponferrada, e mi ritrovo in un mercato pieno di gente che si accalca intorno alle bancarelle ancora cariche di ogni tipo di merce da vendere. Sento scorrere l'energia del posto e della gente che mi rivitalizza, osservo i colori della frutta e della verdura accuratamente disposti per attirare il compratore, incrocio lo sguardo con l'omone con il grembiule bianco che vende i formaggi tipici del Bierzo, dal profumo che mi invoglia alla prova, dribblo signore anziane con il loro carrellino, che discutono con il venditore di turno in uno spagnolo cantilenante, e sorrido a extracomunitari che propongono la loro chincaglieria. Tutto questo teatro all'aperto mi ricorda il mercato più famoso di Torino, Porta Palazzo, dove vado sempre, ogni qualvolta passo a trovare la mamma, per acquistare frutta e verdura, veramente a km zero, dai contadini e a curiosare per il Balon, il mercato che una volta, come quello di Porta Portese a Roma o delle Pulci, era un luogo magico dove si trovava di tutto, potendo fare anche dei veri affari, ma oggi è diventato soprattutto un raccoglitore di *ciapa-ciapa*.

L'unicità, l'identità e l'umanità di ogni mercato tradizionale, come luogo di aggregazione e relazione rispetto all'impersonalità, alla freddezza e all'omologazione dei centri commerciali, quelli che il sociologo Zygmunt Bauman definì "non luoghi". Nel mercato tradizionale non si compie un semplice atto d'acquisto, spesso compulsivo, dialogando con uno scaffale illuminato da luci progettate per valorizzare il prodotto ingannando l'occhio; qui la relazione umana non si riduce alla richiesta da parte di una cassiera, spesso di cattivo umore, di "quanti sacchetti vuole" e alla comunicazione del totale da pagare. Nel mercato tradizionale non c'è uno scambio, si negozia nel senso letterale e antico del termine, ci si relaziona e, in definitiva, c'è relazione, c'è vita!

Seguo il Camino che procede in un parco pubblico lungo il fiume che scorre alla mia destra, mentre alla mia sinistra si estendono una serie di campi da calcio dove si stanno svolgendo delle partite in contemporanea tra pulcini. Ai bordi assistono i genitori che, immagino, staranno sperando che il loro figlio possa un giorno diventare un CR7 o una Pulce – Cristiano Ronaldo e Lionel Messi – dato che i calciatori sono i nuovi eroi e i modelli a cui aspirano milioni di ragazzini e anche ragazzine. Ai margini del parco che segna il confine di Ponferrada trovo un *ciringuito*, dove mi fermo per un caffè e per leggere lo scritto di Nanja:

> Tutti vogliono essere amati,
> se questo non accade, essere ammirati,
> se questo non accade, essere temuti
> se questo non accade, essere odiati e disprezzati.
> Vogliamo risvegliare un'emozione
> nell'altro, quale che sia.
> L'anima rabbrividisce davanti al vuoto
> e cerca il contatto a qualsiasi prezzo.

È una poesia del poeta svedese Hjalmar Söderberg che con pochi versi illuminanti mi porta il messaggio di Nanja: è l'amore il miglior nutrimento dell'anima. Penso con gioia e gratitudine a quest'altro regalo del Camino, l'incontro con Nanja, e a come attraverso la relazione con gli altri abbiamo l'opportunità di confrontarci e crescere. E non è la durata della relazione a contare maggiormente, ma l'intensità e la profondità dello scambio. Incontri rapidi possono lasciare delle volte segni importanti e ricordi duraturi grazie alla connessione profonda sviluppata, al contrario di relazioni più lunghe ma che rimangono a un livello di conoscenza e scambio più superficiale.

Zaino, bastoncini e mi incammino addentrandomi nella valle del Bierzo, seguendo dolci saliscendi che rendono il viaggio piacevole perché vario, ma non impegnativo, sincronico, guarda caso, al mio bisogno interiore di elaborazione e trasformazione delle emozioni provate in queste ultime ore.

Tutti vogliono essere amati ma come facciamo a essere amati se noi per primi non ci amiamo? "Ama il tuo prossimo come te stesso" viene tradotto malamente, nel nostro contesto sociale intriso di cultura catto-comunista, con un "vengono prima gli altri di te". È qui il grande inganno che provoca infelicità e sofferenza. Come puoi amare gli altri se non ami prima di tutto te stesso? E perché delegare agli altri il compito di amarti, per sentirti riconosciuto e apprezzato? Da cosa nasce il nostro bisogno di mantenere in vita relazioni di coppia insoddisfacenti o peggio finite, di fatto, se non la paura di rimanere soli e accettare il fatto che quella persona non ci ama? Ma il bisogno di essere amati non è proprio del bambino, del figlio che ha bisogno di protezione e cura da parte dei genitori, sino alla conquista della propria indipendenza e autonomia affettiva di adulto?

Ma allora sono stato figlio sino a pochi anni fa? Sì!

Nel suo libro *Le 5 ferite e come guarirle*, Lise Bourbeau, la consulente canadese che ha fondato *Ecoute ton corps*, la più grande scuola di crescita personale in Quebec, classifica in cinque categorie le ferite derivanti da traumi vissuti nell'infanzia, che possono condizionare tutta la nostra vita: la ferita del rifiuto, dell'abbandono, dell'ingiustizia, dell'umiliazione e del tradimento. Spiega in modo molto chiaro come noi *non* siamo le nostre ferite e come il nostro percorso in questa vita e in questo mondo sia funzionale a provare diverse esperienze, trasformandole in fattori di crescita personale, ricordando che *non* siamo "io" ma siamo "Dio". Un Dio che non è ovviamente quello proposto dalle diverse religioni monoteistiche, ma quello che riconosce la nostra divinità come esseri unici al termine del nostro percorso di ricerca e illuminazione. Penso che ne ho ancora tanta di strada da fare, non solo sul Camino!

Ora comprendo fino in fondo perché il Camino mi ha chiamato. Era giunto il momento di chiudere il cerchio e di confrontarmi con le ultime forti esperienze classificate come "negative" – la seconda separazione e il licenziamento –, per individuare quali delle ferite emerse nei vari lavori di analisi – Costellazioni famigliari e sedute di psicoterapia – fatte negli ultimi anni stessero eventualmente sanguinando ancora e, in quel caso, come cicatrizzarle per sempre. Risposta: camminando, semplicemente camminando.

Camminare, attività semplice e naturale, ripulisce la mente dai pensieri dolorosi che riportano nel passato e da quelli ansiosi che proiettano nel futuro. I pensieri vari che si affacciano nella mente la attraversano senza lasciare scorie, passo dopo passo sostituiti dalla capacità di cogliere e vivere l'armonia del movimento, la bellezza del momento, del paesaggio, di un albero, di un uccello che canta, di un fiore. La semplice ma grandiosa bellezza della vita veramente vissuta quando si è consapevoli e presenti nel Sé, nel *qui, ora e adesso*.

Dove sei Riccardo? *Qui!*

Che ore sono Riccardo? *Adesso!*

Chi sei Riccardo? *Questo momento!*

Se leggi il libro *La via del guerriero di pace* di Dan Millman, capire chi sei sembra un percorso impegnativo ma alla portata di tutti. "*Sti c…*", è solo dopo quasi 400 chilometri a piedi, con zaino in spalla e nella solitudine di percorsi lontani dalla modernità che, per un attimo e come in una visione, mi vedo per quello che sono: uno spirito immerso in questo momento e nient'altro. Sento il bisogno di fermarmi e di recuperare energie mangiando della frutta secca. Contemplo il paesaggio godendo di una sensazione di profondo benessere fisico e spirituale. La carta di questa mattina lo aveva predetto, in questo momento mi sento il re di questo posto, consapevole della caducità del tutto, perché tra poco non ci sarò più, mentre questo angolo di universo continuerà a esistere indifferente al mio transito, a meno che non lasci i rifiuti dello spuntino sul margine della strada!

Sinora non ho ancora incontrato altri pellegrini, segno che evidentemente ho bisogno di confrontarmi con me stesso, rimanendo concentrato e presente senza distrazioni che possano riportarmi alla realtà esterna. Nella mia mente si susseguono immagini, frasi, flash del passato, visi, luoghi, come un'orchestra jazz che non segue uno spartito ma improvvisa, costruendo sul momento una melodia su una base di accordi prefissata.

Nel mentre sono arrivato all'ingresso di Cacabelos, segnalato da orrendi cartelloni che pubblicizzano hotel con tariffe speciali per i pellegrini, manco fosse la riviera romagnola. Un lungo tratto di strada asfaltata ha l'effetto immediato di chiudere le riflessioni in corso e farmi desiderare di trovare presto sistemazione per la notte, anche se non sono neanche *le tres de la tarde* e sono provato più dall'intensa attività mentale che da quella fisica. Ma sappiamo che corpo e mente sono sinergici e quindi anche il corpo merita un buon riposo dopo questa giornata di profonde riflessioni e meditazioni in movimento.

L'*Hostal Santa Maria* è il luogo giusto, con una bella camera spaziosa e un bagno con vasca che mi accoglie calda e avvolgente per una mezz'oretta di bagno ristoratore. Ci vorrebbe solo... e il pensiero va quindi a Giulia che sarebbe bello si materializzasse qui per lo spazio di un attimo. Dopo un'intera giornata passata con me stesso ci vorrebbe un incontro e, guarda caso, alla reception incontro Rudy, che sta facendo check in, con il quale mi accordo per cenare insieme. Fantastico. Grazie Camino!

Come prima cosa vado a farmi una *cerveza* con snack in un locale tipico nella piazza Major, circondata di portici come la piazza Vittorio della mia *Turin*, dove grazie al Wi-Fi, che sul Camino trovi dappertutto, chatto inviando la foto molto evocativa di un vecchio paio di scarpe abbandonate, assunte a simbolo della caducità e relatività del tutto, e degli orrendi cartelloni simbolo di una modernità che offende l'estetica.

16:14 – Biancone: *Sic transit gloria mundi.*

16:14 – Biancone: Sotto i 200... Mi sembra un SUOGNUO!

16:15 – Biancone: Mah... La modernità!

Tappa 24: "Qui, ora e adesso"

Da Cacabelos (h. 08.30) a O Biduedo (h. 17.43) – 32 km

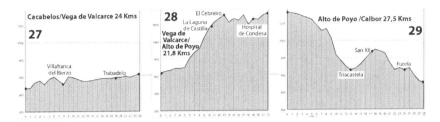

A colazione ripenso alla bella serata passata con Rudy a parlare, come amici di vecchia data, della vita, del lavoro, dei figli e del nostro futuro, quando mi è tutto chiaro. Prendo la tovaglietta di carta e traduco graficamente il *qui, ora e adesso*. Quando ci eleviamo e siamo nel *qui e ora*, siamo sull'ordinata della nostra vita, mentre quando la nostra mente oscilla tra passato e futuro, siamo sull'ascissa, l'asse orizzontale. Più riusciamo a disattivare la mente e passato e futuro si sciolgono nel presente. Più diventiamo consapevoli nella dimensione del presente e più vivremo la nostra vita pienamente. Il titolo dello schizzo è "Folgorazione" e lo ripongo con grande cura nella tasca dei pantaloni perché lo terrò d'ora in poi sempre con me, per ricordarmi di riconnettermi nei momenti difficili nel *qui, ora e adesso*.

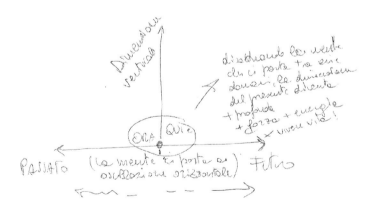

Allora mi ricordo di una parabola zen che ho letto da qualche parte – per la cronaca queste storie si chiamano *koan zen* – che racconta di un monaco arrivato al monastero con grandi aspettative di dotti discorsi sulla dottrina zen, di penetranti analisi della pratica meditativa e che si vedeva già proiettato in fascinose e nuove attività, ma viene invece riportato bruscamente dal maestro nel *qui e ora*:

> "Un monaco chiese a Chao-chou: «Sono entrato proprio ora in questo monastero. Chiedo al patriarca di espormi la dottrina».
> Chao-chou rispose: «Hai già mangiato il tuo riso bollito?».
> Il monaco disse: «L'ho già mangiato».
> Chao-chou disse: «Allora va' a lavare la ciotola».
> Il monaco ebbe un'importante illuminazione".

Sorrido rivedendo le espressioni dei collaboratori, persone a cui la raccontavo per rispondere a delle loro richieste, che consideravo inopportune, ma credo di averla compresa meglio solo ora: la realizzazione è in ciò che sei e che fai nel momento presente! Semplice no?

Dopo aver studiato il percorso, decido di prendere un taxi per Vega da Valcarce, saltando così i 24 chilometri della statale che conduce alla Galizia, di cui si inizia a sentire la presenza, per riprendere poi il Camino sul classico percorso in terra battuta, che non ti massacra i piedi, che conduce a O Cebreiro.

Sono eccitato perché O Cebreiro è un altro luogo molto evocativo che timbra l'entrata in Galizia, con Santiago, a questo punto, all'orizzonte. È facile che in queste zone piova e salendo ci sia nebbia, ma oggi splende un sole fantastico che ci accompagna all'attacco della salita che, dai 620 metri di questo grazioso paesino di mezza montagna, conduce ai 1.300 metri del O Cebreiro. Faccio due passi e conosco Marcus da Brasilia, con cognome e nonno italiano, emigrato nel 1915 in Brasile partendo da Palermo. È impiegato in un ministero brasiliano ed è qui sul Camino perché in crisi di identità, avviandosi verso i quarant'anni senza avere ancora capito cosa fare della sua vita. Il lavoro non lo soddisfa e sente che è "fatto" per qualcos'altro ma non sa cosa. Racconta di scandali importanti e della corruzione quotidiana che lo disgusta e di cui si sente in qualche modo complice – chissà cosa mi direbbe oggi che hanno appena eletto Bolsonaro!

Ascolto e non provo a consolarlo facendogli esempi di malcostume italiano. Sento che questo scenario meraviglioso ci invita a godere di queste bellezze lasciando andare tutto quanto ci riporta alle realtà da cui proveniamo. Qui tutto ci spinge a gesti gentili, rispettosi delle cose e degli altri e a comportamenti virtuosi. Non puoi arraffare questa bellezza e portartela a casa per goderne solo tu. La si gode e la si lascia andare facendo proprie solo le emozioni provate. Incrociamo un altro brasiliano e, fatto il selfie di prammatica, saluto entrambi e mi avvio accompagnato da un uccellino che mi fa strada cinguettando.

Vi posso assicurare che non ho preso un colpo di sole. È da più giorni che ho notato che in genere mi segue o mi precede un uccello, che sia una cicogna, un merlo – spesso – o un falchetto. Lo interpreto come un buon segno. Gli spiriti del luogo mi accolgono e mi indicano la strada.

Cammino di buona lena e, quando il percorso si fa più montagnoso, raggiungo una signora ferma in mezzo al sentiero che sta litigando con un ragazzino. Ci presentiamo ma non riesco a capire i loro nomi. Vengono dalla Lituania e sono mamma e figlio di tredici anni, che sbuffa e sembra proprio non volerne sapere di proseguire. Lo incoraggio e, seppur malvolentieri, riprende a camminare dietro di noi, che iniziamo a parlare di figli che sono sì *pezzi e' core*, come nel film di Mario Merola, ma sono anche in alcuni momenti un gran peso, detto con tutto l'amore del mondo. Quando il piccolo lituano riprende a fare le bizze, saluto la coppia e procedo con il mio passo, superato a un certo punto da pellegrini a cavallo. Chissà quanto sono coinvolti i cavalli in questo cammino spirituale e quanto farebbero volentieri a meno di portare i "pellefantini"!

A La Laguna de Castilla, l'ultimo paese del León, mi fermo per una sosta in una caratteristica baita ristrutturata in bar e *albergue*. Una volta ci doveva essere la scuola, probabilmente quella elementare del paese, perché si chiama *A Escuela*, dove conosco un italiano che vive lì e che lo gestisce con un gruppo di ragazzi che proviene da tutta Europa. Il locale è di proprietà di un tedesco che, mi spiega, dopo avere vissuto per qualche anno gestendo direttamente l'attività, è rientrato in Germania e lo ha dato in gestione per avere una rendita. Interessante questa commistione che si ripresenta tra le dinamiche di mercato classiche descritte a suo tempo da Adam Smith e le dinamiche olistiche del *donativo*. Colgo nelle parole di Mario, lo chiamo così ma non ricordo il suo vero nome, una vena di delusione e sarcasmo nei confronti dell'ex pellegrino germanico. Pare che l'affitto annuale stabilito sia infatti piuttosto elevato in rapporto all'ammontare dei *donativi* raccolti. Chiedo allora perché non mettano un listino in modo da avere entrate certe. Di nuovo il riferimento al regime fiscale molto favorevole per le attività sul Camino che applicano il *donativo* perché le esenta da ogni tassazione. Ahhhhh!

Seduto su una pietra, con i piedi nudi al sole, gusto una tisana e seguo con lo sguardo il sentiero che si snoda tra le vecchie baite puntando verso O Cebreiro, che da qui non si vede ancora. Una coppia di pellegrini mi saluta e mi chiede se può accomodarsi allo stesso tavolo. Ovvio che acconsento e ci presentiamo. Sono padre e figlia di Barcellona che, come è d'uso in Spagna, percorrono il Camino a tratti in più anni. Decidiamo di fare un pezzo di strada insieme e mi raccontano che è un loro rito speciale, di padre e figlia, condividere l'esperienza del Camino una volta all'anno. Quest'anno poi, il rito ha assunto valenza particolare perché il padre è andato in pensione mentre la figlia, trentenne, ha iniziato a lavorare a Madrid. Ammetto che ho provato un po' d'invidia, perché mi piacerebbe fare quest'esperienza con le mie figlie. Chissà mai che possa accadere. Ma lascio andare queste proiezioni nel futuro e ritorno nel *qui e ora* quando raggiungiamo un'altra coppia di pellegrini, costituita da un anziano che cammina lentamente a fianco di un giovane prestante. Vengono da Portorico e sono padre e figlio. È un momento di grande empatia ed emozione di gruppo. Ci abbracciamo e la figlia fotografa tutti quanti insieme. Solo adesso che sto scrivendo mi accorgo che non ho preso nota al momento dei loro nomi che ho quindi dimenticato, quasi a voler superare, perché niente è per caso, la dimensione singola della persona e raggiungere quella archetipa, rappresentativa della relazione padre e figlio, oggetto della lunga riflessione che mi assorbe durante l'ultimo tratto di salita per O Cebreiro.

Ecco che mi arriva una delle mie canzoni preferite di Cat Stevens, *Father and Son* e mi scendono lacrime di commozione pensando alla relazione con Francesca e Asia, alle difficoltà vissute derivanti dalle separazioni, ai sensi di colpa per gli abbandoni che seguivano ogni weekend di mia pertinenza, a quando non le ho ascoltate con il cuore e a quando…

> It's not time to make a change,
> Just relax, take it easy
> You're still young, that's your fault,
> There's so much you have to know
> Find a girl, settle down,
> If you want you can marry
> Look at me, I am old, but I'm happy
> I was once like you are now, and I know that it's not easy,
> To be calm when you've found something going on.
>
> But take your time, think a lot,
> Why, think of everything you've got
> For you will still be here tomorrow, but your dreams may not
> How can I try to explain, when I do he turns away again

It's always been the same, same old story
From the moment I could talk I was ordered to listen
Now there's a way and I know that I have to go away
I know I have to go
It's not time to make a change,
Just sit down, take it slowly
You're still...

Viene naturale, a noi genitori, voler condividere le nostre esperienze con i figli, affinché non ripetano i nostri errori e si risparmino così delusioni, rimpianti e sofferenze varie ma dimentichiamo che la vita è sperimentare di persona le situazioni più diverse, affrontare imprevisti e anche prove dolorose. Tutte queste esperienze sono propedeutiche per la loro crescita come individui e anime secondo un percorso che può essere difficile da comprendere e accettare, ma che è quello proposto dall'Universo proprio per loro.

Preso atto che noi genitori in qualche misura sbagliamo, penso che la nostra missione più nobile sia quella di dare ai nostri figli gli strumenti per diventare adulti autonomi e consapevoli, capaci di trovare la strada funzionale per la loro piena realizzazione. Sono convinto, in buona fede, di non avere in mente progetti preconfezionati per le mie figlie, né aspirazioni particolari che sarebbero il riflesso delle mie aspirazioni, anche se la prova del nove l'avrò solo qualora mi dovessi trovare di fronte a loro scelte veramente lontane dal mio *modus pensandi*. È facile dire "voglio solo la loro felicità", ma è l'applicazione del principio, in qualunque situazione, a rappresentare il passaggio più difficile.

Mentre continuo a salire mi viene in mente uno dei miei libri preferiti, il *Profeta*, di un grande poeta libanese, Khalil Gibran, che nel lontano 1923 scriveva parole illuminanti su quello che dovrebbe essere il rapporto genitori-figli. Mi piace immedesimarmi nella sua metafora dell'arco e immaginare i figli come frecce che, tanto più lontano arrivano, tanto meglio il genitore-arco ha fatto il suo lavoro. Forse questo non piace molto alle mamme italiane, che vorrebbero tenere il proprio piccolo sotto le sottane a vita, ma noi padri non dobbiamo abdicare per il quieto vivere di coppia alla nostra missione di dare strumenti e istruzioni perché nostro figlio diventi un adulto capace di navigare per il mondo seguendo la sua stella polare. Considero questo brano una guida illuminante e l'ho spesso menzionato, non solo durante delle discussioni con altri genitori ma anche in contesti lavorativi, per invitare i presenti a non alimentare dipendenze affettive e funzionali ma, al contrario, a supportare e formare i collaboratori, che rischiano spesso di essere figli sotto mentite spoglie, al fine di renderli persone e professionisti responsabili, capaci di gestire il livello di autonomia richiesto dal loro ruolo.

Dal libro *Il Profeta*:

> "… e una donna che aveva al seno un bambino disse:
> «parlaci dei figli».
> Ed egli rispose:
> «I vostri figli non sono figli vostri...
> sono i figli e le figlie della forza stessa della Vita.
> Nascono per mezzo di voi, ma non da voi.
> Dimorano con voi, tuttavia non vi appartengono.
> Potete dar loro il vostro amore, ma non le vostre idee.
> Potete dare una casa al loro corpo, ma non alla loro anima,
> perché la loro anima abita la casa dell'avvenire, che voi non
> potete visitare nemmeno nei vostri sogni.
> Potete sforzarvi di tenere il loro passo, ma non pretendere di
> renderli simili a voi, perché la vita non torna indietro, né può
> fermarsi a ieri.
> Voi siete l'arco dal quale, come frecce vive, i vostri figli sono
> lanciati in avanti.
> L'Arciere mira al bersaglio sul sentiero dell'infinito e vi tiene
> tesi con tutto il suo vigore affinché le sue frecce possano anda-
> re veloci e lontane.
> Lasciatevi tendere con gioia nelle mani dell'Arciere, poiché
> egli ama in egual misura e le frecce che volano e l'arco che ri-
> mane saldo.»"

Un lungo respiro, unito a un profondo grazie all'Universo per aver-mi dato la possibilità di vivere l'esperienza di padre con due figlie che sono anche mie maestre di crescita, ed eccomi di fronte al cippo posto a 152,5 chilometri da Santiago, che segna l'entrata in Galizia. Selfie d'obbligo perché la guida informa che da questo punto i cippi sono posti a distanza di 500 metri, per meglio scandire la discesa verso Santiago o forse per – versione che preferisco – invitare a rallentare il passo per godersi appieno l'avvicinamento alla meta del Camino. Ma sarà poi questa la vera meta del Camino? Lo scoprirò solo camminando. È comunque una discesa per modo di dire, perché il Camino in Galizia è un susseguirsi di saliscendi lungo colline anche ripide, come avrò modo di sperimentare da qui a poco.

O Cebreiro eccomi, sono arrivato.

Tolgo lo zaino che ormai è una parte di me e lo lascio insieme ai bastoncini a fianco dell'entrata del monastero, dove un uomo di età indefinibile, che da noi verrebbe definito un clochard, mi sorride e mi dice tranquillo: «Nessuno porta via niente». Avrà percepito un mio inconscio timore, eredità del mondo da cui provengo?

Ci presentiamo. Si chiama Emanuel e da anni vive sul Camino grazie alla generosità di quei pellegrini e abitanti che rispondono positivamente alla sua richiesta gentile e discreta di *donativo*. «Perché questa scelta?» chiedo. Stanco della frenesia insensata della vita moderna, ha lasciato tutto ed è partito con le sue poche cose in spalla. Giorno dopo giorno e passo dopo passo ha trovato finalmente la sua dimensione qui a O Cebreiro, dove aiuta i monaci per piccole incombenze e incontra pellegrini come me, che arrivano da tutte le parti del mondo, con cui scambiare due parole. Mi augura buon Camino e mi invita a vivere l'atmosfera spirituale del luogo senza farmi distrarre dal chiacchiericcio dei *pelleturisti*, i pellegrini turisti o i turisti pellegrini, vedete voi, perché qui, ahimè si arriva anche con la statale e, essendo domenica, i diversi ristorantini e locali di ristoro sono affollati più da turisti che da veri pellegrini.

Sarà perché è l'ora di pranzo, ma l'interno è straordinariamente vuoto. La chiesa è molto spoglia e austera, tanto che sono i numerosi ceri rossi a colpire il visitatore e ad attrarlo magneticamente in un'atmosfera come sospesa e senza tempo, dove solo la luce dei ceri è elemento vitale. Chiudo gli occhi e respiro lentamente assaporando l'energia che produce questo luogo e la vibrazione che aleggia nella quiete assoluta, poi accendo un cero in onore dei miei antenati che mi hanno dato il loro supporto per arrivare sino a *qui, ora e adesso* partendo dal lontano ospedale Sant'Anna di Torino, l'8 febbraio 1958. Grazie.

Prima di riprendere il cammino sosto davanti alla tomba di Elias Valina che, prima di fermarsi come parroco a O Cebreiro, percorse tutto il Camino segnando per la prima volta il percorso con frecce verniciate di giallo. Leggo sulla guida che aveva fatto la tesi di dottorato proprio sul Camino. Una vita intera dedicata al Camino. Grazie Elias e vado.

Il Camino ti sottopone a prove continue. Pensavo, e soprattutto speravo, che dopo i 1.300 metri di O Cebreiro iniziasse una bella discesina, mentre il percorso sale di nuovo verso un altro punto elevato che, non per niente, si chiama Alto de San Roque. Qui mi aspetta un'altra famosa icona del Camino e cioè la grande statua in bronzo dedicata al pellegrino, che volge lo sguardo verso la Galizia, che si apre ai suoi piedi, e qui ritrovo la coppia portoricana padre-figlio. Percorro il Camino con loro per un'oretta, parlando del più e del meno, e poi, come al solito, chiedo perché sono venuti dall'altro capo del mondo a fare il Camino insieme. Era il sogno del papà che, per l'età avanzata, intorno ai settanta, e le condizioni di salute precarie, ha chiesto al figlio di vivere questa esperienza come suggello alla loro relazione. Presi dalla nostra frenesia milanese chi può immaginare che ci siano persone che partono dall'altro capo del mondo a ogni età per condividere un'esperienza così semplice e apparentemente banale come il camminare insieme in campagna? Nella giornata *Father&Son* non potevo non incontrare nuovamente anche la coppia madre e figlio lituani, che vedo seduti a bordo di una fontana in cemento che fa da benvenuto all'entrata in un brutto gruppo di case dove il Camino incrocia la strada statale. Preso un caffè e un panino nell'unico emporio facente funzione di vendi-tutto della frazione, mi fermo un attimo con loro per sapere come stanno procedendo. Alle rimostranze reiterate del ragazzino nei confronti della mamma che lo ha obbligato a questo supplizio – parole sue – provo a consolarlo dicendogli che se ha scelto lei come mamma, ci sarà un motivo che solo lui può capire. Mi risponde, proprio come mi avrebbero risposto le mie figlie, che lui non ha scelto proprio nessuna mamma e che caso mai sarà lei che ha scelto lui. La mamma e io sorridiamo di gusto, lo accarezzo in testa con affetto e saluto la coppia che, non appena mi allontano, sento ricominciare a discutere.

Il Camino è anche questo, una rappresentazione, una commedia, in sintesi divertimento puro.

Guardo la mappa e verifico che per la meta della giornata, Tricastela, ci sono ancora una quindicina di chilometri, per cui penso di fermarmi a Fonfría, qualche chilometro prima, dove ci sono due *albergue*. È quindi grande il mio scoramento quando, una volta arrivatovi, dopo una piacevole camminata lungo un percorso in lieve discesa, abbracciato dal panorama aperto della vallata circondata dai rilievi galiziani, la pur cortese *señora* del secondo mi dice, in anglo-spagnolo: «*No señor, sorry, nostros tambien no tenemos camas free*».

Sono le 17 e inizio a sentire la stanchezza fisica ed emotiva di un'altra giornata ricca di incontri, di riflessioni e di stimoli che mi hanno coinvolto con una ridda di sensazioni. Chiedo una birra e siedo sulla panca rustica, che avrà sopportato migliaia di chili di pellegrini, attraversato da un momento di grande scoramento. Adesso che faccio, dove, dormo, non ce la faccio più, chi me lo ha fatto fare, cornuti i pellegrini che mi hanno preceduto e preso il posto e altro ancora.

"Attento Riccardo che stai cadendo preda di emozioni basse. Respira, assapora la birra che scende fresca in gola e libera il profumo di luppolo; osserva l'ambiente, analizza i dettagli, entra in sintonia con lo spirito loci e *lascia che sia*, accade quello che deve accadere."

Mi ritrovo in un interno tipico di una baita di montagna, che ricorda quelli della mia Sauze d'Oulx, con le pareti in pietra e gli attrezzi agricoli tradizionali appesi, le panche e i tavoli in legno inscurito dal tempo, la piccola finestra con le tendine in pizzo e il caminetto con due grossi ceppi di legno che, bruciando lentamente, rendono molto caldo e accogliente l'ambiente. La voce della *señora* mi richiama alla realtà. «*Señor, mi amiga tiene una habitación disponible en el país después*». Meraviglia. Il Camino è il miglior *problem solver* con il quale abbia mai avuto a che fare. Prendo tutte le indicazioni del caso, ringrazio e mi avvio con energie rinnovate verso la frazione di O Biduedo, dove mi aspetta la *señora* Maria entro le 18, tassativo, perché poi porta la cena ai pellegrini ospitati. Manca meno di un'ora, devo quindi accelerare.

La mia ombra segue fedele, allungandosi con il passare dei minuti, ricordando così che sto andando inesorabilmente verso ovest. L'ombra è solo un'ombra o rappresenta qualcos'altro? E se capovolgessimo l'ordine tradizionale delle cose e immaginassimo di essere noi l'ombra mentre l'ombra è la persona reale? E se non avessimo l'ombra? Allora vorrebbe dire che non esistiamo, perché i raggi del sole non incontrerebbero ostacoli. Quindi l'ombra è reale ed è parte di noi, ci completa e forse rappresenta il nostro lato oscuro, che si manifesta solo quando il nostro corpo è illuminato da un raggio di luce. C'è di che riflettere a lungo, ma un cippo nuovo in granito bianco, che sembra essere stato posato ieri, richiama la mia attenzione: 147,397 chilometri a Santiago. Meno di 150; Santiago è veramente vicina!

Alle 17 e 52 entro nella minuscola frazione di O Biduedo, costituita da una cappella in pietra e da un gruppetto di altre baite, in una delle quali c'è la Casa Xato della signora Maria, protetta da un imponente cane lupo, che si dimostra però molto amichevole leccandomi la mano a mo' di benvenuto. La camera è fredda e ai piedi del letto ci sono ben due copertone di lana spessa che mi fanno capire che il riscaldamento è un lusso. Alle 19 scendo puntuale in taverna per la cena e incontro gli altri due pellegrini ospiti, che sono italiani, Emanuele e sua cugina Kate. Strano ma di quella sera non ricordo altro che il dopocena.

Finita la cena esco per stare un po' con il cane lupo e ho il privilegio di ammirare uno spettacolo fantastico, inaspettato regalo dell'Universo. A sinistra la luna ascendente, già ben visibile in un azzurro che sembra il pantone *serenity*, e di fronte il sole calante, che sta per nascondersi dietro il profilo dei monti all'orizzonte, in un caleidoscopio di tonalità che vanno dal giallo al rosso.

La luna e il sole in contemporanea a ricordare la complementarietà degli opposti. Yin e Yang, luce e ombra, terra e cielo, notte e giorno, confusione e chiarezza, demoni e dei, negativo e positivo, acqua e fuoco, est e ovest, nord e sud, freddo e caldo, odio e amore, pace e guerra, vendetta e perdono, gratitudine e ingratitudine, invidia e stima, successo e fallimento, salute e malattia, uomo e donna. Direi che è sufficiente e che è ora di andare a dormire nella ghiacciaia.

14:22 – Biancone: Aria di Galizia.

14:46 – Biancone: *Faccedacamino*: Padre e figlio da Portorico. Padre e figlia da Barcellona.

15:08 – Maurizio: Vedo che finalmente è uscito il sole.

21:24 – Biancone: È la giornata di genitore e figlio. Dalla Lituania lei, nome incomprensibile, lui pure, 13 anni, che si lamenta a camminare come Asia... Mi è venuta in mente la canzone *Father&Son*.

21:25 – Biancone: *Faccedacamino*. Emanuel, età indefinita. Vive sul Camino da sempre di donativi.

21:57 – Massimo: Bellissime immagini.

Tappa 25: "Sono io la persona più importante della mia vita"

Da O Biduedo (h. 08.45) a Sarria (h. 16.45) – 24 km

Apro la finestra e l'aria frizzante di questi monti penetra allegra nella camera scuotendomi energicamente. Vestito quasi da inverno, scendo a colazione nella taverna riscaldata da un bel fuoco, che brucia in un maestoso camino di pietra. La *señora* Maria è molto premurosa, quasi materna, e prepara tutto quello che desidero in questo momento: miele, yogurt, tè e anche la mela, che è un *must* della mia colazione da sempre. Un ottimo inizio di giornata!

Lo splendido pastore tedesco della signora mi segue sino all'uscita della frazione, dove l'accarezzo un'ultima volta e poi inizio la discesa verso Tricastela che, come tutta la piana sottostante, è coperta da una coltre di nuvole che crea un effetto ottico stupefacente, caratteristico di questi luoghi. Sembra infatti di camminare in direzione di un mare schiumoso, dove al largo emerge una lunga isola montagnosa.

Cosa mi vogliono dire queste nuvole che coprono il paesaggio? Che il mio futuro è incerto? Che dopo varie vicissitudini troverò la mia direzione e approderò alla mia isola? E cosa rappresenta l'isola? Il mio scopo, oppure il mio Sé, oppure...? I pensieri frullano in testa e corrono come cavalli nella prateria, liberi, senza controllo e senza meta. Mi accorgo che sono sempre più attento a quello che sto facendo in questo momento, che vedo in questo momento, che ascolto in questo momento e che sento in questo momento. Il passato è l'ombra che mi segue, la catena di montagne e la pianura che sono dietro di me. Il futuro? Non so, proiettato come sono a Santiago, appare già scritto da un lato ma tutto da scoprire nel come dall'altro.

Un cane enorme, un pastore dei Pirenei, sdraiato nel mezzo del percorso blocca il passaggio. È il primo essere vivente che incontro da quando sono partito questa mattina. Una pellegrina esegue un complicato slalom sul bordo del sentiero pur di non passare troppo vicino al bestione che, tutto coricato su un fianco, sembra aspettare sornione che qualcuno provi a sfidarlo. Mi avvicino con cautela e ai miei richiami risponde muovendo la coda, lo accarezzo e, da quel momento, divento suo amico. Non solo si sposta per farmi passare ma poi mi segue ciondolando sino al vicino posto di ristoro – *L'Aria do camino* – il cui gestore scopro essere anche il suo padrone. Oggi sarà la giornata dei cani? Nella nostra società il cane è definito l'amico più fedele dell'uomo perché lo accompagna e supporta lealmente nelle sue diverse attività sin dai tempi preistorici, quando fu addomesticato. Rimane fedele e ubbidiente all'uomo suo padrone arrivando anche a sacrificare la sua vita, pur se maltrattato e perfino seviziato. Per gli indiani d'America il cane è invece il guardiano dei luoghi sacri segreti, della conoscenza e della compassione. Ci insegna come elaborare e superare le ingiustizie che subiamo e come essere fedeli verso se stessi oltre che verso gli altri.

Dopo una discesa abbastanza confortevole entro in Triacastela, cittadina antica – la fondazione risale al IX secolo – che si è sviluppata non solo grazie anche al Camino ma anche per le vicine cave di pietra calcarea, tanto è vero che una leggenda narra che i pellegrini in transito si caricassero di una pietra da portare a Santiago per contribuire alla costruzione della Cattedrale. Mentre sorseggio un caffè valuto se percorrere il cammino, più lungo di 6,5 chilometri, che da Triacastela conduce al monastero di Samos, che pare essere molto bello, o se proseguire per quello più corto. Lascio che sia il mazzo di carte del Camino a indicarmi la scelta migliore e mi ritrovo in mano la carta che riporta il pensiero che *"ogni incontro è la possibilità di andare per la tua strada"*. Interpreto che le due strade ai fini dell'esperienza sono equivalenti e scelgo quindi il percorso più corto, tanto di monasteri in giro per il mondo ne ho già visti molti! Sorrido tra me e me e parto seguito da un bastardino scodinzolante, conquistato con un po' del *boccadillo* al prosciutto, e ripenso alla fedeltà del cane.

Nelle mie relazioni sentimentali sono sempre stato infedele. Tradire e ricercare all'esterno distrazione, svago e sfogo, era la mia strategia inconscia per non affrontare i problemi della relazione stessa e assumermi la responsabilità di troncarla a fronte della comprovata impossibilità e incapacità reciproca di farla evolvere risolvendo le incomprensioni, le aree di insoddisfazione e quant'altro. Da traditore seriale sono quindi stato anche sempre tradito. La legge del contrappasso non deroga mai. Scoprire i tradimenti ha scatenato e alimentato rabbia e rancore e così il circolo vizioso si è alimentato per anni. È dopo la seconda separazione che ho compreso che, quando si tradisce l'altra metà della mela, si tradisce su un piano profondo, ben più carico di conseguenze sottili, se stessi. E quando tradiamo noi stessi siamo perduti, smarriti e, soprattutto, arrabbiati perché al mondo non c'è nessuna persona più importante di noi stessi. Se ti tradisci non ti ami e se non ti ami come puoi amare in modo equilibrato e consapevole un'altra persona?

Lo ricorda anche il secondo comandamento: *"Amerai il prossimo tuo come te stesso. Non c'è altro comandamento più importante di questo"* (Mc 12,29-31), sebbene l'interpretazione ricevuta sin da bambini, propria della nostra morale catto-comunista, sia solo un po' diversa perché dovremmo, secondo questa, farci sempre carico delle esigenze altrui prima delle nostre. Ma questo è un altro discorso.

Il muso del cagnone appoggiato sulla mia gamba mentre sorseggio il caffè mi riporta al tema delle fedeltà incondizionata, così come deve essere quella verso se stessi. Erich Fromm disse che «*solo chi ha* fede *in se stesso può essere* fedele *agli altri*». Da oggi mi impegnerò al mio meglio per avere sempre fede in me stesso. Grazie cagnone della lezione di vita.

> 10:27 - Biancone: Questa mattina: spettacolo incredibile e poi ho trovato un nuovo amico.
>
> 10:32 - Maurizio: Cani e gatti sono sempre ottimi amici!

Alle donne con cui sono uscito dopo la seconda separazione a un certo punto chiedevo quale fosse la persona più importante nella loro vita. Le risposte sono state le più diverse variando da: padre, figlio, madre, sorella, nonna o un'amica. Nessuna di loro mi ha detto: "io".

Incredibile. Siamo così condizionati dai messaggi che riceviamo dalla nostra famiglia sin da quando siamo in fasce che non siamo in grado di riconoscere che nessuno può essere più importante di noi stessi. Attenti a soddisfare bisogni e pretese altrui, a dare cibo ai nostri sensi di colpa, dimentichiamo di ricercare attraverso le nostre esperienze e scelte di vita quello che è meglio per noi. Sono io la persona più importante della mia vita! Lo urlo, lo urlo, lo urlooooo!

Lo urlo con lo sguardo rivolto al cielo e le braccia alzate, mentre cammino protetto ai lati dai castagni secolari maestosi che fanno da spettatori attenti. No, non mi sento egoista, voglio solo trovare la mia realizzazione. Il re dei castagni mi zittisce, incutendomi il timore naturale e il rispetto che si deve a una creatura così antica e così saggia. È un albero imponente, con un enorme tronco ritorto che sembra il frutto del lavoro di un intagliatore gigante; il cartello informativo posto accanto indica che ha intorno agli 800 anni, un'apertura con perimetro di 8,5 metri e un tronco dal diametro di 2,7 metri. Che meraviglia. Lo abbraccio come si fa con un vecchio maestro ritrovato e gli sussurro parole di gratitudine, assorbendone l'energia potente che sento fluire. "Chissà quanti volti hai visto passare e fermarsi sotto i tuoi rami, quante voci in quante lingue differenti, quante esclamazioni, quante risate e pianti hai ascoltato muto e comprensivo. Otto secoli, quasi metà degli anni della storia recente dell'uomo durante i quali, indifferente alle vicende umane sia tragiche che esaltanti, sei cresciuto, hai offerto riparo, ossigeno e frutti, generosamente e senza pretendere niente in cambio. Grazie castagno per quello che sei e per l'esempio che offri".

Leggendo a fondo il cartello, scopro che a novembre, in Spagna, per onorare il raccolto di castagne, si celebra l'antica *Fiesta del Magosto*, una festa popolare che si svolge all'imbrunire e durante la quale si mangiano castagne arrosto su una lamiera posta sul fuoco, accompagnate da vino, salsicce, *empanadas e queimada*.

Il o la *queimada* è una bevanda alcolica di antiche origini tipica della Galizia, alla quale sono attribuite facoltà curative e, soprattutto, protettive contro le maledizioni e gli spiriti malvagi. Basta bere, così prescrive il rito leggendario, la mistura di brandy e zucchero arricchita delle volte con chicchi di caffè e scorze di limone e arancio appena dopo avere pronunciato il *meigallo*, che è lo scongiuro. Devo assolutamente provarlo prima di tornare a casa! Non si sa mai…

Il tempo scorre, come i passi che si susseguono ritmicamente sul suolo galiziano in direzione di Santiago.

Cammino con la consapevolezza rafforzata da questa rivelazione ritrovata, che mi fa sentire in pace con me stesso e in armonia con tutto quello che mi circonda. Sono "io" unico e importante per me stesso, essere di luce connesso a ogni essere senziente. Giù in basso, nel mezzo del bosco, appare un tetto di ardesia con un camino dal quale esce un fumo che diffonde nell'aria un appetitoso aroma di zuppa. Pochi metri e un'insegna in legno indica il sentiero che conduce alla *Casa do Campo*, dove trovo una coppia di robusti e accoglienti montanari con i loro tre cani, che mi terranno compagnia per tutto il pranzo. Tendiamo inevitabilmente a crearci delle abitudini, delle consuetudini. Forse perché ci danno sicurezza, forse perché in fondo ci procurano un piacere sottile, come al mattino il primo caffè al bar.

Lungo il Camino i locali sono ovviamente aperti per i pellegrini, che sono consumatori particolari con i quali si interagisce in modo sensibilmente diverso. Si sviluppa una vibrazione e un'empatia propria dell'essere sul Camino, che richiama agli usi di accoglienza del pellegrino in tempi lontani, adattandoli a quelli nostri. C'è calore senza esagerazione e c'è simpatia senza enfasi. Quindi, dopo avere gustato la zuppa e scambiato due parole, chiedo di timbrare il passaporto del pellegrino con il *sello* del locale molto bello, che è una conchiglia colorata in arancione, il mio colore preferito. Saluto ricambiato con l'ormai abituale *buen Camino*, rimetto l'asciugamano nello zaino, che richiudo e indosso, afferro i bastoncini e parto non senza dare un'ultima carezza ai tre cani, anime semplici e generose capaci di regalare affetto incondizionatamente.

Superata l'ennesima collina, in mezzo a boschi e prati si apre la piana di Sarria e il Camino si affianca alla provinciale.

Sono quasi le *cinco de la tarde*, Sarria all'orizzonte non mi attira per niente, mentre un *albergue* con un bel pratone puntellato di sdraio colorate si propone invitante e così mi fermo. Per oggi può bastare e la mia si rivelerà essere una scelta azzeccata. L'*albergue* è luminoso e arioso. La gerente mi accompagna al posto letto assegnato in alto, in una camerata con altri quattro letti a castello. Sistemo le mie cose e mi regalo un'ora di relax al sole. Che bella vita, semplice, senza preoccupazioni, senza pensieri angosciosi sul domani, senza spendere una fortuna, solo con me stesso, lasciandomi accarezzare dal venticello e baciare dai raggi del sole.

Passiamo la nostra esistenza a correre dietro a delle chimere, il successo, i soldi, le proprietà, la posizione, la famiglia perfetta, la vacanza in posti "fighi" e non ci accorgiamo che, nel mentre, il tempo scorre come un fiume in piena e noi non siamo altro che naufraghi alla deriva, che veniamo trasportati al nostro destino come i neo praticanti di rafting vengono trasportati a valle su un gommone dalla corrente. Voglio scendere a riva, decidere liberamente come e dove andare. Voglio essere padrone del mio destino, costi quel che costi, perché, sebbene non ci piaccia, ogni scelta ha un prezzo. Prezzo che sarà tanto più alto quanto quella scelta non risponde a dei nostri veri bisogni. C'è infatti una bella differenza tra cosa voglio perché penso che mi possa far stare bene e cosa ho invece bisogno per stare bene con me stesso. Mi ricordo le espressioni di stupore e un po' anche di scetticismo dei partecipanti al seminario per il primo livello Reiki, quando il maestro Umberto, guardandoci negli occhi e caricando le parole, ricordava che Cristo disse *"chiedete e vi sarà dato"* ma senza specificare cosa e quando! In altri termini noi pensiamo che la nostra felicità e benessere dipendano da qualcosa che non abbiamo e facciamo di tutto per ottenerlo, perseguendo la volontà razionale della mente senza soddisfare i nostri veri bisogni, che comprendiamo solo se siamo connessi con il nostro bambino interiore e abbiamo il coraggio di dargli voce e ascoltarlo.

Mi addormento e sogno. Sono a cavallo di un'aquila che vola altissima sino a permettermi di vedere tutta la terra nella sua interezza e bellezza. Volo per cercare il mio posto dove mettere radici e... ma il resto non me lo ricordo.

È normale che quando sei nel Camino venga voglia di fermarsi fuggendo da tutto e tutti, ma sento che questa non è la risposta alla mia domanda. La sfida è vivere consapevolmente e coerentemente con i propri bisogni e valori nel luogo dove siamo nati, perché è sì più facile pensare di rifugiarsi sul Monte Atos per trovare conforto e pace interiore, ma è nella vita di tutti i giorni e nella nostra società, in cui siamo nati non certo per caso, che possiamo portare un contributo significativo per un cambiamento di modi di vivere e di relazionarsi, lasciando così un segno del nostro passaggio su questo pianeta.

Tappa 26: "La giovinezza non è un periodo della vita, è uno stato d'animo"

Da Sarria (h. 08.00) a Vilacha (h. 18.15) – 21,5 km

La cena è stata molto bella. Eravamo una ventina di pellegrini, tra cui i cugini Emanuele e Kate, che avevo già incontrato la sera prima, seduti come a un banchetto nuziale a una grande tavolata a ferro di cavallo, che ha facilitato la convivialità e un gran numero di brindisi. Alla vita, a noi, all'amore, all'amicizia e, *last but not least*, al Camino.

Peccato che molti di loro abbiano lasciato, la mattina dopo, la cucina in condizioni pietose, in barba all'invito cortese di provvedere a pulire e sistemare quanto usato per la colazione.

Evidentemente, non è sufficiente venire sul Camino per essere o diventare persone rispettose ed educate!

Il verso della cicogna, che mi piace pensare saluti il mio passaggio dal suo grande nido posto su un palo proprio a poche decine di metri dall'uscita dell'*albergue*, mi riconcilia con la giornata e mi stimola ad avviarmi di buon passo verso Sarria, che raggiungo in una mezz'oretta scarsa. L'entrata in Sarria è scioccante. Insegne di ogni genere e cartelli promozionali invitano il pellegrino ad acquistare zaini, abbigliamento sportivo, scarponi, gadget del Camino e a usufruire dei servizi di prenotazione alloggio, trasporto persone e zaini, eccetera, eccetera. Tutto questo si spiega con il fatto che percorrere i 113 chilometri che separano Sarria da Santiago, dà diritto a richiedere la Compostela come se si fosse percorso l'intero Camino. Potenza della Chiesa, che sa come attrarre i suoi polli!

Le vetrine del superstore *www. peregrinoteca.com*, con i manichini conciati da pellegrini, è la mazzata finale. Aiuto, voglio uscire al più presto da questa Las Vegas del pellegrinaggio che mi ricorda la

Lourdes che visitai nel lontano 1985. Una sfilata di negozi con ogni genere di souvenir di tema religioso, bancarelle, hotel, pensioni, ristoranti, una Disneyland della devozione e superstizione che sentii lontana anni luce da vibrazioni spirituali e dove il *kitsch* e il poco prezzo si incontrano degnamente per soddisfare i bisogni di speranza e di mostrare che "*iocisonostato*" dei fedeli turisti o turisti fedeli. Vedete voi. Aumento quindi il passo per sfuggire a questa *cacofonia* di immagini e per ritrovare, quanto prima, la bellezza e la quiete delle verdi colline e dei magici boschi galiziani.

Un lungo murales, che riproduce grandi impronte di pellegrino su uno sfondo colorato dipinto lungo un muro, segna l'uscita da Sarria e

mi ritrovo di nuovo tra castagni maestosi e querce imponenti, che affiancano e proteggono il mio cammino con i loro rami, componendo chiome che richiamano i quadri in bianco e nero di Emilio Vedova. I tronchi contorti, pieni di nodi e di nervature, trasmettono una sensazione di potenza, di sicurezza e ammiccano silenziosamente al pellegrino che si ferma, ammirato, per osservarli meglio. Come spiritelli del bosco sembrano voler comunicare messaggi da un'altra dimensione, richiamando la nostra fantasia a forme conosciute ma trasformate dal passare del tempo. Chi sarà mai quel viso che appare con un sorriso sardonico a metà di quel tronco con un buco profondo? E la smorfia di quell'altro tronco a chi mi rimanda? Mi rendo conto che sto parlando da solo e mi risveglio da uno stato di quasi trance. È il potere di questo bosco incantato con le sue atmosfere magiche create dai chiaroscuri della luce che filtra tra i rami e le foglie. La forma molto particolare della cavità di un tronco mi fa venire in mente che, da ragazzi, al Liceo, cantavamo *la vita è una brioche…* e qui è meglio che mi fermi nel caso un domani il mio libro finisca tra le mani di un minorenne o di un bacchettone.

Di rimando, continuando a camminare mi viene da cantare che la vita è un cammino e il Camino è la vita. Mi appare allora l'immagine del cammino fatto e di quello che mi rimane da fare come metafora della vita. Se dividiamo infatti il Camino in tre macro tappe, possiamo immaginare che la prima, da St. Jean-Pie-de-Port a Burgos, con la salita iniziale molto impegnativa e i paesaggi molto vari che seguono, rappresenta l'età della fanciullezza e della giovinezza. Inizi il percorso con entusiasmo, curiosità, voglia di imparare, hai bisogno degli altri, vai veloce, sei impaziente, vedi la meta lontana, hai dei momenti in cui hai paura di non farcela, hai voglia di compagnia e di momenti di condivisione.

La seconda, da Burgos a León, caratterizzata dall'attraversamento degli altipiani, rappresenta l'età della maturità, del diventare adulti, della realizzazione personale e professionale, della costituzione di una famiglia, dei primi problemi e lutti importanti, delle delusioni e disillusioni che impari a superare e gestire come le bolle che ti vengono ai piedi.

La terza, da León a Santiago, è la tappa dalle emozioni più contrastanti. Come nella vecchiaia, o meglio, in ossequio al *politically correct*, nella terza età, si rallenta ma si gode di più delle piccole cose: si fatica maggiormente per l'inevitabile decadimento fisico, rappresentato dai quasi settecento chilometri percorsi, messo alla prova duramente dai continui saliscendi galiziani, ma si apprezza appieno il tempo che si vive ancora in piena autonomia e libertà e capaci di vedere il mondo di nuovo con gli occhi di un bambino; si provano momenti di infinita stanchezza, che si superano pensando al cammino fatto e alle esperienze che si possono ancora fare nell'ultima parte del cammino che sta per concludersi in riva all'oceano, metafora grandiosa della conclusione della vita in questo corpo. Siamo smagriti e segnati in viso e nel corpo dai chilometri fatti, che segnano il tempo passato; è il momento dei bilanci, della nostalgia e dei rimpianti da trasformare e lasciare andare via, così come scorrono via gli ultimi chilometri lasciando dietro di noi paesi, paesaggi e persone. Mi fermo per fissare sul taccuino questo pensiero a memoria imperitura.

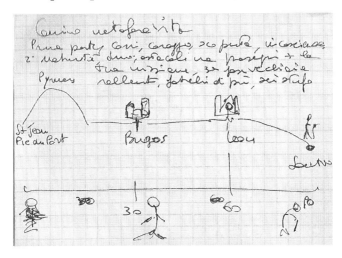

Quando sto per riporre il taccuino nella tasca della giacca a vento, scivola fuori la fotocopia piegata con una poesia di Samuel Ullman, che ho scoperto nelle mie ricerche sul web; un vero e proprio *inno alla giovinezza* dello spirito che, non per caso, si sposa magnificamente con questo momento:

> "La giovinezza non è un periodo della vita, è uno stato d'animo
> che consiste in una certa forma della volontà, in una disposi-
> zione dell'immaginazione, in una forza emotiva:
> nel prevalere dell'audacia sulla timidezza, della sete dell'av-
> ventura sull'amore per le comodità.
> Non si invecchia per il semplice fatto di
> aver vissuto un certo numero di anni
> ma solo quando si abbandona il proprio ideale.
> Se gli anni tracciano i loro solchi sul corpo, la rinuncia all'en-
> tusiasmo li traccia sull'anima.
> La noia, il dubbio, la mancanza di sicurezza, il timore e la sfi-
> ducia sono lunghi lunghi anni
> che fanno chinare il capo e conducono lo spirito alla morte.
> Essere giovane significa conservare a sessanta o settant'anni
> l'amore del meraviglioso,
> lo stupore per le cose sfavillanti e per i pensieri luminosi; la
> sfida intrepida lanciata agli avvenimenti,
> il desiderio insaziabile del fanciullo per tutto ciò che è nuovo,
> il senso del lato piacevole e lieto dell'esistenza.
> Resterete giovani finché il vostro cuore saprà ricevere i mes-
> saggi di bellezza, di audacia, di coraggio, di grandezza e di
> forza che vi giungono dalla terra, da un uomo o dall'infinito.
> Quando tutte le fibre del vostro cuore saranno spezzate e su di
> esse si saranno accumulati le nevi del pessimismo e i ghiacci
> del cinismo, è solo allora che diverrete vecchi.
> E possa Iddio aver pietà della vostra anima."

La figura di Samuel Ullman è molto interessante. Nato in Germa-nia, figlio dell'800, si trasferisce a causa delle sue origini ebraiche con molta lungimiranza negli Stati Uniti, dove diventa un ricco *business man*, nonché un leader religioso e finanche un poeta. Muore a 84 anni, nel 1924, lasciandoci in dono pensieri profondi sulla giovinezza e sull'invecchiamento. Grazie Samuel per il tuo messaggio e per il tuo insegnamento. *La giovinezza non è un periodo della vita, è uno stato d'animo*. All'alba dei sessant'anni, piango lacrime di commozione e fe-licità in totale connessione con Riccardino, il fanciullo che sono.

Il Camino mi riporta alla realtà perché, mentre ripongo il tutto nello zaino per ripartire ancora connesso con un'altra dimensione, mi passa davanti una signora che procede curva e con grande fatica. Mi sorride con un'espressione strana e allora decido di affiancarla e di procedere per un po' insieme. Marion ha quarantuno anni e deve avere avuto una vita molto usurante perché li porta non troppo bene. Infatti, anni fa è stata abbandonata con i tre figli da un marito alcolista e ha deciso di partire dal New Messico per venire sul Camino per dimostrare a se stessa di avere superato le conseguenze e le paure di un infarto avuto recentemente. Marion lamenta dolori allo stomaco e, a un certo punto, devo addirittura sorreggerla per aiutarla a procedere. Dopo più di un'ora a passo lento, pensando al rischio di un altro attacco di cuore, arriviamo finalmente a una frazione con un posto di ristoro, dove propongo di fermarci per pranzare. A Marion suggerisco di prendere un Gaviscon che ho nella mia piccola farmacia ambulante, mai usata sinora. Dopo pranzo camminiamo ancora insieme perché voglio sincerarmi del miglioramento delle sue condizioni di salute. Il Gaviscon ha fatto effetto e lei non finisce di ringraziare il Camino per averci fatto incontrare. Mi chiama il suo *"angel"* e ribadisce che tutti i nostri mali e malesseri dipendono dalla testa. Non so perché lo ripete più volte in spagnolo: «*Todo de la cabeza*». Concordo e arriviamo al chilometro 99,930 dove ci fermiamo per fissare a memoria imperitu-

ra questo momento altamente simbolico del Camino. Marion mi riprende con il mio cellulare mentre abbraccio, raggiante di felicità per l'impresa compiuta sin qui, il cippo con l'indicazione che mancano meno di 100 chilometri all'entrata in Santiago de Compostela. Siamo scesi alla doppia cifra. «*Double digit*», come ripete Marion in inglese.

Saluto Marion augurandole *buena suerte e buen Camino* e riprendo il mio verso la meta che sento sempre più vicina, la intravedo quasi dietro la boscaglia, ne sento i rumori e gli odori. Santiago è vicina! Un gruppo di magnifiche mucche pezzate ciondolanti, guidate da un cane che viene a farmi le feste, mi obbliga a fermarmi un momento per farli transitare proprio all'ingresso di un paese di cui non ricordo più il nome. È una scena che richiama tempi arcaici. Non c'è traccia di mezzi meccanici, solo animali, uomini e pietre antiche che compongono casupole modeste ma ricche di *pathos*. *È il Camino, bellezza, e tu non puoi farci niente*, parafrasando una delle battute più famose del grande Humphrey Bogart, uno dei miei miti giovanili, recitata nel film *L'ultima minaccia* del '52: "*È la stampa, bellezza, e tu non puoi farci niente*".

A pochi chilometri da Portomarín, che sarebbe la meta del giorno, conosco Jedrick, avvocato da Portorico. Cammina zoppicando perché ieri l'altro è caduto slogandosi la caviglia. Oggi deve essere la giornata degli infortunati da incoraggiare e sostenere perché, con me a fianco, riprende vigore e passo. Ha quarantadue anni, non è sposato, non ha figli ed è nauseato dal suo lavoro di avvocato penalista, che lo mette in contatto con la peggior feccia del pianeta. Parole sue. È stanco di tutto e vuole cambiare vita. Benvenuto nel club! Gli chiedo cosa fanno mille avvocati in fondo al mare ma, non avendo visto il film *Philadelphia*, non sa come rispondere. "*Un buon inizio!*", dico citando la battuta dell'avvocato Andrew Beckett-Tom Hanks, rivolta all'altro avvocato, Joe Miller, impersonato dal monumentale Denzel Washington. Ride di gusto e si lancia in un monologo di critica ai costumi di oggi, all'iperconsumismo, all'insoddisfazione generale, allo stress collettivo e poi, non so perché, a un certo punto smetto di ascoltarlo e mi limito ad assentire con fare serioso. Da qualche parte ho letto che il lamento è la preghiera a Satana, perché denuncio che nella mia vita ho un importante bisogno non riconosciuto e quindi cerco negli altri l'energia – come un vampiro – per andare avanti. Il lungo lamento dell'avvocato penalista pentito infatti mi ha stremato e, considerato che sono a un tiro di schioppo da Portomarín, saluto velocemente Jedrick e mi infilo nel cortile di un invitante vecchio *albergue* posto all'entrata di Vilacha per chiedere un posto letto per la notte. Mi accoglie un'anziana signora di gran classe, la mamma del gerente sudafricano della *Casa Banderas*, che mi fa accomodare in una grande sala con un gigantesco camino in pietra, grande quasi tutta la parete. Mentre aspetto, dalla grande finestra che dà sulla strada che attraversa il villaggio, vedo passare il povero Jedrick, sempre più zoppicante e anche avvilito, perché obbligato ad arrivare a Portomarín, avendo spedito lo zaino direttamente a un albergo. Buon Camino amico portoricano, che tu possa trovare pace e ciò che cerchi.

Sbrigate le solite faccende che competono a ogni buon pellegrino arrivato a destinazione a fine giornata, vado in giardino a godermi un'ora di sole a torso nudo, leggendo il libro di Castaneda e rileggendo la chat che stamattina è stata animata dall'invio per sbaglio di un messaggio riservato, anzi molto riservato, dedicato alla mia compagna, Giulia!

11:49 – Biancone: Oggi grande voglia di fare una bella ******** con il mio ammore! (censurato).

11:53 – Biancone: Oh oh cledo di avele sbagliato chat.

11:58 – Francesca (figlia premurosa): Papà ma fai attenzione!

12:00 – Biancone: Cari amici Buona giornata. Riprendo a camminare...

12:11 – Biancone: Messaggio del Camino: fare attenzione, anzi molta attenzione quando si whatsappa.

18:49 – Paolo: Rallenta biancone! A che giorno sei?

18:56 – Biancone: Portomarín. Giornata 30. Oggi pensavo proprio a te. Sincronicità. Meno 94 km alla meta.

18:57 – Vittorio: Adesso è tutto una discesa.

18:59 - Biancone: Non parlarmi di discese.... che oggi pensavo di morire alla fine dell'ultima. Foto di croce evocativa che raccoglie memorabilia lasciati dai pellegrini in transito.

19:01 – Massimo: Mi sembri abbastanza rilassato... Non è carino però che prendi in giro chi soffre e lavora!

19:02 – Alberto: Goditela anche per me! Sei in gran forma!

19:02 – Fausto: Dai che in discesa non si pedala.

19:30 – Max: Dai che manca poco! Bravo.

20:33 – Paolo: Raga, in discesa fan male le ginocchia e i piedi! Riccardone rallenta perché nei prossimi sei mesi ogni giorno penserai al cammino! Quindi goditela... Ultimo giorno fermati dal Padre italiano... Ti abbraccio forte.

21:03 – Biancone: Cena comunitaria.

21:04 – Costanza: Prosit

22:30 – Biancone: Grazie amici per i messaggi.

Tappa 27: "The future is not a better place, but just a different place..."

Da Vilacha (h. 08.30) a Palas del Rei (h. 18.30) – 28 km

Mi risveglio con la consapevolezza che è una delle ultime mattine con i suoi riti da pellegrino. Fare la coda per il bagno in comune, guardare fuori dalla finestra per scegliere l'abbigliamento adeguato alle condizioni climatiche della giornata, spalmare la crema protettiva sui piedi per prevenire le bolle, riporre indumenti e cose ordinatamente nello zaino, controllare di non avere dimenticato niente sul letto a castello e, infine, andare a fare colazione con gli altri ospiti pellegrini. A colazione ritrovo alcuni dei pellegrini con i quali ho cenato ieri sera. Veronique, parigina settantenne che ha già fatto due volte il Camino; Grace 1, newyorkese cinquantenne, per la prima volta sul Camino per onorare la memoria della mamma uccisa a febbraio forse durante una rapina – non sono sicuro di avere capito bene – che aveva espresso il desiderio di fare il Camino; Grace 2 da New Orleans. Troppa *Grace* a Sant'Antonio!

Grace 2 vuole capire cosa fare della sua vita oltre ad andare in giro per l'America con la sua Harley, dopo essersi ritirata dall'ultimo incarico governativo, per il quale ha contribuito all'organizzazione del G5 di New Orleans. Quando scopre che anch'io sono un *biker* da quando avevo diciotto anni e ho girato l'Europa, principalmente sulle strade provinciali con le mie diverse BMW avute nel tempo, le si illumina il sorriso e mi chiede se per caso ho letto *Blue highways* e cioè *Strade Blu* dello scrittore americano William Least Heat-Moon. Sincronicità. È uno dei libri che lessi prima di andare per la prima volta in America nell'agosto del 1983, viaggio premio che mi sono regalato per la laurea, grazie ai soldini guadagnati facendo l'agente di commercio di accessori hi-fi durante gli anni degli studi universitari. Ebbene sì, ero proprio bravo. Negli USA alla scoperta del mito americano che ha nutrito gli anni della meglio gioventù con i western, Clint Eastwood, il rock 'n' roll, Woodstock, Memphis, i grandi spazi, le Cadillac, l'hamburger, i drive-in, Daytona, il Greenwich Village, il Bronx, *last but not least* di una lunghissima lista di sogni giovanili, i Greyhound che percorrono le infinite strade minori americane, chiamate le *strade blu* dell'America dimenticata che voterà poi, molti anni dopo, per Trump. Allora Grace apre un taccuino Moleskine e cita una frase del libro che dice essere il suo manifesto di vita – "*The future is not a better place, but just a different place... Any attempt to predict tomorrow must take into account the fact that man can change the vision of things and therefore also the future*" ossia "Il futuro non è un posto migliore, ma solo un posto diverso. Qualunque tentativo di prevedere il domani deve tenere in considerazione il fatto che l'uomo può cambiare la visione delle cose e quindi anche il futuro" – e si congeda dalla tavolata. Condivido!

La cena me lo aveva già fatto intuire, ma la colazione lo conferma appieno. I gestori hanno il braccino corto, misurano le quantità delle porzioni e la varietà del menù, al ribasso ovviamente. Basti pensare che a cena, come secondo, hanno propinato una terribile spaghettata affogata in un ragù che è meglio non chiedersi con che cosa sia stato fatto. La mamma deve essere terribile perché vigila attentamente sui nostri movimenti ma, ciò nonostante, riesco a colpire, riuscendo a prendere altre quattro marmellatine che distribuisco, raccogliendo il plauso delle tre Grazie.

È chiaro che la coppia venuta dal Sud Africa, mamma ottantenne e figlio mammone, ha rilevato questa attività con l'intenzione di tornare in patria con un piccolo tesoretto alla faccia del *donativo*, altrimenti avrebbe investito almeno per mettere un altro bagno, in modo che i dodici pellegrini ospitati a notte non debbano sgomitare per arrivare primi nell'unico a disposizione nella struttura. A questo proposito, Veronique, con nonchalance parigina e uno scatto degno di Mennea, mi è bellamente passata avanti e si è fiondata nella toilette! Ma ci sta anche questo. Il Camino riflette tutti i molteplici aspetti e le variegate caratteristiche del comportamento umano. Ho compreso che non bisogna stupirsi o scandalizzarsi ma imparare a discernere sempre meglio e ad agire di conseguenza. La prepotenza subita, che comporta un'attesa imprevista, e la coda dietro di me non interferiscono però sul mio regolare e puntuale processo di lasciare andare le scorie accumulate il giorno precedente. Anzi, una volta nell'intimità del bagnetto, mi viene in mente una pagina del libro *La zia Giulia e lo scribacchino* di Vargas Llosa in cui il protagonista, Lucho Abril Marroquin, a consulto per problemi di stitichezza, si sente dire dalla dottoressa che «un intestino che evacua puntualmente è gemello di una mente chiara e di un'anima ben nata. Al contrario, un intestino appesantito, neghittoso, avaro, genera cattivi pensieri e inacidisce il carattere, fomenta complessi e appetiti sessuali distorti e crea covazione al delitto, un bisogno di punire negli altri il tormento escrementizio».

Che altro aggiungere se non la consapevolezza che tutte le nostre funzioni vitali sono parimenti nobili e necessarie e che ogni disturbo del corpo corrisponde a un segnale di un disagio della mente e che sono quindi molto felice della mia seduta mattutina di saluto al nuovo giorno. Peraltro, sin dall'antichità si dava grande importanza all'intestino, non solo per la stretta funzione fisiologica, tanto è vero che sino al Cristianesimo, che la vietò, era diffusa l'estispicina, e cioè l'arte della divinazione attraverso l'osservazione del volo degli uccelli e l'ispezione delle interiora del bestiame.

Alle 8 e 30 affronto la discesa verso Portomarín, ringraziando l'istinto che mi ha suggerito di fermarmi prima. Il percorso nascosto dalla boscaglia che cela il panorama circostante è infatti molto ripido e mette a dura prova le ginocchia. Dopo l'ennesima curva, la boscaglia si dirada e lo sguardo può così abbracciare per intero l'ampia vallata del fiume Mino, caratterizzata dall'invaso artificiale che venne creato negli anni '60 sommergendo il nucleo medievale originario di Portomarín, che dovette essere ricostruita ex novo più in alto. Attraverso il lungo ponte dal quale si può proseguire per il Camino direttamente in direzione di Melide, risparmiando così l'attraversamento della moderna e anonima nuova Portomarín. Ora ho Santiago nel mirino e sto perdendo progressivamente interesse per visite o deviazioni che rallentino il Camino.

Raggiungo un rumoroso gruppo di pellegrini spagnoli che, nella pace e silenzio del luogo, ridono sguaiatamente, parlano a voce alta e non rispondono al mio saluto. Avranno colto il mio fastidio malcelato? Accelero il più possibile il passo per distanziarli e ritrovarmi così nella beatitudine della solitudine, che mi fa godere appieno la bellezza della vita che scorre intorno a me: i merli e altri piccoli uccelli che cantano e non scappano al mio passaggio, le evoluzioni dei trattori che in lontananza disegnano la terra con linee perfettamente parallele e sono seguiti da alcune cicogne che raccolgono i semi. È tutto perfetto, in armonia e sincronico. Non si ha bisogno di niente altro. Ho tutto dentro di me. Sono felice. Comprendo il pieno senso della frase di Stendhal che *"la bellezza è promessa di felicità!"*. Come si fa a essere felici se vivi in quelle periferie moderne anonime, grigie, con palazzoni squadrati che sono alveari disumanizzanti? Dovremmo tutti impegnarci per il bello, perché il bello crea le migliori condizioni per dare il nostro meglio. Amen e sorrido, pensando a queste *pippe* che ogni tanto partono da non so quale angolo della mia mente o forse, meglio, da qualche angolo del mio cuore.

Giù in lontananza intravedo una figura famigliare, che riconosco dall'andatura ondeggiante. È Portorico, così ho soprannominato Jedrick, che raggiunto mi abbraccia calorosamente e poi mi invita a proseguire perché preferisce rimanere da solo. Sul Camino le relazioni sono naturali e prive di tutti quei condizionamenti che appesantiscono le relazioni nel mondo da cui provengo. La comunicazione è semplice e riporta il proprio bisogno senza secondi fini. Esempio: ho voglia di fermarmi, mi fermo qui e ti saluto. Ciao, buon Camino e vai. Non cerco di convincerti a fermarti con me e parimenti anche tu non proverai a convincermi a proseguire ancora un po'. C'è il massimo rispetto per il bisogno e la scelta dell'altro. La vera libertà individuale nel pieno rispetto della libertà dell'altro. Ma cos'è la libertà? Per tutta la mia vita ho sentito il suo richiamo, dal quale poi rifuggivo per costruire gabbie dalle quali cercavo inevitabilmente di uscire. Come a un topolino in gabbia, che come unico sfogo ha quello di correre in una ruota, al quale aprono improvvisamente la porticina e che, dopo avere annusato l'aria e fatto un giretto intorno, ritorna volontariamente nella gabbia a reiterare il suo schema conosciuto all'infinito.

Ma noi siamo 70% acqua, come sostiene non solo Masaru Emoto, lo scienziato giapponese che ha dimostrato la capacità dell'acqua di rispondere agli stimoli figurativi esterni, e *l'acqua vuole essere libera*. Allora perché viviamo come prigionieri in gabbie invisibili rappresentate dai nostri condizionamenti famigliari e non, scegliamo lavori e relazioni che non soddisfano i nostri veri bisogni profondi e ci infiliamo in situazioni e progetti che non ci appartengono? Queste domande mi rincorrono dall'inizio del Camino, risuonano nella mente reclamando risposte.

Forse perché non ci concediamo il lusso di essere liberi veramente, di comprendere la nostra essenza, la nostra unicità e di perseguire con tutto noi stessi il nostro vero scopo di vita, ammesso di averlo prima di tutto compreso.

Forse leggere le ultime parole rivolte da Don Chisciotte a Sancio come suo testamento potrebbe darci un aiutino: *"La libertad, Sancho, es uno de los regalos más preciosos que el cielo ha otorgado a los hombres, ningún tesoro que la tierra esconde o el mar oculta puede compararse con él, por la libertad, como para el honor, la vida puede y debe aventurarse, y por otro lado, el cautiverio es el mayor mal que puede caer en la suerte del hombre[1]*", "La libertà, o Sancio, è uno dei doni più preziosi che il cielo ha concesso agli uomini, nessun tesoro che nasconde la terra o che occulta il mare può essere paragonato ad esso; per la libertà come per l'onore, la vita può e deve avventurarsi e, d'altra parte, la schiavitù è il più grande male che possa cadere sul destino dell'uomo".

Ma quanti di noi hanno anche solo il sospetto di vivere in regime di schiavitù più o meno mascherato? Essere valutati e retribuiti in base al tempo passato in azienda, perché così è quando si è tenuti a timbrare un cartellino, anziché in base ai risultati raggiunti relativi a progetti implementati e sviluppati, non è forse una forma di schiavitù? Ti vendo il mio tempo perché ho bisogno di *campare*. Ti vendo il mio tempo perché ho bisogno di sicurezza e di ricevere ogni 27 del mese quel tanto che mi serve per soddisfare le mie dipendenze, che si esprimono in forme diverse: status, moda, shopping, viaggi, fumo, alcol, donne, gioco, eccetera. Sono frustrato, insoddisfatto e infelice, ma faccio parte del grande circo Barnum del consumismo e dell'accumulo. Devo avere 100 paia di scarpe e non posso fare a meno dell'ultimo modello di Jimmy Choo o di iPhone. Al mattino prendo la metro schiacciato da decine di altri schiavi che, se mi va bene, si sono fatti la doccia; entro in un palazzone dove passo ore davanti a uno schermo senza poter aprire la finestra; mangio velocemente e compulsivamente un panino di una catena; posso trovarmi a Milano, New York, Valencia o Shangai ma sono sicuro di trovare gli stessi *brand, shop, format, shop assistant* e ogni altro inglesismo. Penso e spero che il futuro sarà migliore senza rendermi conto che quello che semino oggi raccoglierò domani e che, senza modificare i paradigmi del mio modo di agire e pensare, otterrò sempre gli stessi risultati. Lo diceva già persino Albert Einstein, un altro dei grandi maestri che sono scesi in Terra.

Potrò magari cambiare lavoro, apparentemente anche in meglio, cambiare compagna o compagno, cambiare città, ma il mio futuro non sarà necessariamente migliore ma semplicemente diverso. Il mio futuro dipende solo ed esclusivamente da me. Amen e fine dell'autopredicozzo.

La Galizia è verdissima. È un vero piacere per gli occhi seguire l'e-

---

1. Miguel Cervantes, *Don Chisciotte della Mancia*, cap. XVII.

voluzione del Camino lungo i declivi collinari e in mezzo a boschi rigogliosi. Si attraversano di tanto in tanto piccoli villaggi di case in pietra con i caratteristici granai in legno per essiccare i raccolti, frutto di sapienza tecnologica antica, rispettosa dell'ambiente e dell'estetica.

In cima all'ennesima collina raggiungo due pellegrine che riconosco subito come italiane dall'abbigliamento. Sono molto simpatiche: Assunta, sessantenne, operaia FIAT in pensione, ha quattro figlie, è di Torino ed è sul Camino per elaborare il cambio di vita, mentre Daniela, da Conegliano, più giovane, è riflessologa plantare ed è sul Camino per raccogliere materiale sul pellegrinaggio e sui pedi dei pellegrini. Fossi in lei partirei dai suoi perché, a dispetto della professione che esercita da tempo, i suoi piedi sono sofferenti e malconci, tanto da obbligarla a usare dei sandali. «È un segno», le dico con un sorriso, proponendo di farle le carte del Camino, visto che nel frattempo ci siamo fermati in un posto di ristoro per un caffè. La carta che Daniela gira ha una pellegrina che, guarda caso, a piedi nudi attraversa dell'acqua e la frase: *"If you believe you can do it, you are right. If you believe you can't do it, you are also right"*. "Se credi che lo puoi fare, hai ragione. Se credi che non lo puoi fare, hai sempre ragione".

In altre parole sono tutti ***** tuoi! Sorride, fa un cenno di assenso con il capo e aggiunge: «Tutto dipende da come voglio affrontare la prova e, soprattutto, se voglio affrontare la prova». I suoi piedi le stanno comunicando sicuramente qualcosa. Forse il suo approccio al progetto è troppo rigido e dogmatico perché si stupisce del fatto che io, a parte la bolla causata dagli scarponi nuovi, non abbia avuto particolari problemi, pur camminando per più di 600 chilometri.

La carta di Assunta dice invece: *"No event has any power over you but only which you give to it"*, "Nessun evento ha alcun potere su di te se non quello che gli dai tu".

«In effetti», riflette, «mi rendo conto che sinora ho subito il pensionamento come una resa dalla vita attiva mentre facendo il Camino sto capendo che è come interpreti quello che stai vivendo che dà valore e significato alla vita stessa».

Le carte hanno creato un'atmosfera propizia alle confidenze e al confronto. Sono incuriosite dal mio percorso professionale e personale. Non avrebbero mai immaginato di incontrare un Amministratore Delegato, figura che ai loro occhi rappresenta "il male", con il quale poter parlare tranquillamente di tutto e di più. Quando condivido il percorso di studio e ricerca spirituale fatto in questi anni attraverso le

Costellazioni famigliari, le rune, il Reiki e infine i viaggi sciamanici, ho l'impressione che temano che sotto sotto le stia prendendo in giro o che mi sia proprio fumato il cervello. Dopo quattro ore passate insieme, volate parlando dei temi sensibili che condizionano le nostre vite e cioè dell'attaccamento, dell'accumulo, del possesso, delle aspettative, del bisogno di riconoscimento, Assunta mi ringrazia perché, parole sue, si è riconciliata con la classe dirigente. Beata lei, io non ancora!

Salutate le ragazze italiane che si sono fermate a Portos, a sette chilometri da Palas de Rei che è la mia meta, mi ritrovo solo con un'inaspettata e improvvisa sensazione di profonda stanchezza. I continui saliscendi galiziani hanno lavorato duro ai fianchi. Mi faccio forza e riprendo il Camino fantasticando per distrarmi.

Il viaggio è la ricerca del proprio limite per superarlo o per assecondarlo? Perché vorrei tanto fermarmi e lanciare via zaino e racchette, mentre invece proseguo imperterrito? Dove è che trovo le energie per procedere? Chi me lo fa fare? Un superbo crocefisso in pietra pare spuntare dal nulla proprio per rafforzare il valore della passione indispensabile per affrontare prove di questo genere. È il *Cruceiro de Lameiros*, del 1670, molto particolare perché ogni lato della base riporta un simbolo della passione di Cristo, il martello, i chiodi, le spine e il teschio, mentre il retro della croce porta in alto una pietà.

Riprendo le mie elucubrazioni arricchite dall'incontro con questo crocifisso molto didascalico, sino a quando giungo a un invitante super *albergue* a pochi chilometri da Palas de Rei che, purtroppo, con mio totale scoramento, è al completo. Percorro gli ultimi chilometri, monotoni, lungo un sentiero in piano che non finisce mai, in un panorama anonimo, trovando forza nell'imprecare a voce alta, poco olisticamente ammetto, e inserendo nell'elenco dei destinatari delle contumelie anche Jacopo, colpevole di non essersi fermato prima di Santiago, sino a un liberatorio *pueblo de mierda,* quando arrivo finalmente al cartello stradale che segna l'ingresso a Palas de Rei.

Guardo su *Booking.com* per non camminare a vuoto e trovo una camera alla pensione *Casa Curro,* dove ho la bellissima sorpresa di un bagno con vasca. Il gerente deve aver nascosto il tappo per impedire ai pellegrini di consumare acqua ma il Biancone non si perde d'animo e trova una soluzione pratica per tappare il buco e godersi così un'ora di assoluto relax nell'acqua calda. Godo incredibilmente per una camera singola con bagno in una pensione di terza categoria come non ho mai goduto nei vari Sheraton, Meridien, NH a 5 stelle che ho frequentato per lavoro o per svago. Di nuovo, quante cose diamo per scontate, incapaci così di apprezzarle fino in fondo? Grazie al Camino sto recuperando il valore delle cose, provando gratitudine anche per le situazioni più semplici e normali.

Degna conclusione di un'altra giornata ricca di esperienze ed emozioni, la finale di Europa League, Siviglia-Liverpool, che vede gli spagnoli allo stadio e quelli intorno a me alla *cerveceria Obelix* festeggiare il 3-1 che porta alla conquista della loro terza coppa di seguito. *W l'España*. Beati loro, da tifoso granata provo un pochino d'invidia. Chissà mai quando potremo noi, tifosi irriducibili del Toro, nonostante tutto, festeggiare di nuovo dopo l'ultimo successo, la Coppa Italia vinta nel 1993? Questa è una domanda che, per pudore, non porgo al Camino.

Prima di addormentarmi do una ripassata alla chat. È una delle ultime volte, penso. *Qui, ora e adesso* sono libero perché, come diceva Pareyson, "la mia libertà non può non derivare che da un atto di libertà". Buona notte.

> 09:36 – Silvia: Grazie a te che ci fai partecipe di questa straordinaria esperienza! Buona giornata a tutti.
>
> 11:15 – Roberto: Dai, manca poco. Così la finiamo con questo super traffico di messaggi!
>
> 11:18 – Biancone: Pagherai Todo.
>
> 11:30 – Daniela: A me i tuoi messaggi piacciono tantissimo!
>
> 11:30 – Biancone: Grazie Danielina.
>
> 11:44 – Biancone: Pellegrini vocianti degli ultimi 106 km, soprattutto spagnoli che rompono l'armonia del bosco e non solo quello… Mi starà mica venendo la pellegrininite?
>
> 14:52 – Roberto: Anche a me piacciono e mi piace l'idea di essere stato un suo compagno di viaggio. Ma in questo periodo il Biancone è stato il primo pensiero della giornata e l'ultimo della sera…
>
> 19:47 – Biancone: Ehi Robi, me devo preoccupa'?
>
> 19:51 – Biancone: Giornata bella tosta. La Galizia è una specie di otto volante. Alle 18 finalmente Palas de Rei, a meno 66 km. Camminando, mentre imprecavo perché i saliscendi non finivano più, mi è venuta in mente questa riflessione: ma sto ****** di Jacopo non poteva fermarsi prima di Santiago?

Tappa 28: "El camino es la meta"

Da Palas de Rei (h. 08.30) a Castaneda (h. 18.00) – 25 km

Più mi avvicino a Santiago e più il Camino si trasforma. A Palas de Rei vedo parcheggiati molti van neri lucidati a specchio, con scritte dorate che richiamano ai vari *peregrinos tour operator*. Incrocio un primo gruppo di pellegrini mentre stanno per salire a bordo di uno di questi van. Sono tutti brandizzati con giacca a vento leggera gialla e zaino rosso. Mah! Fatico a non cadere nel giudizio, ricordandomi che ognuno è libero di fare le cose a modo suo, ma la vista dei pellegrini americani, tutti uguali e con il van che non solo trasporta gli zaini ma fa anche da servizio navetta per saltare i tratti più monotoni, mi indispettisce.

L'uscita da Palas de Rei e dal traffico della statale con la ripresa della strada bianca nel bosco mi rimette di buon umore, anche se il cielo è grigio e minaccia pioggia. La statua in cemento di un lui e una lei che sembrano due pellegrini posta all'ingresso di un paesino che attraverso poco dopo, mi ricorda Giulia e come sarebbe bello, in futuro, fare il Camino insieme. Ai piedi delle statue ci sono pietre con nomi e date e collanine colorate di plastica, segno del passaggio di pellegrini che hanno voluto lasciare un ricordo. Tutti noi desideriamo lasciare un segno del nostro passaggio, forse per dare un senso a un qualcosa di cui fatichiamo a capire il senso.

Casa Domingo, un accogliente localino nel paese di Ponte Campaña, mi attira con una bella musica che si diffonde per la via deserta. Mi fermo per un caffè che mi sono strameritato. Ho fatto 4,3 chilometri in 52 minuti. Una media di quasi 5 chilometri all'ora. Non male!

Sono incuriosito dalle parole in spagnolo che, pur non comprendendo nel loro pieno significato per il rumore di sottofondo prodotto dai numerosi pellegrini nella sala, mi risuonano non so perché. Shazam mi dà il titolo della canzone che è, guarda caso, *Solo quiero caminar* di Paco de Lucia! Vado allora a cercare il testo che, guarda caso 2, è quanto mai sincronico con il mio *qui, ora e adesso*:

> Yo solo quiero caminar
> como corre la lluvia del cristal
> como corre el río hacia la mar
> lorei lorei lorei loreilo.

Chiedo solo di camminare, ma un uomo cammina solo se ha ambizioni. Nel suo *Il libro degli abbracci*, Galeano racconta che c'è un uomo che parla con Utopia e questa, man mano che lui si avvicina, continua ad allontanarsi. Un terzo gli chiede: «Perché la insegui se non puoi raggiungerla?». E lui risponde: «Perché solo così cammino». Vero.

Camminare ti porta a pensare, a fare, a cercare un tuo senso, a dare significato a ogni singolo momento. Al contempo ti accorgi che ti viene via via più facile lasciare andare il passato, i cattivi pensieri, le recriminazioni e quant'altro possa incrinare il tuo stato di benessere. Sei felice. In pratica non fai niente di eclatante, anzi, sei soggetto a ogni agente e condizione atmosferica, fatichi, sudi, ma tutto questo passa e rimane la soddisfazione per la strada percorsa e la curiosità e l'eccitazione per quella che verrà. Il passato è il presente, perché "dove sono ora" è conseguente a "da dove vengo", mentre il presente è il futuro, perché domani sarò più avanti di dove sono oggi solo perché sono qui oggi. Mhhhh sarò stato comprensibile?

Potremmo passare la nostra vita camminando? Perché no? E se considerassimo le nostre esperienze giornaliere come un cammino per la nostra meta? Certo, il problema è chiarirsi la meta, lo scopo per cui siamo in un corpo che vive in questo pianeta fantastico e camminare può di certo aiutare a conoscersi e comprendersi più a fondo. Centinaia di chilometri ti aiutano a confrontarsi con il proprio ego. È solo una questione di tempo ma, prima o poi, lo smascheri e puoi finalmente prendergli le misure. Sono i momenti di maggior scoramento e difficoltà che mi hanno messo di fronte ai miei limiti e alle mie presunzioni. È nei momenti di maggior difficoltà e scoramento che l'ego ha provato a sedurmi invitandomi a trovare scorciatoie o allettandomi con soluzioni facili e confortevoli per il corpo. Ho provato di persona, con la mente e il corpo, che camminare è un processo alchemico che trasforma. Non sono la persona che ero meno di un mese fa. La mia identità, costituita da più maschere consolidatesi nel tempo, si è sbriciolata passo dopo passo, chilometro dopo chilometro, mentre la mia natura autentica man mano si è materializzata e ha preso forma. Dove è finita la maschera del manager arrogante che non deve chiedere mai? Dove è finita la maschera del grande conquistatore di femmine che deve sempre piacere? Dove sono le altre indossate in questi miei primi quasi sessant'anni per superare i traumi subiti e le varie vicissitudini vissute?

Camminare e niente altro, perché lo scopo è camminare e non arrivare. Vorrei infatti che questo Camino non finisse mai e sono alla ricerca della chiave che mi permetta di trasferire l'esperienza che sto vivendo *qui e ora* nella vita alla quale ritornerò tra poco e fare in modo che i prossimi anni siano un personale Cammino senza soluzione di continuità.

Intanto sono quasi le 11 e, con grande sorpresa, entro in A Grana, paese gemello di Grana sui Colli Divini monferrini vicino a Moncalvo, dove ho costruito il mio *buen retiro*. Un pellegrino mi scatta la foto ricordo che invio subito in chat come regalo speciale per gli amici di Grana che sono nel gruppo e riprendo il Camino, in un paesaggio bellissimo dove gli alberi fanno da guardiani del pellegrino lungo il tratturo che, in lontananza, sembra sfumare nel verde diventando un tutt'uno con l'orizzonte. In questa atmosfera viene spontaneo catturare l'essenza del  Camino e comprenderne il suo potere di assorbire, di prendersi cura delle nostre sofferenze e delle nostre difficoltà, quando passo dopo passo lasciamo andare alla Madre Terra tutto ciò che ormai non ci serve più.

Un richiamo a voce molto alta, poco da Camino, che riconosco subito blocca il flusso dei pensieri filosofici. È Portorico insieme a un altro pellegrino e sbucano da un sentiero laterale che porta a un posto di ristoro che non avevo visto. È con un pellegrino sosia di Andy Capp per postura e berretto. Infatti è inglese da Worcester, si chiama John Rock ed è in cammino dopo essersi licenziato da ALDI, la catena di discount dove faceva di tutto di più, ed essersi chiesto se a cinquant'anni meritasse questa vita o ci fosse qualcosa di meglio per lui in questo mondo. Camminiamo insieme tutto il giorno, passando dai temi più profondi a quelli più leggeri. C'è grande empatia ed allegria e arriviamo insieme a un punto topico, il cippo che segna 49,897 chilometri a Santiago.

Foto ricordo di questo attimo irripetibile, perché voglio fissarlo per sempre, poiché non potrò mai più riviverlo con le emozioni e i pensieri provati *qui, ora e adesso* con John e Portorico, così come non si può entrare due volte nello stesso fiume, come aveva già ben argomentato Eraclito[1], sottolineando come l'uomo non possa mai fare la stessa esperienza per due volte perché ogni ente, nella sua realtà apparente, è sottoposto alla legge inesorabile del mutamento.

Avere superato il confine immaginario dei "meno 50 chilometri" ha scatenato la voglia di cantare a squarciagola la nostra allegria. E così ecco tre uomini che, pur arrivando da luoghi diversi e lontani nel mondo, si ritrovano su un sentiero di terra battuta che attraversa la campagna galiziana in direzione di Santiago. Paiono amici da

1. La fonte principale di questa attribuzione risalirebbe a Platone che, nel suo *Cratilo*, scrive: «Dice Eraclito "che tutto si muove e nulla sta fermo" e, confrontando gli esseri alla corrente di un fiume, dice che "non potresti entrare due volte nello stesso fiume"». Il riferimento è al frammento 91 D.K. del trattato *Sulla natura*, dove si può constatare che l'espressione "tutto scorre" non è presente: «Non si può discendere due volte nel medesimo fiume e non si può toccare due volte una sostanza mortale nel medesimo stato, ma a causa dell'impetuosità e della velocità del mutamento essa si disperde e si coglie, viene e va via».

sempre, uniti dalla comunione delle vite vissute e con tanta voglia di scherzare e divertirsi nel miglior spirito stile *Amici Miei*, un altro dei miei film cult, che ha ispirato più di una zingarata con gli amici. Ecco che, quando intoniamo frasi un po' sconce in uno spagnolo sgangherato urlando tra gli i alberi che sopportano con grazia: *"precaucion muchachas que los tres super peregrinos arriban in Santiago con la tercera pierna hermosa animada"*, siamo come il conte Mascetti, il barista Necchi e il primario Sassaroli che cantano *Bella figlia dell'amor* al matrimonio dell'architetto Melandri. In realtà io avevo iniziato a dire *gambas* per essere poi corretto da Portorico perché *gambas* vuol dire "gamberi" e non "gambe".

Sono quasi le *seis de la tarde* e nel paese che attraversiamo c'è una *casa de turismo vacacional, La calleja de Laura*, che mi ispira. Gli altri due pellegrini fuori di testa preferiscono proseguire, salutandomi urlando *"W las piernas abiertas"*! Chissà se ci incontreremo di nuovo.

La camera è un bijoux e il bagno è in comune con altre due camere, occupate da due giapponesi che, inchinandosi per salutarmi, rischiano di darsi una capocciata. A cena vado in uno dei due locali del minuscolo paese, chiedendo di poter cenare fuori. Onoro la zuppa casalinga gustosa ammirando il panorama agreste nella luce che scema molto lentamente. Arriva un gruppo di anziani del paese che, fatto un cenno di saluto, si siede al tavolo a fianco per bersi un bicchiere di vino e giocare a carte. È tutto perfetto, in armonia, l'uomo, gli animali, le piante, le costruzioni, il cielo e anche le rarissime auto, per lo più d'antan, che passano piano con il guidatore che saluta. Un mondo ancora antico, gentile, autentico, di sostanza, non ancora contaminato e stravolto dalla globalizzazione. Una boccata di ossigeno in un tempo rumoroso che pretende ritmi forsennati. Rimbocco la manica della camicia per toccare e guardare il braccialetto blu di gomma che ho acquistato nella bancarella di un Uomo con la U maiuscola, Ionut Preda, che ho conosciuto oggi dopo pranzo. È un incontro che mi ha toccato nel profondo del cuore.

Ionut ha come missione *"La integración de las personas con discapacidad atraves del deporte en la sociedad"*.

Ha perso la gamba destra in un incidente, ma non si è perso d'animo, ha imparato a correre con una protesi artificiale come quella dell'agente di polizia *cyborg* nel film profetico di fantascienza *RoboCop* del 1987; ha fondato un'associazione sportiva per portatori di handicap, il *Ionut Preda Club Galicia*, di cui fa l'ambasciatore partecipando a corse varie e che promuove sul Camino con una *tienda* che offre diversi souvenir e oggetti vari che richiamano il Camino. Ho preso i braccialetti che riportano la frase *"El Camino es la meta"* per Giulia, Francesca, Asia e uno per me, quello che ho in mano e che sto trattando come un gioiello prezioso, regalo del Camino.

Il Cammino è la meta. Semplice no? È il viaggio metafora della vita lo scopo stesso del viaggio, non la destinazione, semplicemente un punto che abbiamo definito come punto di arrivo ma che sarà anche un punto di partenza. Possiamo immaginare il nostro viaggio e cioè la nostra vita come una linea che segue un percorso certamente non lineare ma continuo, che unisce come su una mappa diverse località che rappresentano i momenti topici, le prove più significative che incontriamo, affrontiamo e superiamo per andare avanti, perché non siamo come i gamberi, indietro non si torna.

Metto via con cura i braccialetti per non perderli e, nel farlo, penso con amore alle mie figlie e a Giulia. Sono anche loro punti che ho raggiunto e aggiunto nel mio percorso in questa vita, bellissimi punti!

Come sarà incontrarsi e abbracciarsi dopo questo tempo e questa mia esperienza che mi sta trasformando?

Come ci ritroveremo con Giulia dopo tutto questo distacco e lontananza fisica? Come sarà il rientro nella metropoli tentacolare, Milano? Mi concentro sul respiro e sull'espiro per disattivare la mente che vuole trascinarmi nel vortice di pensieri che proiettano al domani, generando ansia e preoccupazione. Voglio rimanere ancorato all'attimo presente, nel *qui, ora e adesso*. La padrona timbra il passaporto e commenta la bellezza e l'originalità del *sello* di Ionut, che è impreziosito da ceralacca rossa timbrata con le orme di due scarponi. Saluto la signora e idealmente Ionut e torno al mio rifugio, libero e rinfrancato nello spirito e nel corpo. Spengo la luce e mi auguro una buona notte.

Buona notte Riccardino, ti voglio bene.

> 07:42 – Fausto: Sono sempre e solo le salite quelle che contano! Dopo si è più forti. Un saluto anche agli amici di Biancone. Fan.
>
> 11:23 – Luca: Dai che ci sei Riccardo!
>
> 11:24 – Piero: Forza new man... Sei quasi arrivato!
>
> 11:49 – Enrica: Grazie Ric! Grana... nel mondo!
>
> 14:21 – Fausto: Sei a casa.
>
> 15:30 – Maurizio: Dev'essere il posto più verde di tutta la Spagna!

18:53 – Max: Bravo Ric, complimenti. Quasi quasi farei anche il ritorno cosa dici?

20:38 – Fausto: Ciao Riccardo ma quante ore camminate al giorno? E alla fine, quanti km avrai fatto? Bella passeggiatina! E il ritorno?

21:17 – Andrea: Mi devo preoccupare che usi il bastone per camminare?

22:04 – Biancone: Intorno ai 25 km al giorno con punte di 32, 34 in alcune tappe. Con oggi a piedi sono 599,3 km. Il bastone è tipico del pellegrino... la versione moderna sono gli stick telescopici. PS. Ritorno? No, grazie.

22:07 – Ester: Ma dai... Tempo un paio di settimane e rimpiangerai queste magnifiche camminate.

22:08 – Biancone: Claro che sì. Oggi poi è stata veramente stupenda. I saliscendi umani, i boschi, un inno alla bellezza della natura.

22:13 – Ester: Beh, di tutto il cammino hai mandato foto splendide! Indirettamente ne abbiamo goduto un po' anche noi! Abbiamo solo fatto un po' meno fatica.

"Biancone ha cambiato l'immagine del gruppo": ho messo la foto della Cruz de Hierro.

22:23 – Loredana: Che immagine poderosa hai messo al gruppo! Da te siamo passati a Dio! Ti sei convertito dopo tutte queste chiese/pellegrini/croci e fatiche? Simmi saprebbe dare di tale cambio immagine un'interpretazione psicanalitica!

22:27 – Biancone: Semplicemente la Luz!

Tappa 29: "L'inconscio ci fotte"

Da Castaneda (h. 09.00) a Brea (h. 18.00) – 23 km

Venerdì 20 maggio. Nuovo e penultimo giorno sul Camino.

Quasi non ci credo. Sono partito giusto un mese fa da Milano, era il 20 aprile, e ora sono a un tiro di schioppo da Santiago. Sto provando un turbinio di emozioni contrastanti, smosse anche dal sonno agitato, per il freddo dell'umida notte galiziana, che mi ha tormentato i piedi nonostante le due coperte di lana spessa, e animato da sogni inquietanti. Ho di nuovo sognato la fabbrica di Vigevano dove ho speso gli ultimi sei anni della mia vita e i suoi ex proprietari che fecero Bingo vendendola a un fondo di *private equity* nel marzo del 2008, pochi mesi prima del fallimento di una delle più antiche istituzioni finanziarie mondiali, la Lehman Brothers Holdings Inc., fondata addirittura nel 1850, che portò alla crisi mondiale che tutti abbiamo vissuto sulla nostra pelle. Come dire, vendere un'auto a gasolio Euro 3 a valore pieno di Quattroruote con pagamento *cash* sei mesi prima che ne vietino il transito nelle città!

Nel sogno rivivevo alcune scene spiacevoli dell'ultimo periodo, tipo quando l'ex *paron* veniva a raccogliere pettegolezzi e malevolenze da parte di alcuni operai, che criticavano la gestione dell'Amministratore Delegato anche su Facebook o quando, prima di Natale, entrava in ufficio accusandomi praticamente di essere un incapace perché, testuale, a suo dire "la produzione stava girando con le ruote quadre". Provate a immaginare la mia reazione, mi salì il sangue al cervello e gli risposi per le rime.

L'ex *paron*, nonché pseudo *low profile* magnate di Vigevano, mi aizzava contro la decina di operai facinorosi che mi avevano contestato da sempre, sin dal giorno del mio ingresso in azienda e, con il ditino puntato verso di me e il suo tipico modo di fare infido, mi provocava sino a farmi sbottare così violentemente da urlargli contro: «Sei solo un povero buffone, sei solo un povero buffone». A quel punto mi svegliavo con il cuore che batteva in gola. Certo può sembrare "poco spirituale" richiamare in sogno sul Camino la figura di un criminale come Al Capone, interpretato dal mio mito Robert De Niro nel film *Gli Intoccabili* quando urla a Eliot Ness-Kevin Costner, il poliziotto che lo vuole incriminare: *"Tu non hai trovato niente. Tu sei solo chiacchiere e distintivo! Tu in mano non hai niente! Non hai niente per il tribunale, non hai preso il contabile, tu non hai niente! Non hai niente, sei solo un povero stronzo, con me non ce la fai! Non hai un bel niente, buffone!"*.

L'ultimo pezzo della frase: *"Non hai un bel niente, buffone"* mi ha evidentemente colpito molto all'epoca della visione del film, tanto da radicarsi nel mio inconscio per venire fuori in questo modo e in questa situazione. Il sogno mi comunica che ho ancora da elaborare del tutto il lutto per la perdita del posto di lavoro, nonostante le riflessioni, le urla e i chilometri fatti… L'inconscio ci fotte, in senso buono ovvio, perché ci indica se abbiamo mente, cuore e corpo allineati e in armonia o se ce la stiamo raccontando.

La giornata è tersa e luminosa, con una temperatura ancora fresca. Saluto con grande cerimoniale i giapponesi che, a differenza dei coreani di Pamplona, non si sono praticamente sentiti manco lievitassero, tanto non si sentiva neanche il passo sul pavimento di legno che sotto di me invece scricchiolava – forse per la differenza di peso diranno i maligni?

Saluto e ringrazio Laura. Indosso con cura lo zaino, ormai modellato sulla forma della mia schiena, e mi avvio verso il mio destino con passo e postura divenuti composti e armonici in queste settimane di cammino.

Ho camminato per più di 600 chilometri, sono vivo, sono felice, mi congratulo con me stesso per l'impresa in corso d'opera e mi beo della bellezza della giornata e del panorama galiziano. Filari spettacolari di eucalipti alti come antenne che delimitano radure verdi smeraldo caratterizzano questa parte del Camino sino alla cittadina di Arzúa, sufficientemente brutta e, ahimè, lunga da attraversare. L'uscita dall'abitato con la ripresa del percorso nella natura è una boccata di ossigeno per lo spirito oltre che per i polmoni – non essendo più abituato al traffico urbano – che rende meno faticoso seguire i continui saliscendi spacca gambe, tipici della Galizia. Il pellegrino pensa che ormai è superallenato e che ormai è fatta e così il Camino alza l'asticella e mette alla prova fino alla fine.

In mattinata mi fermo per una sosta in un caratteristico posto di ristoro costituito da una casa privata, che condivide una sala e il giardino con i pellegrini, offrendo loro dolci fatti in casa e tisane varie, oltre naturalmente ai classici tè e caffè. La veranda che dà sul giardino è decorata con bandierine colorate, in stile tibetano, che riportano pensieri vari. Quello che mi colpisce di più visti i sentimenti di divisione, rabbia, invidia sociale, amplificati dall'uso disfunzionale dei social tipici di questi tempi, recita: "La cattiva comprensione della realtà divide le persone. La buona comprensione porta le persone a unirsi".

Divide et impera da sempre è stata la strategia del potere per sottomettere e indirizzare le masse. I social oggi permettono azioni di manipolazione e influenza del consenso basate sulla creazione di gruppi contrapposti, come le tifoserie di due squadre di calcio. Alla domanda "ma voi ritornereste al tempo in cui non c'era Facebook e i fuori di testa trovavano come platea i pochi avventori del bar di quartiere", cosa rispondereste? Io direi "magari"!

È vero che ogni strumento può avere usi diversi a seconda di come viene utilizzato – un buon esempio può essere quello del martello che è utile per piantare un chiodo ma, nelle mani di uno squilibrato, può anche diventare un'arma per spaccare la testa a un'altra persona – ma dato che una foresta che cresce non fa notizia mentre un albero che cade sì, i social sono un fantastico strumento in mano a chi vuole aizzare l'odio, scaricare il proprio rancore sociale sugli altri, spiare, spettegolare, dando importanza massima all'immagine e alimentando così un narcisismo di massa che sta avvelenando la convivenza civile e degrada la capacità di confronto nel rispetto del libero pensiero altrui. Aiuto!

Una voce femminile mi chiede direttamente in italiano se posso farle una foto con il suo gruppo di amiche. È proprio vero, noi italiani abbiamo evidentemente quel qualcosa in più di distintivo che fa sì che all'estero ci riconoscano subito e che, allo stesso modo, anche noi ci riconosciamo, pure sul Camino. Mi invitano a sedersi al loro tavolo e ci presentiamo. Sono Marina, sessantaduenne, e Nadia, sessantacinquenne, entrambe valdostane, con le quali trovo affinità elettive per la pratica del Reiki, l'amore per la natura, gli animali e la filosofia. Raccontano che nel gruppo c'è un agente dissonante, una loro amica, o forse è meglio dire a questo punto ex amica, che sta condizionando negativamente l'armonia sollevando sin dalla partenza problemi per l'organizzazione dei tempi di cammino e di sosta, facendo leva sui loro sensi di colpa perché fisicamente più prestanti e resistenti.

Meglio viaggiare soli o saper scegliere con massimo discernimento i compagni di viaggio! Assentono disperate e colgo l'attimo per sganciarmi e riprendere la strada.

Un'altra lapide posta dagli *Amigos de Sobrado Dos Monxes* – l'associazione degli amici del monastero di Sobrado dichiarato Patrimonio dell'Unesco – in memoria di Miguel Rios Lamas, deceduto il 10 settembre a soli 49 anni. Azz... è il sesto che incrocio che ha lasciato il suo corpo lungo il Camino. Poi si dice che camminare faccia bene, non solo allo spirito ma soprattutto al corpo. Scherzo ovvio, penso anzi che, se quella era la sua ora in quel giorno di quell'anno, sia stato un dono chiudere gli occhi in questo scenario incantato, facendo il Camino per continuare a camminare nella luce. Chissà perché mi viene in mente *Per chi suona la campana* di Ernest Hemingway, che per il titolo si ispirò dal verso del poeta John Donne, vissuto nel '600: "*Non chiederti per chi suona la campana, suona per te fratello*".

Buen Camino fratello Miguel!

Mi fermo per un panino con birra in un locale incredibile, gestito da mamma e figli vestiti con T-shirt nere brandizzate con frasi che ritrovo appese sulle specie di tovaglie di tutti i colori e mu-  sica rock a palla. Il panino è sontuoso, di pane rustico con prosciutto crudo tagliato spesso che è uno spettacolo. Non posso non immortalare il tutto in una foto da postare in chat.

Prolungo la pausa per gustarmi a fondo il momento e nel mentre faccio due schizzi sul mio diario di bordo per fissare su carta le emozioni che sto vivendo. Certo non sono Picasso ma mi compiaccio comunque con me stesso per il risultato perché sono sicuro sapranno rievocare questo momento ogni qual volta avrò modo di guardarle. Prendo anche appunti sui dettagli più caratteristici e contraddittori dei locali dove mi sono fermato oggi che più mi hanno colpito. Dai messaggi evocativi appesi al vento come in Tibet, alla commercializzazione spinta del Camino al rock che fa ballare teli con frasi evocative e non. Bisogna viverlo per apprezzarne appieno l'armonia e energia.

Salutato da un gruppo di *bikers* – avranno captato il mio spirito motociclista? – mi avvio e, fatto meno di un chilometro, mi imbatto nella lapide di Guillermo Watt, *Peregrino abrazò a Dios a los 69 años el 25 de*

agosto de 1993 a una jornada de Santiago. Che sfiga e, anche se sostengo che la sfiga non esista, in questo caso ci sta! E con Guillermo ne ho contati otto. Che *"Vivas in Christo"* come auspica la lapide.

Sull'albero a pochi metri da qui è appeso un foglio che riporta un poema per meditare di un compagno di viaggio, il monaco buddista Thich Nhat Hanh. Sì, di nuovo lui:

<table>
<tr><td>The contemplation on no coming no going</td><td>La contemplazione sul non venire non andare</td></tr>
<tr><td>This body is not me.
I am not limited by this body.
I am life without boundaries.
I have never been born,
and I have never died.</td><td>Questo corpo non sono io.
Non sono limitato da questo corpo.
Sono una vita senza confini.
Non sono mai nato,
e non sono mai morto.</td></tr>
<tr><td>Look at the ocean and the sky filled with stars,
manifestations from my wondrous true mind.</td><td>Guarda l'oceano e il cielo pieno di stelle,
manifestazioni dalla mia meravigliosa mente vera.</td></tr>
<tr><td>Since before time, I have been free.
Birth and death are only doors through which we pass,
sacred thresholds on our journey.
Birth and death are a game of hide-and-seek.</td><td>Da prima del tempo, sono stato libero.
Nascita e morte sono solo le porte attraverso le quali passiamo,
soglie sacre nel nostro viaggio.
Nascita e morte sono un gioco di nascondino.</td></tr>
<tr><td>So laugh with me,
hold my hand,
let us say good-bye,
say good-bye,
to meet again soon.</td><td>Quindi ridi con me,
Tienimi la mano,
diciamo addio,
dire addio,
per incontrarci di nuovo presto.</td></tr>
<tr><td>We meet today.
We will meet again tomorrow.</td><td>Ci incontriamo oggi
Ci rivedremo domani.</td></tr>
<tr><td>We will meet at the source every moment.
We meet each other in all forms of life.</td><td>Ci incontreremo alla fonte ogni momento.
Ci incontriamo in tutte le forme di vita.</td></tr>
</table>

Brividi di commozione scuotono tutto il corpo. Sono in uno stato di trance, tempo e spazio si fondono con me, sono tutto, abbraccio tutto, sono "me", sono *qui, ora e adesso*.

La giornata è stata intensa e non me la sento di affrontare l'avvicinamento a Santiago, peraltro sono quasi le sei e preferisco quindi fermarmi al primo posto che incontro da qui a Pedrouzo, paese che fa da spartiacque tra l'atmosfera magica del Camino nella natura e quella della periferia di Santiago con il suo aeroporto. È l'ultima sera con l'ultima cena sul Camino e merita di essere celebrata degnamente in ritiro solitario. Un cartello bene augurante capita a proposito indicando la *Pension "The Way"*. Dopo dieci minuti che impiego per attraversare una frazione di case, dove gli unici esseri viventi sono i diversi cani randagi che gironzolano pigri tra le stradine deserte e sembrano seguire curiosi e un poco perplessi i miei passi, arrivo all'ingresso di un giardino tenuto perfettamente, con in fondo una villa bianca in stile moderno con un patio di fronte. La camera singola è spaziosa, confortevole e con un grande bagno fornito pure di vasca. Quello che ci voleva per una serata che sarà indimenticabile.

L'ultima chiamata serale con Giulia. Ancora pochi giorni e ci ri-abbracceremo. In questi giorni ho sentito il suo supporto amorevole e la telefonata serale è stato il nostro momento di intimità di coppia mentre stavo facendo il mio percorso individuale di uomo alla ricerca di una serie di risposte.

16:49 – Biancone: Stralusso, ultima sera sul Camino. Mancano solo 24 km alla fine del Camino. Le emozioni sono tantissime.

16:52 – Paola. Applausi e baci

16:52 – Biancone: PS. Ringrazio i miei fantastici piedi che mi han-no portato sino qui!

16:56 – Paolo: Evaai... Complimentoni!

17:13 – Monica: Relax meritato! E bravo Riccardo!

19:28 – Vittorio: Ciao Ric, ti aspettiamo al paesello!

19:29 – Enrica: complimenti e baci. Non vediamo l'ora di vederti al tuo ritorno.

20:57 – Max: Ric ce l'hai fatta. Adesso si riparte in meglio, ciao.

21:04 – Alberto: Grande!

21:06 – Daniela: Ancora una volta hai ultimato una grande opera.

21:23 – Fausto: Grande Ric!

21:25 – Luca: Caro Riccardo complimenti, domani brinderò al tuo arrivo!

21:25 – Biancone. Sono commosso.

21:27 – Luca: Peccato che ho chiuso *Memeoirs* alcuni mesi fa: questa conversazione e foto sarebbe stato un eccezionale libro ricordo. Un abbraccio, Luca.

22:43 – Paolo: Grande Fratello... Sono felice che tu sia felice.

Tappa 30: "Se vuoi puoi, se puoi devi, se devi fai"

Da Brea (h. 08.35) a Santiago de Compostela (h. 16.09) – 31 km

Non voglio pensarci e non voglio crederci, ma è proprio l'ultimo risveglio sul Camino. Mentre ripeto i gesti diventati abitudine come i riti benedettini, e cioè spalmare i piedi di crema protettiva, riporre con cura le cose nello zaino, dare un'ultima occhiata al percorso della giornata, provo emozioni contrastanti. Felicità e orgoglio per essere a un passo dalla fine di questo viaggio a Santiago, tristezza e senso di vuoto per la fine stessa del viaggio e per quello che verrà dopo.

"Qui e ora, Riccardino, piantala e goditi il momento irripetibile come ogni altro senza rimpianti, nostalgie e ansie per il domani", così interviene il mio maestro interiore richiamandomi all'ordine, perché gli ultimi 25 chilometri mi attendono per planare su Santiago, anche se in realtà saranno poi 31, giusto per dare ancora un po' di suspense alla conclusione del tutto.

Il timbro della *Pension "The Way"* riempie l'ultima casella disponibile del secondo passaporto del pellegrino. È più di un segno.

Un merlo mi saluta all'uscita della proprietà. Ripasso davanti al ristorante dove ho cenato ieri sera e non posso non notare uno di quei van posteggiato in bella vista, con la fiancata caratterizzata dalla scritta promozionale *Camino comodo*, con il disegno di due pellegrini e il riferimento al sito web: *www.caminocomodo.es*. Incredibile, non c'è limite all'intraprendenza commerciale. Cammino comodo, roba da matti, ma che senso ha, non è meglio allora una passeggiata sulla *promenade* di Cannes?

Il cielo è coperto e cammino in solitudine nella campagna galiziana, silenziosa e ammantata di grigio con i suoi odori di terra umida, letame e animali da cortile che mi riportano a quando, da piccolo, andavo con la nonna Vittoria a riscuotere l'affitto dei campi vicino a Piverone, il paese di nascita di mia mamma, dal paesano che aveva comprato la cascina dove era cresciuta mia nonna e dove c'erano ancora le mucche come ai suoi tempi. Se non ricordo male erano poche banconote da

10.000 Lire – l'Euro era ancora ben lontano dal venire con buona pace dei nostalgici –, che il contadino passava a una a una con sguardo afflitto, come se lo stessimo rapinando. Sarà da quell'esperienza che mi è venuta l'idiosincrasia per il possesso di beni immobili da affittare?

Ancora filari spettacolari di eucalipti intervallati da querce e castagni, che compongono insieme una sinfonia naturale di rara bellezza, nella quale mi perdo lasciando andare ogni pensiero. Avverto l'energia fluire dalla terra attraverso i piedi sino alla testa e ne sento il suono nelle orecchie nell'assenza di altri rumori. Nel silenzio profondo canta l'energia sottile, un sibilo distintivo che sembra provenire da un'altra dimensione ma che, al contrario, avvertiamo circondarci e far parte di noi quando siamo in condizioni di ascolto come nella meditazione, e camminare è una forma di meditazione attiva. *Qui e ora*, in questo bosco che è una cattedrale infinita, dove un organo invisibile all'occhio trasmette musica celestiale, pare ovvio ciò che avevano ben capito le culture antiche, e cioè che viviamo in un mare di energia e siamo noi stessi energia.

I nostri antenati, molto più saggi di noi nel relazionarsi con la natura, che noi pensiamo soprattutto a sfruttare indiscriminatamente senza preoccuparci del futuro[1], avevano intuito che stelle e pianeti sono entità che comunicano tra loro. Credevano che gli alberi servissero come antenne, cosicché le energie sottili e le informazioni presenti in natura potessero fluire dalla Terra alle stelle e pianeti e, viceversa, da tutti i corpi celesti alla Terra. Insegnavano che ogni cosa e ogni essere ha coscienza e canalizza questa energia secondo le sue possibilità, per agevolare questo dialogo cosmico essenziale. Pensavano che tutta la materia, incluso il corpo fisico, è un collettore di questa energia universale. Riconoscevano che i nostri pensieri ed emozioni sono una forma di energia e che, quando sono in armonia con il campo di energia vivente dell'Universo, diventiamo dei canali puliti. Ne consegue che la forza vitale della Terra e del Cosmo fluisce attraverso di noi con più abbondanza e fluidità, guidando la nostra evoluzione, permettendoci nuove prospettive e il risveglio in noi di migliori abilità. Queste abilità includono una creatività superiore, una percezione

---

1. Il *Global Footprint Network* segnala ogni anno il giorno esatto – *Earth Overshoot Day* – in cui abbiamo consumato le energie naturali in grado di rigenerarsi nell'anno stesso. Quest'anno è stato il 1° agosto. Nel 2000 il 23 settembre. Consumiamo di più e sempre di più di quanto il pianeta Terra sia in grado di rigenerare.

extrasensoriale e anche la capacità di far accadere un'incredibile guarigione fisica, come magnificamente raccontato dall'americana Marlo Morgan, medico diventata scrittrice, nel suo libro *E venne chiamata Due cuori*, quando descrive i suoi sei mesi vissuti con gli aborigeni australiani. Gli sciamani imparano a sentire, percepire e usare questa energia senza filtrarla o distorcerla. Si riferiscono spesso a questo processo come a quello per "diventare un osso vuoto". Per gli scettici sembrano parole in libertà, ciò che non vedono per loro non esiste. Fosse poi vero che l'uomo vede tutto… Basti pensare che lo spettro della luce visibile dall'essere umano è solo una porzione dell'intero spettro elettromagnetico. L'occhio umano non è in grado di vedere i raggi ultravioletti e quelli infrarossi, che allora non dovrebbero esistere, e lo stesso vale per gli ultrasuoni che l'orecchio umano non rileva e che, quindi, non dovrebbero esserci. Trasmettiamo e riceviamo energia, esistiamo in un mare di energia che in Cina chiamano *QI*, in India *Prana*, che circola attraversando i nostri corpi, interagisce con lo spettro elettromagnetico e include altre energie più sottili, che la scienza occidentale non ha ancora del tutto compreso ma che incomincia finalmente a riconoscere.

La parola giapponese Reiki, che definisce la disciplina che ho praticato sino al secondo livello, sintetizza al meglio quello di cui stiamo parlando perché unisce due concetti, *Rei*, e cioè *forza spirituale*, e *ki*, principio base nella medicina tradizionale cinese e nelle arti marziali, che si può tradurre come "energia che scorre nel corpo" o "forza interiore".

Ripenso ai seminari di Reiki a cui ho partecipato, quando il Maestro illustrava gli ideogrammi che compongono la parola Reiki e spiegava come la grafia giapponese aiuti a definire ciò che per sua natura è di difficile definizione, perché stiamo parlando di *energia universale* e di *forza interiore*, di *iniziazione* e di *essenza interiore*, che sono oggetto di riflessione e ricerca da parte dell'uomo sin dalla notte dei tempi.

Attraverso la pratica di Reiki e Costellazioni famigliari ho compreso che tutti noi siamo potenzialmente canali di energia, grondaie dell'acqua da sturare per recuperare il nostro potere di connessione con l'energia universale e lasciare che la vita scorra finalmente attraverso di noi, come *qui e ora* in questo bosco, semplicemente camminando.

Lasciare che sia, applicando i pochi e semplici (apparentemente) principi Reiki che il monaco Mikao Usui[2] riscoperse all'inizio del secolo scorso e trovò il modo di rendere praticabile a tutti e che ripeto mentalmente:

> Solo per oggi
> Non essere arrabbiato
> Non ti preoccupare
> Sii grato
> Lavora con impegno
> Sii gentile e rispettoso verso tutti gli esseri viventi

Mentre ripeto come un mantra i principi Reiki, l'occhio cade su un'altra targa commemorativa, posta in memoria di Myra Brennan, irlandese di Kilkenny, e Sligo, che è morta nel sonno a Santiago il 24 giugno 2003 a soli 52 anni, appena dopo avere compiuto per la seconda volta il Camino. A suggello una frase del poeta Yeats: "*And I shall have some peace there for peace comes dropping slow*", "E avrò un po' di pace lì perché la pace scenda lentamente".

Vita e morte si susseguono sul Cammino, come nel naturale ciclo di ogni essere.

Sono quasi le 10 e l'ennesimo cippo con l'immancabile simbolo del cammino indica che sono a meno di 20 chilometri da Santiago, per l'esattezza a 19,970! Un languorino fa capolino. È il momento di una siesta. All'entrata del locale c'è un cartello che recita saggiamente "*No tenemos Wi-Fi. Hablar entre vosotros*" accompagnato da un segnale con i piedi nudi sbarrati come divieto di togliersi le scarpe, *prohibido descalzarse*. Fantastico, sarà per proteggere gli olfatti degli avventori abituali? Ordino il solito caffè lungo alla spagnola e, dando uno sguardo al «El Mundo» di oggi, mi cade sott'occhio un articolo intitolato *Tiempo Recobrado*, dove il giornalista cita un pensiero del filosofo Hume che calza a pennello con il mio *mood* del momento: "*No puedo finger que no tengo miedo. Pero el sentimento que predomina en mi es la gratitud. He amado y he sido amado; he recibido mucho my he dado algo a cambio, he leido, y viajado, y pensado, y escrito*", "Non posso fingere di non avere paura, ma la sensazione che predomina in me è la gratitudine. Ho amato, sono stato amato; ho ricevuto molto e ho dato qualcosa in

---

2. Mikao Usui (1865-1926), già monaco cristiano, è stato il fondatore della disciplina Reiki usata come terapia alternativa per il trattamento di disturbi fisici, emotivi e psicologici. Secondo quanto scritto sulla sua lapide, Usui insegnò il Reiki a oltre duemila persone durante la sua vita. Fonte: Wikipedia.

cambio; ho letto e viaggiato, ho pensato e scritto". Amen.

Di nuovo filari di eucalipti che spargono un sottile profumo che corrobora la gola. A una svolta raggiungo una pellegrina che riconosco, Veronique, che adesso ha voglia di camminare in compagnia e mi interroga sulla mia vita e sulle motivazioni che mi hanno portato sul Camino. Le chiedo allora, facendo attenzione a non usare termini che potrebbero infastidirla, come mai alla sua età stia rifacendo il Camino. E lei risponde: «*Se vuoi puoi, se puoi devi, se devi fai*». Grande lezione di vita Veronique, da oggi, *La Philosophe!* Il bello del Camino. Incontri che non ti aspetti e che lasciano segni profondi. Grazie Veronique, non solo per l'esempio e la fiducia nelle possibilità di ognuno di noi di farcela sempre a raggiungere una meta a condizione di averne la volontà, ma anche per il messaggio morale sottostante, che è un dovere agire avendo tutte le possibilità per potercela fare. E questo lo dedico a tutti i piagnoni che sprecano la loro vita a lamentarsi e a scaricare, su povere anime consenzienti, tutta la loro spazzatura emotiva ed esistenziale.

Il richiamo di Francis ci fa fermare, per poi proseguire tutti e tre insieme per un pezzo, sino a quando non decido di fermarmi per un altro *pit stop* tecnico. Sono a pochi caffè da Santiago, a mezza giornata dalla fine del Camino. È strano, vivo una sensazione come di sospensione del tempo. Gli schiamazzi dei gruppi formati dai numerosi pellegrini dell'ultimo miglio mi distraggono e infastidiscono.

È un anticipo di quello che mi aspetta con il pieno ritorno alla civiltà? Non mi resta che riprendere la strada e finire quanto prima questo ultimo tratto per alleviare il travaglio che sto provando per la fine di quest'avventura e per il dopo che mi aspetta. L'aeroporto che costeggio svogliatamente ben sintetizza la fine annunciata della magia del Camino. Un canto allegro che rimbomba nel tunnel che passa sotto la pista, credo, mi strappa un sorriso. È un pellegrino piegato che sta allacciandosi lo scarpone e che, al mio affiancarsi, si volta presentandosi. Markus, brasiliano di Belo Horizonte, a prima vista sembra pazzo come un cavallo ma poi, conoscendolo meglio, rivela aspetti di grande umanità e saggezza. Imprenditore, ha due figlie ed è sul Camino perché ha bisogno di connettersi con il suo *animus* spirituale. E cantare lo aiuta a connettersi con il divino. Cantiamo e parliamo in uno *slang* strampalato italo-ispanico-portoghese-brasiliano camminando insieme sino all'ultimo luogo topico del Camino, il Monte do Gozo da cui si vedono per la prima volta le torri della Cattedrale di Santiago a indicare la fine del Camino. Qui ci separiamo e, nel farlo, si accomiata regalandomi questa riflessione: "*Alla fine, il Camino mi ha fatto capire quanto la vita sia bella e vada vissuta con riconoscenza e gratitudine*". Grazie Markus per il tempo passato insieme. Rimarrai con me per sempre.

Il Monte do Gozo, secondo la guida, era una volta un luogo speciale dove i pellegrini, al termine della loro fatica, ringraziavano Dio per avercela fatta e si preparavano spiritualmente per l'entrata in Santiago. Oggi è un luogo stile Lourdes, dove bancarelle varie, orrende costruzioni, che dovrebbero essere un ostello o qualcosa del genere, e un monumento moderno dedicato alla visita di Giovanni Paolo II fanno solo venire voglia di lasciarsi il tutto alle spalle e percorrere velocemente la discesa che conduce al centro di Santiago. Quando è finita è finita. Tra il disgustato e lo sconfortato, cerco in una birra un minimo di conforto.

"*Miserable*" l'invocazione distintiva di John Rock riempie l'aria stantia, risonante del rumore di sottofondo dei pellegrini organizzati alla ricerca di souvenir. Insieme all'ormai inseparabile Jedrick, alias Portorico, si unisce al tavolo per brindare insieme alla fine del Camino.

Alle 16 e 09 siamo in pose plastiche sotto il cartellone di benvenuto posto all'ingresso di Santiago.

Abbiamo percorso gli ultimi chilometri cantando canzoni inventate sul momento dalle rime improbabili, spesso abbracciati e ammiccando agli altri pellegrini dalle facce contrite e tristi, che ci guardavano con diffidenza e, forse, con disapprovazione. Momenti da *Amici Miei*, vissuti con persone conosciute appena pochi giorni fa e con le quali è nato un legame che lascerà un ricordo imperituro, ne sono convinto. Stare con loro in quest'ultima parte del Camino ha reso gioioso e allegro un momento altrimenti attraversato da emozioni ben diverse, come si legge dalle facce degli altri pellegrini che incontriamo e ai quali offriamo da bere dal primo bar dove ci siamo fermati, sia per celebrare che per proteggerci dalla pioggia che ha iniziato a cadere con intensità. La cosa interessante è che non tutti si fanno contagiare dalla nostra allegria e alcuni sembrano quasi mandarci a quel paese. Tyrone fosse con noi direbbe che devono ben rappresentare la maschera del pellegrino sofferente sino alla fine.

Sotto la pioggia ci dirigiamo verso l'*Albergue Seminario Menor* ospitato in un grande e grigio monastero che guarda dall'alto la città vecchia di Santiago. Nell'atrio pulsa una vita frenetica animata da decine di pellegrini che arrivano per accreditarsi e che vanno e vengono su e giù dagli scaloni. Scelgo una camera singola, con bagno comunque in comune, perché ho bisogno di silenzio e raccoglimento per elaborare le emozioni che arrivano e le sensazioni che provo. Organizzato di ritrovarsi poco dopo per andare a ritirare la Compostela e cenare insieme, prendo possesso della camera semplice e spartana che ben si addice a questo momento di sintesi di un'esperienza per un'impresa che fatico ancora a realizzare di aver appena concluso.

Dopo avere girovagato per la Santiago antica, con le strade e i palazzi lucidi di pioggia e con i giochi di luce e ombre che animano le architetture storiche, illuminate dalla luce dei lampioni che creano un'atmosfera gotica, troviamo il nostro posto perfetto per l'ultima cena. È un locale storico con menù classico galiziano e camerieri in tenuta consone alla tradizione del locale, che sapranno come portare alla nostra tavola cibo e libagioni a volontà per celebrare degnamente l'impresa che ognuno di noi ha compiuto a modo suo e l'amicizia nata tra di noi. Chiudiamo in bellezza con ripetuti brindisi con un liquore regionale che appesantisce non poco le gambe e prepara a un sonno profondo! *Miserables ad maiora* è il nostro grido alla vita. Non chiedetemi perché, dal momento che le nostre facoltà cognitive erano a quel punto evaporate con l'alcol ingurgitato! Però che risate.

08:35 – Biancone: Grazie amici. Vado. Ultima tappa....

08:36 – Paolo: Dicono che terminato il cammino di Santiago è solo all'inizio del percorso...

08:38 – Biancone: Ogni fine è solo un nuovo inizio my friend. Un abbraccio.

08:38 – Paola: vero!

08:57 – Francesco: Bravo. Ci sei riuscito!

09:03 – Serena: ti abbraccio fratello karmico.

09:21 – Costanza: Grandissimo.

09:28 – Piero: Grande Ric! Sei stato tosto, ora torna a lavorare… Dove forse è un po' più dura... ciao amico mio!

09:31 – Maurizio: Direi che Piero ha colto nel segno...

09:35 – Max: Grande Biancone, stai raggiungendo il tuo obbiettivo, complimenti. Un brindisi da noi.

09:39 – Massimo: Ciao Riccardo, complimenti per la tenacia. Non avevo dubbi...

13:46 – Biancone: *faccedacamino* ritrovate… Francis e Veronique, soprannominata "La philosophe". A 70 anni, dopo vari cammini dice: "se vuoi puoi, se puoi devi, se devi fai".

16:03 – Biancone: E… finalmente... Monte do Gozo, da dove si vede per la prima volta la cattedrale di Santiago.

16:03 – Biancone: Finale in bellezza con *facciadacamino* Markus da Belo Horizonte....

16:03 – Biancone: Ma non è finita qui... Sincronia delle sincronicità. Chi ritrovo? Portorico+John Rock+Biancone: che trio!

Posto audio con canzone con *los hombres* che entrano in Santiago cantando a squarciagola.

16:10 – Paolo: Vedo, anzi sento che il cammino non ti ha cambiato... almeno a livello canoro sempre lo stesso Biancone. Goditi il momento, te lo sei meritato.

16:41 – Luisa: Bravo Biancone!

16:45 – Eliseo: Complimenti!

16:46 – Monica: Grandissimo Biancone!

16:50 – Andrea: Grandissimo Ricky.

16:51 – Enrica Grana: Bravo Ric! Riuscirai ancora a vivere a Milan?

16:54 – Fabio D: Ben arrivato.

17:00 – Francesco A: Well done my friend.

17:01 – Luisella: Bene... Ora che sei arrivato e che hai finito di... Ti abbandono perché non voglio più vedere una tua foto, fino alla prossima scalata dell'Everest! Soprattutto dei tuoi piedi....

17:06 – Vittorio: Idem, quoto Luisella! Bravo bro, grande impresa. Felice arrivo e ancor più felice rientro!

17:11 – Cristopher: My sincere compliments! Sei stato grande! Un abbraccio enorme e a presto tra di noi!

17:12 – Luca: Well done, bravo!

17:33 – Loredana: E adesso?

17:39 – Diego: Non ci credo!

LA COMPOSTELA

"Quando è finita è finita"

Santiago de Compostela, 22 maggio 2016

Codice Calixtino

Breviario de Miranda, siglo XV

apitulum huius Almae Apostolicae et Metropolitanae Ecclesiae Compostellanae, sigilli Altaris Beati Iacobi Apostoli custos, ut omnibus Fidelibus et Peregrinis ex toto terrarum Orbe, devotionis affectu vel voti causa, ad limina SANCTI IACOBI, Apostoli Nostri, Hispaniarum Patroni et Tutelaris convenientibus, authenticas visitationis Litteras expediat, omnibus et singulis praesentes inspecturis, notum facit: Dnum.

Richardum Bianco

hoc sacratissimum templum, perfecto Itinere sive pedibus sive equitando post postrema centum milia metrorum, birota vero post ducenta, pietatis causa, devote visitasse. In quorum fidem praesentes Litteras, sigillo eiusdem Sanctae Ecclesiae munitas, ei confert.

Datum Compostellae die 21 mensis Maii anno Dni 2016.

Segundo L. Pérez López
Decanus S.A.M.E. Cathedralis Compostellanae

Sono le nove. Mi sono svegliato e fatto la toilette con la massima calma. Oggi non dovrò infatti percorrere i 25-30 chilometri giornalieri. Oggi inizio a rientrare nella vita dalle abitudini consolidate. Riprendo in mano la Compostela con un misto di attenzione e soggezione.

Ieri pomeriggio insieme ai miei compagni di ultimo miglio sono andato alla *Oficina de Peregrino* a ritirare la pergamena che attesta che ho ufficialmente compiuto il pellegrinaggio e, assecondando l'ego, ho anche ritirato l'attestato, che si paga a parte, del percorso compiuto con l'evidenza dei chilometri.

L'*Oficina* sembra l'anagrafe di Milano, con un lungo corridoio per le code di decine di pellegrini in ansiosa attesa e una decina di sportelli. L'organizzazione della Chiesa è come sempre impeccabile e non per niente si fa riconoscere un obolo significativo!

Consumo la colazione nel grande stanzone mensa dell'ostello discutendo il programma della giornata insieme agli *amici miei*, con il sottofondo del chiacchiericcio multilingue. Andremo alla messa delle 12 di benedizione dei pellegrini, dove assisteremo al rito del *Botafumeiro*, e poi ci separeremo, perché John ha deciso di proseguire subito per Finisterre, mentre Jedrick prenderà l'aereo per Madrid per poi volare a Portorico. "*Cuando se acabe, se acabe*", dico in spagnolo riferendomi a una delle mie sentenze preferite. *Quando è finita, è finita!*

Scendiamo lungo il bel parco che divide il monastero dal centro città e seguiamo il percorso turistico consigliato dalla mappa, che ci consente di vedere gli angoli e i monumenti più caratteristici di Santiago, la città di pietra, come è soprannominata. La giornata soleggiata mi consente di indossare finalmente i sandali acquistati a Burgos. Senza gli scarponcini, lo zaino e i bastoncini, lontano dai tratturi di campagna polverosi o fangosi, dai sentieri pietrosi di montagna, dai boschi rigogliosi, dalle valli ariose, dal silenzio e dalla solitudine del cammino che si perde nell'orizzonte infinito, vivo sensazioni indescrivibili. Santiago da un lato è come un porto che accoglie dopo una lunga navigazione perigliosa in mare aperto, regala punti di riferimento alla vista e protezione; dall'altro è come una trappola che scatta a bloccare il lupo che corre libero nella foresta per condurlo in cattività. Sento che la sfida è elaborare una sintesi che mi aiuti a trasformare queste sensazioni in indicazioni per un nuovo percorso, ma non sono ancora pronto, sono ancora sotto choc per il ritorno definitivo alla "civiltà".

In Santiago incrociamo decine di pellegrini mescolati ai turisti da tour operator e ai santiagheni. I primi si riconoscono non solo per l'abbigliamento, ma anche perché molti di loro portano i segni del cammino come stimmate. Andature claudicanti, piedi nudi incerottati a coprire bolle grandi come il Vesuvio, visi scavati e sofferenti e occhi lucidi riportano alle ritirate dei reduci sconfitti in battaglia. L'entrata nella cattedrale è veramente emozionante. Dall'alto della scalinata, protetta dalle due torri maestose, si domina la grande piazza antistante e si prova l'ebbrezza dei vincitori che hanno appena conquistato la città. L'entrata nella cattedrale passa attraverso il fantasmagorico Portico della Gloria, che purtroppo si può soprattutto immaginare, dato che è coperto da transenne per i lavori di restauro in corso. Per secoli i pellegrini hanno appoggiato il palmo della mano destra, per ringraziare e chiedere la benedizione all'apostolo prima di entrare in chiesa per abbracciare la statua di san Giacomo sull'altare, onorare la tomba nella cripta, assistere alla messa e al *Botafumeiro* e abbracciare, infine, anche la colonna chiamata "dell'albero di Jesse", riti praticati ancora oggi dai pellegrini al termine del loro *Camino*.

Il Portico della Gloria è uno dei pochi monumenti dell'antichità con firma e date certe ed è considerato il capolavoro più rappresentativo della scultura tardoromanica europea. Esiste infatti un documento che certifica il pagamento di un vitalizio a un tale Maestro Mateo, al quale, 850 anni fa, nel 1168, il re Ferdinando II di Léon diede l'incarico per la costruzione del coro e della facciata di un grande tempio cristiano nella città, nella quale si diceva fossero sepolti i resti dell'apostolo Giacomo. Maestro Mateo era architetto, scultore e sicuramente se ne intendeva anche di pittura, visto che in soli vent'anni realizzò con la sua équipe di artigiani un'opera d'arte totale, ispirata all'*Apocalisse* di San Giovanni e dedicata alla storia della salvezza dell'umanità. Il Portico è in pratica un libro aperto, che rappresenta in modo scenografico spettacolare le Sacre Scritture, che venivano così illustrate a beneficio di tutti, anche di chi non sapeva leggere, funzione svolta con pari bellezza dagli affreschi medievali nelle chiese, tra i quali quelli di Giotto sono tra i più famosi. Una specie di fumetti dell'epoca! Immagino le emozioni provate dai pellegrini medievali che, arrivando dai loro paesi lontani di povere casupole di legno e fango, si trovavano di fronte a tale imponenza e magnificenza! Che sgomento, che senso di inferiorità e sudditanza di fronte al potere e alla ricchezza della Chiesa!

Chiesa che si sta riempiendo di pellegrini e, nel frattempo, ho perso gli altri due. Così mi dirigo a cercare un posto con una buona visuale sulla navata. La messa scorre solenne, officiata da quattro preti di nazionalità diverse, sino al momento più atteso da tutti, il volo del *Botafumeiro*. Dieci robusti addetti, i *"tiraboleiros"*, impugnano lunghe e spesse corde e alzano quello che non è altro che un grande turibolo d'argento colmo d'incenso, per poi farlo oscillare come un'altalena fino a fargli sfiorare il soffitto della navata. Il primo passaggio proprio sopra la testa è impressionante. Il sibilo della massa che viene verso di te a velocità pazzesca – dicono a più di 70 km/ora –, seguita da una scia di fumo dell'incenso che brucia che viene così diffuso in tutta la cattedrale, è un'immagine che rimarrà impressa nella memoria. Oggi il volo del *Botafumeiro* è previsto solamente durante le messe solenni e durante l'*Anno Santo Compostellano*, mentre ai tempi dei pellegrinaggi medievali era un rito abituale, perché serviva per coprire l'odore dei pellegrini e, si dice, per operare una qualche forma di disinfestazione che doveva arrivare anche alle balconate in alto.

All'uscita ritrovo Jedrick, che vuole bere insieme l'ultima birra, con la quale sigilliamo la nostra amicizia. Arrivati ai saluti e agli abbracci, sono colto da un momento di melanconia, perché l'augurio di *buen camino* ha un sapore diverso. Risolvo il tutto dandomi allo shopping selvaggio, comprando da una simpatica *señora* una trentina di conchiglie del pellegrino da regalare agli amici e girando a caso per le vie del centro storico, dove mi imbatto in una mostra, non per caso! In un cortile dai portici imponenti nel tipico stile coloniale sono presentate le fotografie dell'artista Matteo Bertolino – guarda guarda torinese – che compongono la mostra dal titolo in italiano "*Morte Terra*".

Bertolino, che da tempo vive in Galizia, ha voluto raccontare e denunciare con le immagini il suicidio demografico nella provincia galiziana di Ourense, presa a paradigma del processo di abbandono delle terre e di desertificazione umana, in corso non solo in Spagna ma anche nell'intera Unione Europea. All'uscita prendo la cartolina dell'evento che riporta un verso tratto dal libro *Longa noite de pedra* del poeta galiziano Celso Emilio Ferreiro (1912-1972):

"Erguéremo la esperanza	"Noi accendiamo la speranza
Sobre ista terra escura	su questa terra oscura
Como quen ergue un facho	come chi solleva una torcia
nunha noite sen lùa"	in una notte senza luna"

Sono incuriosito e su internet trovo informazioni e citazioni di quello che pare essere stato il poeta galiziano più importante e mi colpisce un verso considerato l'essenza del suo pensiero, che mi riporta *d'emblée* all'esperienza del cammino appena conclusa: "*Uno cerca la verità / per tutte le strade, sotto le pietre / nelle radici scure degli occhi / oltre le schiume e le crepe*".

Già, ognuno di noi è alla ricerca della verità e cioè risposte alle nostre domande chiave, quelle che mi hanno spinto sul cammino e alle quali – strano, lo noto solo adesso – non avevo più pensato.

Grande Bertolino, non ti ho proprio incontrato per caso!

Visto che sono su Internet, valuto il modo migliore per tornare a Saint Jean. Dopo una attenta comparazione di possibilità, in termini di orari e prezzi, opto per un bel bus che, in sole tredici ore, mi porterà da Santiago a Irun, da dove con un treno raggiungerò Biarritz e poi, cambiando treno, Saint Jean.

Sulla strada per il terminal dove fare il biglietto sento di nuovo tuonare dietro le spalle, *miserable!* Non ci credo, è proprio lui, John Rock. Ma non doveva già essere in cammino per Finisterre? Ha incontrato una ragazza "*very nice*" e partirà tra poco con lei con l'idea di fermarsi poco dopo Santiago. Ancora una birra insieme e, nel mentre, mi racconta di botto della sua famiglia, tema che fino a questo momento non aveva mai toccato. È il quarto figlio di un padre violento e assente, un vero *"asshole"* ribadisce con enfasi! Sentiva il bisogno di confidarsi all'ultimo e sfogarsi, sapendo che non ci saremmo più rivisti? Chi lo sa. Lo abbraccio con grande affetto e gli auguro una buona nuova vita. Anche lui, con la sua inconfondibile coppola verde, che mi sono chiesto se tenesse anche di notte, compagno di entrata in Santiago, sarà per sempre nel mio cuore.

L'ultima cena a Santiago va degnamente celebrata. Il gentile e simpatico addetto alla biglietteria dei bus, *gallego doc*, mi ha dato un indirizzo di una *pulperia* che è sì in periferia ma che, a suo dire, merita la camminata – tanto ci sono abituato. Da fuori sembra un deposito di *rumenta*, ma una volta entrato mi si illumina il sorriso perché è proprio il tipo di locale che avevo in mente. Solo spagnoli, neanche un pellegrino e tantomeno un turista. I tavoli sono grandi botti da vino, sulle quali si appoggiano direttamente i piatti stando seduti a degli sgabelli traballanti. Si ordina e si ritira al banco, dove una squadra di cuochi, dai grembiuli che hanno più macchie che tessuto, si muove con armonia e ritmo coordinato, sfornando ordinazioni a raffica dell'unico piatto previsto dal menù: un memorabile *pulpo a la gallega* accompagnato da patatine e dal tipico peperone verde piccante. Grazie *pulperia*, grazie *Camino*, grazie vita!

23 MAGGIO 2016: "IL RITORNO A CASA"

> *"Bisogna ritornare sui passi già dati, per ripeterli, e per tracciarvi a fianco nuovi cammini.*
> *Bisogna ricominciare il viaggio. Sempre."*
>
> José Saramago

La giornata è splendida. Apro la finestra e un sole caldo irrompe nella camera, facendone brillare le bianche pareti spoglie e gli arredi spartani. Preparo lo zaino con la consapevolezza che il viaggio è finito e stiamo per tornare a casa. È stato la mia casa viaggiante, compagno silenzioso, fedele e rassicurante come il braccio di un amico che ti cinge le spalle. Insieme alle racchette, che riduco alla minima lunghezza tanto nei prossimi giorni non serviranno più, sono stati parte di me come un'estensione corporea ancora più vera, nell'ombra in cammino proiettata sulla strada.

Mentre attraverso la grande hall del *Seminario Menor*, gli altoparlanti diffondono la musica intrisa di nostalgia di *Don't cry for me Argentina* quanto mai sincronica con il mio stato emotivo. "*…So I chose freedom, running around trying everything new…*" già, ho scelto la libertà di scelta alla ricerca di me stesso, come da appunto fissato sul mio diario di viaggio ieri sera.

Ho in mente di girare a caso per Santiago, senza avere programmato niente in particolare, godendomi le ore che mi separano dalla partenza. Di nuovo la grande piazza, le decine di pellegrini che iniziano ad arrivare e che si riconoscono facilmente da quelli come me, del giorno dopo, per lo sguardo estatico e commosso di chi ha appena concluso il suo Camino e si trova per la prima volta di fronte alla scalinata della cattedrale. Decido di visitare il museo dove c'è anche la mostra che illustra i restauri in corso al Portico della Gloria e svela lo straordinario risultato finale. La visita è interessante ma la mia attenzione è relativa ed è a corrente alternata, distratta da pensieri diversi che vogliono portarmi lontano. Rivedo la cattedrale vuota con l'enorme incensiere appeso in alto e indifferente alle vicende di noi esseri mortali. Sento che questo è il momento del saluto definitivo al Camino e proprio all'ultimo ricordo la promessa fatta alla *señora Benigna* ad Astorga, di recitare una preghiera per lei qui nella Cattedrale di Santiago. Appena terminata l'orazione silenziosa esco velocemente, quasi per paura che qualche forza superiore riesca a trattenermi ulteriormente, e mi rituffo nella luce calda e avvolgente del mezzogiorno.

Scendo la scalinata che dall'uscita laterale conduce ai portici e, appoggiata a una delle colonne, vedo Vivienne. Non ci posso credere! È proprio lei, la ragazza brasiliana che ho conosciuto la prima sera a Orisson. La prima anima errante incontrata sul Camino, che rivedo nel momento in cui ho appena concluso simbolicamente il mio Camino, a chiusura definitiva del cerchio. Non riusciamo a dirci niente e ci abbracciamo per un istante che sembra eterno. Le parole in questo momento suonerebbero stonate. Ci prendiamo le mani e, guardandoci per l'ultima volta negli occhi, ci auguriamo *buen Camino*. Il momento di melanconia è passato, io sono *qui, ora e adesso*. Tutto il resto non conta e mi voglio godere ogni singolo momento di questo tempo, che non tornerà mai più.

Cammino leggero ripercorrendo per ultimo la strada nel parco dominato dalla mole imponente e severa del complesso in pietra grigia del *Menor*. Ritiro il bagaglio e lascio scorrere il tempo godendomi il panorama e prendendo il sole, comodamente seduto su una sdraio nel giardino dell'ostello, sino all'ora di andare a prendere il pullman. Una voce familiare mi richiama dallo stato di dormiveglia in cui mi cullavo. È Francis, a torso nudo con birra in mano, che mi offre sedendosi vicino. Inizia a parlare a raffica mentre sto ancora cercando di capire chi sono e dove sono. Condivide le sue emozioni e riflessioni riferite al Camino di cui parla già al passato. È veramente difficile, dice, da spiegare, "bisogna farlo". Ricorda alcuni dei momenti memorabili, tra cui quello particolarmente toccante con una donna paraplegica venuta dall'Australia. Andrebbe avanti per delle ore, suppongo, ma adesso per me è ora di andare. *"It is time to go on the road again!"*.

Puntuale, neanche fossimo in Svizzera, a *las seis de la tarde*, il gigantesco pullman a sei ruote stile Greyhound americano, si avvia sussultando come spinto dal sole che all'orizzonte sta iniziando la sua lenta discesa. A bordo ci sono pochi passeggeri. Controllo il biglietto per verificare il posto assegnato, che è il 35 e che, sincronicità, corrisponde al posto dove mi sono seduto appena entrato! Il viaggio inizia sotto i migliori auspici. Mi aspettano tredici ore e un quarto di viaggio a zig zag nel nord della Spagna, con ben 26 fermate per caricare e scaricare viaggiatori.

Dal finestrino vedo scorrere il paesaggio urbano che man mano si fonde con la campagna, vedo auto, ponti. Sono disorientato. Abituato ai lenti e graduali cambi di paesaggio che, camminando si assaporano fino in fondo, la velocità del mezzo lanciato adesso nel traffico autostradale mi fa sentire come un astronauta che dalla sua nave spaziale vede sfilare velocemente scenari da Guerre Stellari.

Sono passate così le prime ore. Il pullman ha alternato tratti veloci in autostrada a numerose uscite per raggiungere stazioni anonime e desolate, dove pochi passeggeri aspettavano con aria stanca e melanconica l'arrivo del traghettatore per le loro stazioni di destinazione, ugualmente anonime e desolate. Verso le 22 il sole è finalmente tramontato mentre siamo fermi alla stazione – una semplice pensilina – dell'ennesimo paesino sperduto nel nulla. Si riparte. Stiamo attraversando una regione sperduta dove il buio è assoluto, non c'è l'inquinamento luminoso che infesta non solo le aree metropolitane ma anche le nostre campagne. Un buio profondo e spesso, come nella notte dei tempi. Il buio che da sempre ha terrorizzato gli uomini che provavano a esorcizzare la paura con il fuoco.

Inizio a sentire la stanchezza e l'eccitazione per l'inizio del viaggio di ritorno si sta sciogliendo progressivamente, sostituita con il bisogno di lasciarsi andare in un sonno, che fatico però a prendere per la scomodità dei sedili. Alla fine, pur tra i continui risvegli per le ripetute fermate, riesco a dormire sino all'arrivo, puntualissimo, a Irun, la cittadina al confine con la Francia.

Sono le 7 del mattino di una giornata limpida e fresca. Le vie sono ancora semideserte con le saracinesche chiuse salvo quella di un bar-pasticceria, che mi appare come un'oasi dopo una traversata nel deserto. Mi rinfresco nella linda toilette e mi gusto una brioche burrosa con un tè nero fumante, preparandomi così alla lunga giornata di viaggio che ridurrà la distanza con Milano e immedesimandomi nei sentimenti di Ulisse nel suo viaggio di ritorno a Itaca. Come sarà l'impatto con la mia città, con le persone che conosco e, soprattutto, con i miei cari? Come mi accoglieranno, come reagirò al ritorno alla vita di prima del Camino? Domande senza risposta perché lo scoprirò solo vivendo, con la consapevolezza che un nuovo viaggio sta iniziando.

In Francia ricevo un caldo benvenuto, che mi riporta bruscamente alla dura realtà dei nostri tempi tribolati. Alla stazione di Hendaye, la località francese confinante con Irun, un robusto sindacalista della CGT mi ferma prima che riesca a salire sul treno per Bayonne, intimandomi di prendere il volantino che annuncia lo sciopero generale dei trasporti pubblici francesi per domani, 25 maggio! Che dire se non grazie allo spirito del Camino per il suo benefico influsso che mi ha risparmiato per un giorno una bella rogna.

Il paesaggio della costa basca francese sfila rapido alla mia sinistra e a tratti si vede bene l'oceano in tutta la sua magnificenza. Avverto il treno rallentare e fermarsi. Il cartello appeso alla pensilina indica Biarritz, dove arrivai più di trenta anni fa con la mia BMW R100 grigia metallizzata. Altri tempi. La prossima fermata è la mia. Bayonne, la città mai infangata, come recita il suo motto in latino *"nunquam polluta"*, perché pare non sia mai stata conquistata nel corso dei secoli e pare anche che qui abbiano inventato la baionetta. La storia racconta che, durante una battaglia, dei difensori della città rimasti senza munizioni legarono i loro coltellacci alla canna del fucile, confezionando delle lance improvvisate che verranno quindi chiamate baionette.

Ho tre ore di tempo che sfrutto per fare un bel giro del centro storico e un'altra colazione in uno di quei locali tipicamente francesi, dove oltre al pane artigianale offrono tutta una serie di dolci splendidamente esposti. Con ancora il gusto in bocca di una *tarte aux pommes* memorabile mi avvio verso la stazione, dove tra poco prenderò il mio ultimo treno non per Yuma ma per St. Jean-Pied-de-Port, dove il macchinazzo mi sta aspettando pronto a partire, così spero, per ritornare in Italia.

L'evidente curiosità suscitata nei *bayonnais* dal mio abbigliamento da pellegrino, che ho notato durante il mio giro turistico, e il fatto che nessuno degli aspiranti pellegrini saliti freschi di preparativi per il Camino sul treno per Saint Jean abbia risposto al mio saluto, mi comunica forte e chiaro che sono tornato in *Matrix* e che la dimensione spirituale e fisica del Camino è lontana e posso solo preservarla e alimentarla nel mio intimo per tenerla viva e presente.

Ma ora è tempo di pensare al rientro perché, dice il saggio, "è il ritorno a casa che da senso al viaggio"!

Abbandona la santità, getta via la sapienza
e tutti staranno cento volte meglio.
Elimina la morale, sopprimi la giustizia
e la gente riscoprirà la devozione filiale
e l'amore materno e paterno.
Abbandona l'astuzia, elimina il profitto
e non ci saranno più né ladri né briganti.
Ma queste cose sono di per sé insufficienti.
Ad esse dobbiamo aggiungere:
abbraccia la semplicità e sii come un legno grezzo,
riduci l'egoismo e abbi pochi desideri,
abbandona la sapienza e sgombra l'animo
da ogni preoccupazione.

Lao Tze, Tao Te Ching

04 giugno 2016

...Find your place of peace...

Scusa ma da qualche parte devo iniziare. Quindi, inizio dall'inizio.
Dal momento in cui ci siamo conosciuti.
Ti devo dare questo primato: è stato l'incontro con "persona adulta e
professionale" più particolare e forte della mia vita.
C'è stato un singolo momento, di cui ho specifica memoria e in cui
tu ti eri ridestato da non so quale "sonno", nel quale siamo entrati in
contatto.
Mi sa che è la forza attrattiva e attraente degli animi irrequieti...
Solo però di quelli che continuano ad essere alla ricerca del proprio
luogo di pace...
Io non so se con questa esperienza del Cammino tu abbia trovato il
tuo... non so neanche se lo volessi trovare...
Una cosa penso: questa esperienza, come ogni altra della tua vita, ha
rappresentato un passo, un pezzo in più, un momento in cui, ancora
una volta, non sei stato fermo.
Per me, essere nel tuo gruppo... beh... intanto mi ha lusingato... Grazie
per aver pensato che avrei apprezzato questa condivisione.
Grazie... forse non te l'avevo ancora detto.
Le foto bellissime... avevano/hanno una forza straordinaria che va al
di là della fatica di ogni passo, che hai fatto tu e solo tu.
Io quelle foto le ho a mia volta condivise con le persone a cui voglio
bene. Con mio papà, a cui poi è nata l'idea della valorizzazione della
Via Francigena, di cui parlare insieme.
Condiviso le bellissime parole: "È come fai le cose che determina se
stai compiendo il tuo destino".
E ancora: "Le tue azioni dicono di più delle tue parole".
Parole tipiche e speciali degli uomini "del fare", di quelli che non
stanno mai fermi, si muovono passo dopo passo.
Parole di coraggio, che per muoversi ne serve tanto.
E poi quelle "faccedacammino" fantastiche, bellissime, uniche, ma
tutte con un comune fuoco...
Grazie... Per mezzo tuo e con te, anche io, a mia volta, ho avuto la mia
esperienza del Cammino.

Costanza

01 luglio 2016

Ciao Riccardo.

Ho preferito far passare un po' di tempo per far decantare le mie impressioni, le mie sensazioni in merito al tuo "cammino". Prima di tutto ho apprezzato il tuo "coraggio" nell'affrontare da solo questa grande e lunga avventura. Questo, forse, vuol significare che avevi delle grandi motivazioni che ti hanno sostenuto in questa gioiosa fatica. La tua "ricerca" ti ha fatto affrontare l'incerto, da solo, senza particolari protezioni, e questo forse vuol dire che la tua fame di sapere, di conoscenza, di esperienze, di verifica del limite, di ricerca dell'essenziale, non si è ancora chiusa (se mai si completerà).

Forse tu sei così, anzi, sei proprio così!

Metti sempre in discussione tutto, guardi tutto in modo critico, non ti accontenti di una valutazione superficiale, certe volte vai anche controcorrente solo per suscitare un dibattito più profondo, e questo paradossalmente è un tuo pregio. Quando, forse, ti fermerai come Siddharta, allora raggiungerai l'illuminazione e magari ti accorgerai che il bello del vivere è molto più vicino a te di quanto tu possa pensare e le cose piccole e non eclatanti sono quelle che completano la tua "ricerca" e sono soprattutto le cose essenziali su cui contare e costruire il tuo essere in armonia con tutto quello che ti circonda.

Il tuo viaggio condiviso, in alcuni momenti mi sembrava una richiesta di sostegno, in altri era invece un modo di condividere una gioia, di far partecipare a una sensazione di pace, di silenzio e di riflessione.

Mi piacerebbe sapere a cosa pensavi nelle lunghe ore di cammino, anche solitario e senz'altro faticoso; forse hai rivisto il film della tua vita e hai ripensato a come sarebbe stata con scelte magari diverse; forse hai progettato il tuo futuro. Di certo il tuo pensare sarà stato profondo, aperto, libero da condizionamenti e sicuramente più vicino a Dio! Ti auguro davvero di aver trovato la pace, la serenità e la capacità di gioire anche delle piccole cose che, in fondo, sono quelle che contano!

Con tanta simpatia,
Alessandra

Epilogo

Poi un uomo domandò: Parlaci della Conoscenza di sé.
Ed egli rispose dicendo:

I vostri cuori conoscono in silenzio i segreti dei giorni e delle notti.
Ma le vostre orecchie hanno sete di sentire quello che il cuore già conosce.
Vorreste sapere con parole quello che avete sempre saputo nella mente.
Vorreste toccare con le dita il corpo nudo dei sogni.
Ed è bene che lo facciate:

La sorgente sotterranea della vostra anima dovrà venire alla luce e
scorrere mormorando verso il mare;
e il tesoro della vostra infinita profondità sarà rivelato ai vostri occhi.
Ma non usate bilance per pesare quell'ignoto tesoro;
E non sondate le profondità della vostra conoscenza con lo scandaglio
o la pertica.
Poiché l'Io è un mare sconfinato e immisurabile.

Non dite: "Ho trovato la verità"; dite piuttosto: "Ho trovato una verità".
Non dite: "Ho trovato il sentiero dell'anima". Dite piuttosto: "Sul mio
sentiero ho incontrato l'anima in cammino".
Perché l'anima cammina in tutti i sentieri.
L'anima non cammina sopra un filo, né cresce come una canna.
L'anima apre se stessa come un fiore di loto dagli innumerevoli petali.

Il profeta, "La Conoscenza di sé"
Khalil Gibran

Sono passati tre anni da quel maggio del 2016, che considero l'anno
dell'inizio della mia nuova vita. Il ritorno alla realtà di sempre è stato
complicato perché la trasformazione profonda prodotta dal *Camino* ha
impiegato tempo per essere metabolizzata e integrata nel mio modo
di pensare, agire ed essere. I primi tempi ero l'eroe tornato a casa e
l'aspetto divertente era che tutti mostravano interesse al *Camino*, tanto da lanciarsi in ipotetici ed entusiasmanti programmi per partire
quanto prima, ma pochi reggevano l'eventuale approfondimento. Fa
molto *figo*, ma dopo un po' annoia o peggio spaventa approfondire
temi legati alla spiritualità, da non confondersi con la religiosità.

Più cercavo risposta alle domande lanciate all'inizio del viaggio e più andavo a invischiarmi in progetti e attività incoerenti con i bisogni del mio Sé – quindi fallimentari – ma richiamanti i miei vecchi schemi. La forza del cambiamento interiore vissuto ha boicottato questi tentativi, frutto delle mie paure derivanti dal continuare il cammino in nuovi territori sconosciuti e senza confini e della pressione naturale operata dalle persone intorno a me, preoccupate per il mio futuro professionale. Solo la mia compagna, Giulia, mi ha supportato incondizionatamente, tanto è vero che un importante momento di sblocco personale è stato andare a convivere con lei nel giugno 2017. Una decisione da pazzi, visto l'esito delle prime due convivenze e data la situazione reddituale del momento!

Parlo di sblocco perché ho ricevuto una grande lezione da un virus che mi ha colpito a inizio del 2017 e che mi ha portato a essere quasi impossibilitato a muovermi normalmente. Un virus contratto probabilmente con l'aria condizionata dell'aereo preso per andare negli Stati Uniti. Superata la fase critica del letto, con relativo spavento per le ipotesi fatte di patologie molto gravi, ho vissuto l'esperienza di una vita molto tranquilla, con mobilità ridotta e senza poter operare alcuno sforzo fisico per tutta l'estate 2017. Una bella sfida per chi aveva appena camminato per 700 chilometri senza problemi.

Ho avuto così modo di riflettere a lungo, ma è solo quando ho profondamente accettato quanto mi stava accadendo, lasciando che il tutto fluisse senza ostacolarlo con pensieri e gesti indirizzati a modificare la realtà, che ho compreso il messaggio fondamentale: accettare con filosofia e affrontare con naturalezza quello che la vita ti propone come prova per la tua evoluzione, così come da pellegrino ho affrontato le diverse situazioni proposte dal Camino. Se forziamo le situazioni cercando di adattarle ai nostri bisogni presunti di sicurezza, comfort, gratificazione, successo, status, rinnegando o tradendo i nostri veri bisogni essenziali, allora dobbiamo augurarci che ci arrivi un segnale dall'Universo quanto prima, per evitare che la situazione degeneri e si incancrenisca. Come una spia gialla, che si accende nel cruscotto dell'auto per indicarci che c'è un problema da risolvere ma che possiamo ancora procedere prima che si accenda la spia rossa, che ci impone di fermarci subito, indipendentemente da dove ci troviamo. Un segnale forte, che ci suoni la sveglia e ci segnali che qualcosa del nostro modo di agire e di pensare è sbagliato, per come siamo e per quello che è il nostro progetto esistenziale. Nel mio caso è stato proprio questo virus a proporsi come maestro per aiutarmi a ritrovare la giusta via per me. E così è stato.

Ho lasciato andare la paura di non avere più un reddito fisso mensile e ogni ambizione e voglia di ricoprire di nuovo ruoli di potere e di gestione di persone subordinate. Ho puntato quindi su me stesso, diventando un libero professionista, dove il termine "libero" ha un valore che va oltre al comune intendere, ma sottindende la vera e piena libertà di decidere cosa fare, con chi, come e in che tempi. Ho iniziato a collaborare con imprenditori "amici", accomunati dai valori dell'umanesimo e dell'etica negli affari, e a investire energie, tempo e denaro nel mondo delle *startup*, scegliere con chi e come lavorare e mettere al servizio di giovani entusiasti la mia esperienza e *know how* manageriale, sviluppato in anni di lavoro in posizione di vertice. Tutto questo ha dato un senso alla mia storia professionale e personale.

Leonardo Sciascia disse *"che noi siamo quello che facciamo"* e il lavoro è un aspetto fondamentale per la nostra autorealizzazione e per dare un senso alla nostra vita.

Alla fine ho capito che non c'è niente da capire e ciò che dà senso a quello a cui è difficile trovare altrimenti il senso è, semplicemente: camminare, respirare, rimanendo nel *qui, ora e adesso* e lasciando un segno del proprio passaggio. Così come siamo e come stiamo possiamo essere in un centro olistico, in pellegrinaggio, chiusi in un monastero sul monte Athos o in un ufficio nel centro di Milano. Possiamo essere felici o infelici, centrati o meno. Saremo sempre noi, con i nostri desideri, insoddisfazioni, sogni, dolori, bisogni, condizionamenti, emozioni, nevrosi, sino a quando non avremo fatto una bella opera di pulizia di tutte le false credenze, dei bisogni indotti, dei sensi di colpa e di tutto quello che ci spinge a cercare al di fuori di noi la soluzione ai nostri problemi e la ricerca del nostro benessere integrale.

Possiamo essere ovunque anime disperate alla ricerca di noi stessi, oppure persone che hanno compreso che la libertà e la felicità stanno dentro di noi. Possiamo essere "persone che si fanno influenzare dall'ambiente e dalla realtà, oppure "esseri speciali" – come canta Battiato – che hanno compreso che è solo attraverso il loro cambiamento che possono evolvere e influenzare la realtà in cui hanno scelto di nascere e vivere, qualunque essa sia. E questo credo sia la nostra vera e grande sfida esistenziale. A noi la scelta.

Auguro a tutti voi di fare della propria vita la vostra opera d'arte, che lasci a chi avete amato, a chi avete frequentato, a chi avete incontrato nel vostro viaggio e alla grande madre Terra, un segno del vostro passaggio in questa dimensione.

Buon cammino!

*"Non essere schiavo di un altro
se puoi essere tu il tuo padrone"*

Paracelso

Appendice

Libri

In questi anni ho letto molto per interessi specifici, bisogno di conoscenza e, qualche volta, semplice curiosità. In molti casi i libri mi hanno scelto, alcuni li ho scelti d'istinto, mentre altri mi sono stati consigliati o regalati. Ne è nato, e ancora prosegue, un percorso formativo che sembra poco logico ma che *ex post* segue un fil rouge che è quello del desiderio di conoscere se stessi, aumentare il proprio livello di consapevolezza e intraprendere un percorso di autoguarigione:

A. Curatolo, M. Giovanzana, *Guida al Cammino di Santiago di Compostela*, Terre di mezzo

J.G. Neihardt, *Alce Nero parla*, Adelphi

A. Bloch, *La legge di Murphy*, Longanesi

A.A.V.V., *La parola*, Edizioni Synthesis

R. Dahlke, *Malattia linguaggio dell'anima*, Ed. Mediterranee

R. Dahlke, V. Kaesemann, *Malattia linguaggio dell'anima nel bambino*, Ed. Mediterranee

R. Fiammetti, *Il linguaggio emozionale del corpo 2*, Ed. Mediterranee

T. Dethlefsen, *Il destino come scelta*, Ed. Mediterranee

K. Gibran, *Il profeta*, Feltrinelli

P. Watzlawick, J.H. Weakland, R. Fisch, *Change*, Astrolabio Ubaldini

O.M. Aivanhov, *Pensieri quotidiani*, Edizioni Prosveta

Joe Vitale, *Zero limits*, Il punto di incontro

Joe Vitale, *La chiave*, Il punto di incontro

Joe Vitale, *Corso di risveglio*, Il punto di incontro

R. Bach, *Niente è per caso*, SuperBur

E. Herrigel, *Lo zen e il tiro dell'arco*, Adelphi

P. Rumiz, *A piedi*, Feltrinelli

G. Cederna, *Il grande viaggio*, Feltrinelli

D. Chopra, *Il ritorno del grande saggio*, Sperling & Kupfer

A. de Mello, *Chiamati all'amore*, Mondadori

S. Nikolic, *Tu sai più di quanto credi*, Il punto di incontro

H.H. Mamani, *La profezia della curandera*, Pickwick

H.H. Mamani, *Negli occhi dello sciamano*, Pickwick

U. Carmignani, G. Bellini, *Runemal*, Edizioni L'Età dell'Acquario

L.L. Hay, *Puoi guarire la tua vita*, Armenia

G. Cloza, *Felicità in questo mondo. Un percorso alla scoperta del Buddismo*, Istituto Buddista Italiano Soka Gakkai

H. Inayat Khan, *La cura della salute. Principi teraupetici dei Sufi*, Ed. Mediterranee

L. Pauwels, J. Bergier, *Il mattino dei maghi*, Oscar Monadadori

G. Zukav, *The Hearth of the Soul. Emotional Awareness.*

J. Hillman, *L'anima del mondo e il pensiero del cuore*, Adelphi

P. Arden, *It's not how good you are, it's how good you want to be*, Phaidon

M. Esposito, *Il Qigong*, Eroterika

Dr. Ed Slack, *Two legged snakes*, Simple Truth Publishing

K. Ablow, *Fuori la testa!*, Corbaccio

D. Millman, *La via del guerriero di pace*, Il punto di incontro

O. Clerc, *La rana che finì cotta senza accorgersene*, Assaggi Bompiani

M. Morgan, *...E venne chiamata Due cuori*, bestBUR

E. Galeano, *Il libro degli abbracci*, Sperling & Kupfer

M. Odul, *Dimmi dove ti fa male e ti dirò perché*, Il punto di incontro

Dr. M. Koch, *L'intelligenza del corpo*, Corbaccio

F. Morandi, *San Benedetto. Una luce per l'Europa*, Ed. Paoline

E. Caddy, *Le porte interiori. Meditazioni quotidiane*, Edizioni Amrita

Corsi, seminari e altre attività:

- *Viaggio dell'Eroe* presso la Città della Luce
- Costellazioni famigliari
- II livello Reiki
- Viaggi sciamanici
- Yoga, lezioni settimanali
- Tuinà, Ayurveda e Rune

Attraverso le letture e le diverse attività ho cercato risposte alle domande universali – chi sono io, perché sono qui e quale è il senso della mia esistenza – e alle domande su come vivere. Sono domande che coinvolgono le relazioni – voglio stare solo o vivere una relazione e che tipo di relazione – e i progetti professionali – che tipo di attività mi è più congeniale e con quali persone svilupparla.

Nelle letture ho trovato conoscenze utili per meglio comprendere le dinamiche degli schemi personali che sottostanno e regolano i nostri processi decisionali, i nostri stati emotivi e determinano il nostro livello di benessere, mentre nelle pratiche, negli esercizi di meditazione ricerco la centratura e la disattivazione della mente.

Il Codex Calixtinus

Conosciuto anche con il nome di *Liber Sancti Jacobi* (*Libro di San Giacomo*), è un insieme di testi in gloria di san Giacomo maggiore e del suo culto compostellano. I testi sono di varia datazione e provenienza, indicati come composti all'inizio del XII secolo, ma la redazione del codice si situa tra il 1139 e il 1173. Il *Liber* contiene, in 5 libri e un'appendice, testi di vario genere collegati alla figura di san Giacomo maggiore e al pellegrinaggio a Compostela, ed è praticamente la sintesi del *corpus* dottrinario, ideologico e liturgico su cui si fondò il culto dell'apostolo.

Iter pro peregrinis ad Compostellam, Aimery Picaud ascriptum: Il Libro quinto del *Codex Calixtinus*, meglio noto come *Guida del pellegrino di san Giacomo,* è forse il testo più studiato e maggiormente conosciuto dal grande pubblico, e rappresenta il prototipo della letteratura odeporica sviluppatasi nel Medioevo, come conseguenza dell'afflusso crescente di pellegrini nelle principali mete dell'Occidente cristiano. L'interesse per questo libro non è legato unicamente alla precisione con la quale l'autore descrive i principali itinerari lungo i quali si snodava il pellegrinaggio compostellano; il suo contenuto, infatti, è anche estremamente prezioso poiché, integrato ad alcune riflessioni contenute nei più appassionati sermoni del Libro primo, consente al lettore attento di intuire quali gioie, pericoli e sofferenze attendessero sulla strada i pellegrini diretti *ad limina sancti Iacobi*, quale colorito mondo si schiudesse davanti ai loro occhi devoti; ma soprattutto, quale specifico significato avesse, per l'uomo del Medioevo, intraprendere un percorso in cui il raggiungimento della meta sembra perdere gran parte del proprio valore rispetto all'importanza, simbolica e concreta al tempo stesso, che assicurava praticare il pellegrinaggio.

Nel Medioevo, alla partenza dei pellegrini veniva compiuto il rito della vestizione con la consegna della bisaccia...

> *"Accipe hanc peram habitum peregrinationis tuae ut bene castigatus et emendatus pervenire merearis ad limina sancti jacobi, quo pergere cupis, et peracto itinere tuo ad nos incolumis con gasudio revertaris, ipso paraestante qui vivit er regam Deus in omnia saecula saeculorum".*

> "Ricevi questa bisaccia che sarà il vestito del tuo pellegrinaggio affinchè, vestito nel modo migliore, tu sia degno di arrivare alla porta di S. Giacomo dove hai desiderio di arrivare e compiuto il tuo viaggio, tu possa tornare da noie salvo con grande gioia se così vorrà Dio che vive e regna per tutti i secoli dei secoli"

e la consegna del bordone:

> "Accipe hunc baculum, sustentacionem itinewris ac laboris ad *viam prergrinationis tuae ut devincere valeas omnses catervas inimici et pervenire saecurus at limina santi jcobi et peracto cursu tuo ad noss revertaris cum gaudio, ipso annuente qui vivit et regnam Desus in omnia saecula saeculorum".*

> "Ricevi questo bastone a sostegno del viaggio e della fatica sulla strada del tuo pellegrinaggio affinché ti serva a battere chiunque ti vorrà fare del male e ti faccia arrivare tranquillo alla porta di San Giacomo e, compiuto il tuo viaggio, possa tu tornare da noi con grande gioia, con la protezione di Dio che vive e regna nei secoli dei secoli".

> *Codex Calixtinus*, sermone Veneranda dies, LI, c XVII.

Utreia

Presentato come grido di raccolta o di incoraggiamento dei pellegrini, la parola *Ultreia* conserva un certo mistero. Concorre alla magia dei cammini di Santiago e alimenta i sogni dei pellegrini di Compostela.

L'origine di questa parola non è ancora ben certa. Per alcuni deriva dal latino: *ultra*. Per altri, avrebbe piuttosto una diversa origine, dato che questa parola si trova due volte nel Libro I del *Codex Calixtinus*, manoscritto del XII secolo della cattedrale di Compostela. È incluso in due poemi latini, i cui titoli sottolineano l'apporto di parole straniere, «greche ed ebraiche»: una volta, nel capitolo XXVI foglio 120 V°, nella messa di san Giacomo, detta di Callisto, in questo verso: *suseia, ultreia*. Questo verso appartiene alla decima strofa della «prosa di san Giacomo in parole latine, greche ed ebraiche abbreviata dal papa Callisto» e composta come un poema di 14 strofe. Sopra le parole *suseia, ultreia*, sono scritte nel manoscritto le parole *"sursum perge, vade ante"*, che significano "alzati, va avanti".

Una volta nei supplementi, foglio 193/122, nella quarta strofa (su 13) di un poema intitolato *Alleluia* in greco: "*Herru Sanctiagu / Gott Sanctiagu / E Ultreia, e suseia / Deus aia nos*". Questa strofa di quattro versi è scritta in una lingua di tipo germanico. Si può tradurre così: «Monsignor Santiago / Buon Santiago / andiamo più lontano, più in alto / che Dio ci aiuti».

Il percorso

Il percorso partendo da Saint Jean- Pied-de-Port in 34 tappe che viene consegnato da *Les Amis du Chemin de Saint-Jacques* al momento della registrazione per il passaporto del pellegrino, che ho usato per seguire le tappe.

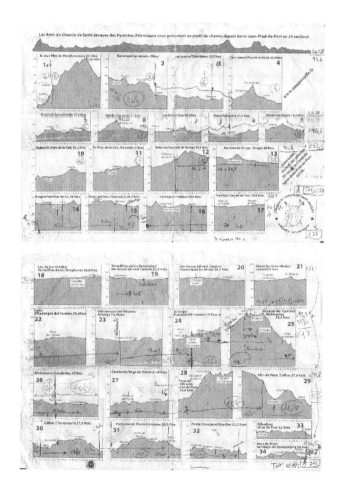

Ringraziamenti

Ringrazio mio Padre, Giulio, e mia Madre, Laura, per il dono della Vita e per avere fatto del loro meglio.

Ringrazio tutti i miei antenati e i miei Nonni per aver dato la vita ai miei genitori.

Ringrazio tutti i miei insegnanti per avermi accompagnato nel mio percorso di formazione e crescita dall'asilo all'università.

Ringrazio le amiche e gli amici che mi hanno accompagnato nel mio viaggio sino a qui, con cui ho condiviso momenti di felicità e di tristezza, esperienze, avventure per avermi insegnato a non avere paura dell'Amicizia.

Ringrazio le mie compagne, con cui ho condiviso giorni e notti, esperienze gioiose e dolorose, progetti e separazioni, per quanto mi hanno dato e per avermi insegnato a non avere paura dell'amore.

Ringrazio le mie figlie Francesca e Asia per avermi aiutato a diventare adulto e avermi insegnato l'amore incondizionato.

Ringrazio tutti coloro che mi hanno tradito e ingannato, oltraggiato e osteggiato per avermi mostrato i miei limiti e le mie debolezze, aiutato a diventare ogni giorno più forte e insegnato a non avere paura della mia Ombra.

Ringrazio i miei Maestri, Vittorio Damato, Umberto Carmignani e Moritz Ferrante per avermi aiutato a comprendere ed esprimere quello che avevo dentro.

Ringrazio i miei Maestri Yoga, Giovanna di Non Solo Yoga e Giampiero di Yogabile per avermi accolto e introdotto a questa fantastica pratica millenaria.

Ringrazio Vincenzo mio primo lettore, Thomas Berra che ne ha interpretato al meglio il senso nell'opera riprodotta in copertina e infine Barbara, il mio editor, per avere creduto nel progetto e offerto un contributo prezioso per la sua realizzazione.

Ringrazio la vita!

Indice

Finito di stampare nel mese di maggio 2019.

Printed in Great Britain
by Amazon

78672646R00169